NORD

Lucca

Pisa

Florenz

OST

WEST

Siena

SÜD

INHALT

WIE FUNKTIONIERT DER REISEFÜHRER?

Um diesen Reiseführer übersichtlich zu gestalten, haben wir die Toskana in vier Regionen aufgeteilt: Osten, Norden, Westen und Süden. Die dazugehörige Karte liegt in der vorderen Umschlagklappe. Den Farben der Regionen begegnen Sie auch am Seitenrand wieder, sodass Sie schnell zu dem gewünschten Ziel blättern können. Das Buch umfasst fünf Kapitel: eines mit allgemeinen Informationen und anschließend die der jeweiligen Regionen. Am Anfang jedes Kapitels finden Sie eine Kurzdarstellung und die wichtigsten Orte. Danach folgt eine Übersicht der Highlights der Region, die in einer fünftägigen Autotour zusammengefasst sind.

Zu jedem Ort geben wir eine ausführliche Beschreibung der wichtigsten Sehenswürdigkeiten. Außerdem verraten wir Ihnen, wo Sie am besten essen, trinken, shoppen, ausgehen und übernachten können und was es sonst noch zu tun gibt. In acht übersichtlichen Top-10-Listen zeigen wir Ihnen zusätzlich, was Sie auf keinen Fall verpassen sollten. Sie finden unsere Empfehlungen im Buch durch folgendes Symbol wieder .

KARTEN UND ÜBERSICHTSPLÄNE

- In der Umschlagklappe befindet sich eine große herausnehmbare Karte der Toskana, auf der die wichtigsten Straßen und Orte verzeichnet sind. Um Ihnen das Suchen zu erleichtern, finden Sie auf der Rückseite außerdem ein Verzeichnis mit allen genannten Orten.

- Bei der Autotour am Anfang jedes Kapitels zeigt eine praktische Übersichtskarte, wo Sie sich befinden und welche Orte auf Ihrem Weg liegen.

- Die thematisch geordneten Favoriten (S. 48–55) sind in weiteren Übersichtskarten mit einem gekennzeichnet, damit sie leichter auffindbar sind.

- Für die wichtigsten Orte ist eine Karte des Zentrums enthalten. Die Nummern sowie die Farben der Kreise, die in dieser Karte eingezeichnet sind, verweisen auf die Sehenswürdigkeiten, Restaurants, Geschäfte, Hotels etc. neben der Karte.

- In der hinteren Umschlagklappe befinden sich sechs kleinere herausnehmbare Karten: vier Rundgänge durch die wichtigsten Städte der Region und zwei (Rad-) Wanderungen durch die schönsten Naturgebiete.

100% APP

Mit der App können Sie sich die Tipps und Adressen einfach und kostenlos auf Ihr Smartphone (iPhone oder Android-Phone) herunterladen. So sind Sie immer und überall bestens ausgerüstet, auch wenn Sie das Buch einmal nicht zur Hand haben. Alle Daten sind komplett offline, sodass keine Roaming-Gebühren entstehen.

EINFÜHRUNG

Auf den folgenden Seiten erfahren Sie alles über die Geschichte und die Gegenwart der Toskana und was diese Region von anderen unterscheidet. Sie erhalten praktische Informationen zum Beispiel über Klima und Wetter, Reisemöglichkeiten, Essgewohnheiten, Feiertage und Events. Am Ende der Einführung ist ein kleiner Sprachführer Italienisch zusammengestellt. Sehr hilfreich, wenn Sie sich mal nach etwas erkundigen möchten.

PREISANGABEN BEI HOTELS UND RESTAURANTS

Um Ihnen eine ungefähre Vorstellung von den Preisen in den Hotels und Restaurants zu geben, finden Sie bei den Anschriften stets auch Preise. Bedenken Sie allerdings, dass diese nicht immer gleich sind, sondern beispielsweise je nach Jahreszeit (Haupt- und Nebensaison) variieren können. Die Angaben für Hotels beziehen sich auf ein Doppelzimmer mit Frühstück pro Nacht, es sei denn, es ist etwas anderes genannt. Bei den Restaurants ist – wenn nichts anderes erwähnt ist – der Durchschnittspreis eines Hauptgerichts inklusive Getränk angegeben, bei Bars und Cafés der Preis für ein Getränk wie zum Beispiel eine Tasse Kaffee oder Tee.

HABEN SIE NOCH TIPPS?

Wir haben diesen Reiseführer mit großer Sorgfalt zusammengestellt. Da das Angebot an Geschäften, Restaurants und Bars jedoch regelmäßig wechselt, kann es sein, dass eine Empfehlung nicht mehr existiert. Besuchen Sie in diesem Fall oder wenn Sie andere Anmerkungen oder Fragen zu diesem Guide haben, unsere Website *www.100travel.de/toskana* oder schreiben Sie uns an *info@momedia.com*. Wir freuen uns über Hinweise, neue Tipps und natürlich Fotos. Posten Sie diese gerne auf unserer facebook fanpage: *facebook.com/100travel*.

Last but not least möchten wir noch bemerken, dass keine der vorgestellten Adressen für ihre Erwähnung bezahlt hat, weder für den Text noch für die Fotos. Alle Texte wurden von einer unabhängigen Redaktion geschrieben.

EINLEITUNG

Wer an die Toskana denkt, der stellt sich in erster Linie eine Landschaft mit Zypressen, kurvenreichen Straßen und sanften Hügeln vor. Dann tauchen vermutlich noch andere Bilder auf wie der schiefe Turm von Pisa, Wein in traditionellen Korbflaschen und köstliche Pasta. Das alles gibt es tatsächlich, ist aber nur ein winziger Bruchteil dessen, was diese abwechslungsreiche Region zu bieten hat.

Der Norden der Region ist von landschaftlichen Gegensätzen geprägt und kennt sowohl Berge als auch Küstenstreifen mit Stränden. In den Apuanischen Alpen findet man die berühmten Marmorsteinbrüche von Carrara, die ganze Gegend ist bedeckt mit glitzerndem Marmorstaub. Wer sich tagsüber lieber in der Sonne räkeln und abends ausgehen will, wird sich in Versilia an der Küste zu Hause fühlen.

Mehr zum Süden hin bietet die Crete Senesi eine Gegend voller fotogener Landstriche wie der Accona-Wüste, einer kahlen Mondlandschaft mit tiefen Schluchten. Noch weiter südlich liegen der Monte Amiata, nach dem Ätna der höchste Vulkan Italiens, und die Sumpfgebiete der Maremma, die sich entlang der Küste erstrecken. Das pulsierende Herz der Toskana ist jedoch das Chianti, ein Gebiet mit ausgedehnten Olivenhainen und Weinbergen, das vermutlich noch am ehesten der klassischen Vorstellung von der Toskana entspricht.

Feinschmecker und Weinfreunde können sich in der Toskana auf einen unvergesslichen Aufenthalt freuen. Die Zeit, in der der berühmte Chianti-Wein in Korbflaschen gefüllt wurde, ist längst vorbei. Genauso wie Montepulciano und Montalcino gehört das Chianti-Gebiet zu den Toplagen Italiens und bringt exzellente Weine hervor. Es ist der Wein, der auch am besten zur toskanischen Küche passt, die wiederum vor allem von einfachen Gerichten geprägt ist.

Die Toskana bietet also alles, was man mit ihr gerne verbindet, und noch vieles mehr. Die Adressen in diesem Reiseführer sind eine wunderbare Mischung aus den wichtigsten Highlights der Gegend sowie aus verborgenen Flecken, die nur Einheimischen bekannt sind. So werden Sie keine bekannte Sehenswürdigkeit verpassen, aber auch viele Orte abseits der Touristenströme kennenlernen.

TOSKANA FRÜHER

Wirtschaftlich und kulturell profitierte die Toskana schon früh vom Einfluss der Etrusker und Römer, die hier Städte gründeten und Straßen bauten. Nach der dunklen Periode, in die die Region im Mittelalter geraten war, erlebte die Toskana im 15. Jahrhundert eine neue Blütezeit. Es war die Zeit der Kunst und der Wissenschaft.

ETRUSKER

Die Etrusker waren die ersten Bewohner der Toskana. Sie galten als ein geheimnisvolles Volk mit einer Sprache und Bräuchen, die sich erheblich von denen ihrer Nachbarvölker unterschieden. Das erklärt, weshalb bereits seit Jahrhunderten über ihre wahre Herkunft spekuliert wird: Waren es Einwanderer aus dem Osten oder siedelten sie schon immer hier?

Ihre Blütezeit erlebten die Etrusker zwischen dem 7. und 4. Jahrhundert v. Chr. Mit dem Handel zu Land und zu Wasser und mit der Förderung von Eisenerz, das der toskanische Boden immer schon zur Genüge enthielt, hatten sie großen Wohlstand erlangt. Sie lebten in unabhängigen Städten, von denen die zwölf bedeutendsten (Zwölfstädtebund) wie etwa Arezzo und Volterra ihre Fürsten einmal jährlich zu einem Treffen entsandten, um über gemeinsame Angelegenheiten zu beraten. In der Erde unter den Städten entstanden Nekropolen, sogenannte Totenstädte. Die Gruften wurden reichlich mit Wandmalereien dekoriert, die Szenen des täglichen Lebens darstellten, auch Alltagsgegenstände gehörten zu den Grabbeigaben.

Etrusker-Museen gibt es in Volterra, Florenz und Cortona, etruskische Nekropolen kann man unter anderem in Vetulonia, Populonia, Sovana und Chiusi besuchen.

RÖMER

Im 1. Jahrhundert v. Chr. geriet Etrurien unter die Herrschaft der Römer, die sich das Wissen der Etrusker aneigneten wie etwa das Vorhersagen der Zukunft anhand von Tiereingeweiden. Ebenso interessierten sich die Römer für deren Baukunst, vor allem für ihre Fähigkeit, Gewölbe und Bögen zu konstruieren. Die Römer erkannten den Etruskern die römische Staatsbürgerschaft zu und gründeten für ihre ehemaligen Legionssoldaten neue Städte in Etrurien wie etwa Florenz (Firenze). Angelegt wurden diese römischen Siedlungen, Kolonien genannt, in der Form eines Kastells (Legionslager), nämlich streng quadratisch oder rechteckig.

TEATRO ROMANO, FIESOLE

Doch die Römer errichteten nicht nur Städte, sie bauten auch Straßen wie die Via Aurelia, die Pisa und Genua miteinander verband, die Via Cassia zwischen Florenz und Rom oder die Via Flaminia, Roms Zugang zur Adria. Ursprünglich zu militärischen Zwecken angelegt, erlangten diese Straßen später große Bedeutung für den Handel.

Ihre Spuren haben die Römer allerorts in der Toskana hinterlassen, vor allem jedoch in Fiesole, Ansedonia und Roselle. Hier gibt es sehenswerte Relikte römischer Kultur, zum Beispiel Amphitheater, Foren, Tempel und Thermen.

MITTELALTER

Invasionen und plündernde Germanenvölker läuteten im 5. Jahrhundert den Untergang des Römischen Reiches ein. Im Jahr 570 wurde ein Großteil Nord- und Zentralitaliens von Langobarden erobert, die ihre Feldzüge auch in den nachfolgenden Jahrhunderten fortsetzten. Als dem Papst in Rom die Lage zu brenzlig wurde, sicherte er sich die

Unterstützung des Frankenkönigs Pippin. Letzterer zwang die Eroberer zur Rückgabe der päpstlichen Gebiete. Nicht viel später wurden die Langobarden von Pippins Sohn, Karl dem Großen, endgültig geschlagen und ihr Reich, wozu auch die Toskana gehörte, geriet in fränkische Hand. Aus Dankbarkeit krönte der Papst Karl im Jahr 800 höchstpersönlich zum Kaiser – ein Akt, der ein langwieriges Ringen um die Hegemonie einläuten sollte: Als Beschützer der Kirche betrachtete sich der Kaiser auch als deren Oberhaupt, während der Papst kraft seines Amtes als oberster Kirchenführer – und aufgrund von gefälschten Dokumenten – zudem Anspruch auf die weltliche Macht erhob. Vor allem die Befugnis zur Benennung von Bischöfen war bis ins 12. Jahrhundert ein Dauer-Zankapfel.

Unter Karl dem Großen erlebte die Toskana erneut eine Blütezeit. Auf Geheiß des Kaisers wurde das Gebiet in Marken aufgeteilt, die fortan von Markgrafen verwaltet wurden. Die letzte Markgräfin Mathilde war sehr gläubig und vermachte ihre ganzen Besitztümer dem Papst, bevor sie 1115 kinderlos verstarb. Diverse Städte wie Florenz, Lucca und Siena nutzten diese Gelegenheit, um sich von der fremden Herrschaft zu befreien.

Angetrieben von reichen Kaufleuten und Adligen erklärten sich einige Städte zu unabhängigen Kommunen mit demokratisch legitimierter Führung. Größere Städte versuchten, sich kleinere einzuverleiben, und so entbrannte zwischen Florenz, Pisa und Siena ein heftiger Kampf um die Vormachtstellung in der Region. Das Blutvergießen kostete so viele Bürger das Leben, dass die rivalisierenden Städte irgendwann dazu übergingen, *condottieri* (Söldner) einzusetzen.

Bei den Kämpfen ging es jedoch nicht nur um den Konflikt zwischen den Städten. Es gab auch Auseinandersetzungen zwischen den Anhängern des Papstes (Guelfen) und denen des Kaisers (Ghibellinen), die in den jeweiligen Städten zu schweren Zerwürfnissen führten. Vor allem der gefestigte Adel unterstützte die Ghibellinen, die sich gegen die wachsende Macht der Guelfen (Kaufleute) stemmten. Letztere hatten mit dem Handel kostbarer Stoffe aus Wolle und Seide großen Reichtum erworben und sich zu Hansen zusammengeschlossen, die ihren Einfluss in den Städten nach und nach vergrößerten.

Allerdings waren auch die Guelfen untereinander zerstritten und fanden sich in zwei Lagern wieder: den "Schwarzen" und den "Weißen". Zu allem Überfluss waren all diese Konflikte auch noch von Familienfehden durchsetzt, sodass die Städte nahezu unregierbar wurden. Nicht selten führte eine solche Situation dazu, dass die demokratisch gewählte Stadtregierung abgesetzt und die Führung in die Hände eines "starken Mannes" – meistens eines Adligen oder Mitglieds einer reichen Kaufmannsoder Bankiersfamilie wie der Medici – gelegt wurde.

DIE MEDICI

Für die Toskana war die einstige Handwerkerfamilie Medici, die sich im 13. Jahrhundert in Florenz niedergelassen hatte, von prägender Bedeutung. Mit viel Fleiß hatten sich ihre Mitglieder zu steinreichen Bankiers und führenden Köpfen der Gesellschaft emporgearbeitet, in ihren Reihen fanden sich sogar Päpste. Unter ihrer Führung erwuchs aus dem Stadtstaat Florenz ein Großherzogtum, und als Mäzene förderten sie im großen Stil die Kunst und prägten die Renaissance (siehe Seite 18).

Mit der Gründung der Medici-Bank durch Giovanni di Bicci de' Medici, der auch den Papst als Kunden gewinnen konnte, wurde der Grundstein für den politischen Erfolg der Familie gelegt. Giovannis Sohn Cosimo "il Vecchio" (der Ältere), der der Bank zu großer Blüte verhalf, wurde die Führung der Stadt übertragen, obwohl er bis dato kein offizielles Amt innehatte. Die Herrschaft seines Enkelsohns Lorenzo "il Magnifico" (der Prächtige), die 23 Jahre währte, entwickelte sich zum goldenen Zeitalter der Toskana und zur Glanzzeit der Renaissance. Lorenzo war Dichter und Gelehrter, förderte Philosophen und Schriftsteller und ließ prachtvolle Villen errichten. Sein Tod setzte all dieser Schöngeisterei ein jähes Ende, denn Lorenzos Erben wurden aus der Stadt verbannt. Allerdings nur vorübergehend, ihre Rückkehr nach Florenz ließ nicht lange auf sich warten: Im Jahr 1530 wurde Alessandro de' Medici sogar Herzog von Florenz. Cosimo I. gelang es, andere toskanische Städte wie etwa Siena einzunehmen und ihm wurde 1569 sogar der Titel Großherzog der Toskana verliehen.

In Florenz ist das Wappen der Familie noch allgegenwärtig: sechs Kugeln auf goldenem Grund. Ursprünglich waren es elf, aber im Laufe der Zeit sind davon nur sechs Kugeln – fünf rote und eine blaue mit drei Lilien – übrig geblieben.

Danach schwand der Einfluss der Familie zusehends. Der letzte Sprössling, Prinzessin Anna-Maria, vermachte der Stadt Florenz die riesige Kunstsammlung der Dynastie, die heute in den Uffizien, dem Palazzo Pitti und dem Nationalmuseum Bargello zu sehen ist.

EINHEIT

1737 geriet die Toskana in den Besitz der Habsburger, die das Gebiet, mit Ausnahme einer kurzen napoleonischen Periode von 1801 bis 1814, regierten. Gegen Mitte des 19. Jahrhunderts war in Italien eine Bewegung, *risorgimento* genannt, entstanden, die das Land von fremden Herrschern befreien und einen unabhängigen Nationalstaat Italien gründen wollte. Im Jahr 1861 wurde in Turin das Königreich Italien proklamiert und Viktor Emanuel II. zum König gekrönt. Von 1865 an war Florenz fünf Jahre lang die

DUOMO, SIENA

Hauptstadt der neuen Nation, eine Rolle, die es 1870 an Rom abtreten musste. Es war eine Zeit, in der die toskanische Stadt große städtebauliche Veränderungen erlebte.

KRIEGE

Für Italien verlief der Erste Weltkrieg desaströs. Was folgte, war eine tiefe Wirtschaftskrise, die nicht nur den Kommunisten und Sozialisten in die Hände spielte, sondern auch dem Faschistenführer Benito Mussolini. Nach seinem Marsch auf Rom wurde er zum neuen Premier gewählt, und Italien schlitterte regelrecht in eine Diktatur.

An der Seite Deutschlands verlief der Zweite Weltkrieg zunächst nicht weniger verheerend. Nach schweren Niederlagen wuchs der Widerstand gegen Mussolini so stark an, dass er 1943 abgesetzt wurde. Italien wechselte die Fronten und schloss sich den Alliierten an, die in Sizilien gelandet waren, um Südeuropa zu befreien. Zahlreichen toskanischen Städten wie etwa Livorno, Pisa und Florenz brachte der Krieg große Zerstörungen.

NACH DEM ZWEITEN WELTKRIEG

1946 leitete ein Referendum das Ende des Königreichs ein: Italien wurde eine Republik. Und die Democrazia Cristiana (DC), die Christdemokraten, die Vetternwirtschaft zum höchsten Gut erklärt hatten, mauserte sich zur größten Partei des Landes. Anfang der 1990er-Jahre (nach über 50 Regierungen, die im Schnitt nur elf Monate dauerten) kamen zahlreiche Bestechungs- und Korruptionsskandale ans Licht, die zu einer groß angelegten Untersuchung mit dem klangvollen Namen *Mani Pulite* (saubere Hände) führten.

Nachdem seine Partei Forza Italia (Aufschwung Italien) die Parlamentswahlen mit großem Vorsprung gewonnen hatte, wurde Silvio Berlusconi 2001 neuer Regierungschef Italiens – obwohl er bereits wegen Korruption angeklagt war. Eine seiner ersten Amtshandlungen war die Einführung eines Gesetzes, das ihm als Ministerpräsidenten Italiens unbegrenzte Immunität verschaffte. Berlusconi war viermal Regierungschef, das letzte Mal zwischen 2008 und 2011, als er seinen Rivalen Romano Prodi ablöste. Ende 2011 musste Berlusconi einem Expertenkabinett unter Mario Monti weichen. Ihm wurde wegen diverser Vergehen der Prozess gemacht: Sex mit Minderjährigen bei sogenannten Bunga-Bunga-Partys, Amtsmissbrauch und Steuerhinterziehung. Für Letzteres wurde er im Oktober 2012 zu vier Jahren Haft verurteilt. Ob und wann er diese Strafe verbüßen wird, ist jedoch unklar. Anfang 2013 kehrte Berlusconi wieder kurz auf die politische Bühne zurück, um mit seiner neuen Partei an den Parlamentswahlen teilzunehmen.

TOSKANA HEUTE

GEOGRAFIE

Die Toskana liegt im nördlichen Teil Zentralitaliens und grenzt im Norden an Ligurien und die Emilia-Romagna, im Osten an Umbrien, im Süden an Latium und im Westen an das Tyrrhenische Meer. Mit fast 23.000 Quadratkilometern ist die Region nur geringfügig kleiner als Mecklenburg-Vorpommern. Die über 3,6 Millionen Einwohner leben vor allem in den Städten im Arno-Tal und entlang der Küste.

Die abwechslungsreiche Landschaft ist einer der Gründe für die enorme Beliebtheit der Toskana als Ferienregion. Vor allem das Dreieck Siena, Florenz und Pisa mit seinen sanften Hügeln, Zypressen-Alleen, Weinbergen, Feldern, Olivenhainen und Wäldern hat es den Touristen angetan. Zudem gibt es in der Toskana auch Berge wie die Apenninen und die Apuanischen Alpen. Der Küstenstreifen ist überwiegend flach, punktet aber mit vielen schönen Sandstränden.

INDUSTRIE & WIRTSCHAFT

Die Landflucht, die in den 1960er-Jahren einsetzte, hat den ländlichen Raum der Toskana leer gefegt. Sie war die Antwort der Landbevölkerung auf die Abschaffung der *mezzadria*, des bereits im Mittelalter eingeführten Pachtsystems. Demnach konnten Landwirte Haus und Boden pachten, wenn sie im Gegenzug die Hälfte des Ertrages an den Großgrundbesitzer abtrugen. Kein Wunder, dass die Einwohner der Toskana, vor allem auf dem Land, schon von jeher linksorientiert sind.

Heute verdienen weniger als fünf Prozent der arbeitenden Bevölkerung ihr Brot mit der Landwirtschaft, und dann überwiegend mit dem Anbau von Oliven und Trauben. Immer mehr Landwirte bessern ihr mageres Einkommen mit *agriturismo* auf, also der Zimmervermietung an Touristen. Zahlreiche verlassene Höfe gelangten in den letzten Jahrzehnten in den Besitz vermögender Ausländer, vor allem Engländer und Amerikaner.

Die meisten Toskaner arbeiten in den Segmenten Handel und Dienstleistung, die beide stark mit dem Tourismus zusammenhängen.

Für jüngere Arbeitnehmer in Italien sieht die Zukunft wenig rosig aus. Viele der 20- und 30-Jährigen gehören der "Generation 1000 Euro" an, so genannt nach dem Internet-Roman von Antonio Incorvaia: Sie sind zwar gut ausgebildet, müssen sich aber mit Zeitverträgen und niedrigen Gehältern zufriedengeben, wenn sie denn überhaupt einen Job bekommen.

BEVÖLKERUNG

Die toskanische Mentalität lässt sich nicht mit ein paar Worten umschreiben. In der Regel fühlen sich Italiener mehr mit ihrer Stadt verbunden als mit der Region, in der sie leben. Dieses Phänomen nennt sich *campanilismo*: Nur was sich im Umkreis des *campanile*, des Kirchturms, abspielt, ist wirklich wichtig. Von Toskanern wird behauptet, sie seien stolz und streitlustig. Gut möglich, denn es sind Eigenschaften, die auf die lang anhaltenden Konflikte zwischen den Städten im Mittelalter zurückzuführen sind.

TYPISCH TOSKANA

RENAISSANCE

Den toskanischen Städten brachte das 13. und 14. Jahrhundert großen Wohlstand. Der Handel, vor allem mit Stoff und Wolle, sowie das Bankwesen erlebten einen nie da gewesenen Höhenflug. Das polierte das Selbstbewusstsein der Toskaner ordentlich auf, und die persönliche Entfaltung des Einzelnen war nicht länger verpönt. Der Mensch rückte in den Mittelpunkt – ganz nach dem Vorbild der klassischen Antike, als der Mensch den Gipfel seiner Kreativität und Fähigkeiten erreicht hatte. Das goldene Zeitalter, das mit der Auslöschung des Römischen Reiches durch die Barbaren ein jähes Ende fand, sollte eine Wiedergeburt, eine Renaissance, erfahren (im Italienischen *rinascimento* oder *rinascita*). Ihren Anfang nahm die Renaissance im Florenz des 15. Jahrhunderts, und danach breitete sie sich schnell über die ganze Toskana aus.

Von reichen Kaufleuten, Bankiers, Päpsten und Fürsten erhielten Künstler zahlreiche Aufträge, um Gemälde, Fresken und Statuen anzufertigen, und Architekten wurden beauftragt, Kirchen und Paläste zu errichten. Das Ansehen der Künstler stieg enorm. Diese wiederum versuchten, ihr Fachwissen mit neuen wissenschaftlichen Erkenntnissen zu erweitern. Maler vertieften sich in die Grundregeln der Perspektive, mit denen sie realistische Kunstwerke anfertigen konnten, die noch mehr Tiefe besaßen. Und Architekten befassten sich zunehmend mit den Bauweisen und Konstruktionstechniken der klassischen Antike. Hatten im Mittelalter noch statische, religiöse Bilder die Kunst geprägt, wurden nun die Porträt- und detaillierten Landschaftsmalereien immer beliebter. Religiöse Themen behielten ihre Bedeutung, waren aber – im Gegensatz zu früher – gefühlvoller und expressiver ausgearbeitet.

FRESKEN

In nahezu allen toskanischen Kirchen und Palazzi findet man prachtvolle Fresken. Bei dieser sehr aufwendigen Technik der Wand- oder Deckenmalerei werden Pigmente auf frischen (*a fresco*) Kalkputz aufgetragen. Davor fertigte der Künstler eine Skizze auf der darunterliegenden, rauen Schicht an, meistens mit rotem Pigment (Sinopia). Manchmal erfolgten die Skizzen auch auf Papier oder Karton. Entlang der Linien der Skizze wurden feine Löcher gestochen, durch die man Holzkohlepulver auf die Wand blies. Anschließend trug man wieder eine Kalkschicht auf die Wand auf, auf der der Künstler schließlich sein Gemälde anfertigte. Da der Putz schnell trocknete, musste das Kunstwerk in Teilen fertiggestellt werden, die an einem Tag zu schaffen waren, die sogenannten *giornate*. Am nächsten Morgen trug man an einer neuen Stelle wieder Kalkputz auf, und es konnte weitergearbeitet werden. Wenn man zu lange wartete

MARMORBRUCH FANTISCRITTI, CARRARA

oder einen Fehlstrich machte, musste der Putz an dieser Stelle wieder abgetragen und von vorne begonnen werden.

CARRARA-MARMOR

Sehr sehenswert sind die Marmorbrüche bei Carrara. Bereits die Römer bedienten sich hier ausgiebig oder, besser gesagt, ließen sich bedienen. Denn die mühsame Schwerstarbeit, bei der der Marmor entlang natürlicher Bruchstellen mit gewässerten Holzkeilen geteilt wurde, überließen sie doch lieber ihren Sklaven. Die nassen Holzkeile dehnten sich aus und spalteten den Stein. Danach wurden die Bruchstücke nach unten transportiert und auf von Ochsen gezogene Wagen geladen. Im Mittelalter war der Carrara-Marmor als Baumaterial sehr beliebt. Pisa beispielsweise errichtete mit diesem Gestein den Platz der Wunder, und auch Florenz und Lucca kannten den Weg zu den Marmorbrüchen nur allzu gut. Michelangelo kam höchstpersönlich, um die schönsten Blöcke der besten – weißen – Qualität, *bianco statuario*, auszuwählen. Carrara-Marmor kennt jedoch noch mehr Farbtöne als nur Weiß, nämlich Rosa, Blau, Grau oder Schwarz. Einige Marmorbrüche können besichtigt werden wie etwa der von Fantiscritti (siehe Seite 186). Hier gibt es auch ein kleines Museum, in dem einfache Werkzeuge gezeigt werden, mit denen Marmor jahrhundertelang gewonnen wurde.

FESTE

Toskaner feiern gerne, Anlässe gibt es reichlich. Der Tag des Schutzpatrons einer Stadt oder eines Dorfes wird in der Regel mit einer Prozession begangen. In ländlichen Gebieten werden auch Erntedankfeste oder Feste zu Ehren bestimmter Produkte gefeiert (*sagre*). Und dann gibt es noch historische Feste wie eine *Regatta* (Ruderwettbewerb) oder der *palio*, das Pferderennen von Siena, das alljährlich am 2. Juli und am 16. August auf der Piazza del Campo (siehe Seite 265) stattfindet.

Auch Florenz kennt ein großes historisches Ereignis: *Calcio in Costume*, ein dreitägiges Fußballturnier, bei dem die Mannschaften der vier mittelalterlichen Stadtteile in historischer Kleidung auf der Piazza Santa Croce gegeneinander antreten – wobei "treten" durchaus wörtlich genommen werden darf. Das Finale wird am 24. Juni ausgetragen, am Tag des Schutzpatrons der Stadt, San Giovanni (Johannes der Täufer). Der Sieger erhält eine lebendige Kuh. Abgeschlossen wird der Tag mit einem großen Feuerwerk auf der Piazzale Michelangelo, das von Tausenden am Ufer des Arno-Flusses und auf den Brücken verfolgt wird.

PINOCCHIO

Wer Pinocchio sehen will, muss nicht unbedingt weiter schauen als seine Nase lang ist. Denn in nahezu allen Souvenirläden findet man die weltberühmte Holzfigur in Hülle und Fülle. Kein Wunder, denn Pinocchio hat einen toskanischen "Vater", den Schriftsteller Collodi (ein Pseudonym, das auf den gleichnamigen Geburtsort seiner Mutter verweist). Das Licht der Welt erblickte Pinocchio 1881 in einem Kinderheft. Allerdings war diese erste Version nicht gerade kinderfreundlich, denn darin wurde Pinocchio wegen seiner ewigen Streiche an einer Eiche gehängt. Briefe von Kindern brachten die Wende und sorgten schließlich dafür, dass die Abenteuer von Pinocchio fortan gut ausgingen.

DIE TOSKANISCHE KÜCHE

Einfache Gerichte mit besten Zutaten – darum dreht sich die toskanische Küche. Bohnen und Brot, reichlich frische Kräuter wie Rosmarin und Salbei sowie Olivenöl für ein besseres Aroma in nahezu allen Gerichten. Sogar Suppen werden am Tisch mit einem Schuss Olivenöl verfeinert.

Dass toskanisches Brot auch heute noch oft kein Salz enthält, hat einen einfachen Grund: Salz war in früheren Zeiten recht teuer. Dass sich daran in all den Jahrhunderten nichts geändert hat, mag daran liegen, dass ungesalzenes Brot gewisse Vorteile hat: Da es keine Feuchtigkeit anzieht, ist es länger haltbar. Und außerdem passt salzloses, sprich geschmacksneutrales Brot besser zu Gerichten aller Art. Gewöhnungsbedürftig ist es jedoch schon.

Als Antipasto (Vorspeise) werden oft Crostini, kleine Brotscheiben, gereicht. Traditionell werden diese mit einer pikanten Mischung aus Hühnerleber, Anschovis, Kapern und Wein oder Vin Santo belegt, manchmal auch mit anderen Zutaten. Wer gerne etwas *salumi* (Aufschnitt) als Vorspeise will, bekommt in der Regel eine Auswahl toskanischer Schinken und Wurst, wie etwa *finocchiona*: Salami mit Fenchelsamen.

Meistens besteht der erste Gang (*primo*) aus einem Nudelgericht, manchmal auch aus einer Suppe, wie etwa *ribollita*, einer Bauernsuppe mit Bohnen, Brot und Gemüse, *pappa al pomodoro*, einer Suppe mit Brot und Tomaten oder *acqua cotta* ("gekochtem Wasser"), einer Gemüsesuppe aus der Maremma. Typisch toskanisch sind auch *pappardelle*: breite Bandnudeln, die man vor allem im Herbst mit einer Hasen- oder Wildsoße isst.

Als Hauptgericht lieben Toskaner gegrilltes Fleisch, vorzugsweise *bistecca alla fiorentina*, Steak vom weißen Chianina-Rind, das im Val di Chiana heimisch ist. Chianina-Rinder haben ein sehr angenehmes, stressfreies Leben, damit das Fleisch später besonders zart ist. Tipp: Passen Sie auf, wenn Sie *bistecca* bestellen. Meistens bezieht sich der Preis auf 100 Gramm, während das Stück nicht selten recht groß ist. Eine

weitere toskanische Fleischspezialität ist *trippa* (Kutteln), oft serviert in Tomatensoße. In Florenz werden auch Brötchen mit *lampredotto* (Labmagen) angeboten – sehr authentisch, aber nicht jedermanns Sache. Gerichte mit Wild und Kaninchenfleisch sind ebenfalls ein fester Bestandteil der toskanischen Küche.

Als Nachspeise essen Toskaner mit großer Vorliebe Kuchen wie zum Beispiel im Herbst *castagnaccio* (Gebäck aus Kastanienmehl mit Pinienkernen und Rosmarin). Im Sommer steht *sorbetto al limone* hoch im Kurs: weiches italienisches Zitroneneis mit einem Schuss Wodka. Zur Anregung der Verdauung wird nach dem Essen nicht selten ein Glas Grappa, Limoncello oder Amaro gereicht.

OLIVENÖL

Die Monate November bis Januar sind die Zeit der Olivenernte. Gepflückt werden die Oliven mit der Hand oder mithilfe von pneumatischen Maschinen. Danach werden sie in Körben gesammelt und zur Olivenmühle (*frantoio*) transportiert, wo sie innerhalb von zwei Tagen inkl. Kern gemahlen, geknetet und gepresst werden.

Toskanisches Olivenöl schmeckt fruchtig und etwas pfefferig und ist relativ klar. Seine tiefgrüne Farbe stammt von den Oliven, die unreif geerntet werden. Um ein weiches, haltbares Öl mit einer pfefferigen Geschmacksnote zu erhalten, werden drei verschiedene Olivensorten gemischt. Woran erkennt man die Qualität eines Olivenöls? Gute toskanische Olivenöle bekommen das Gütezeichen IGP (Indicazione Geografica Protetta) und werden dann *olio extravergine di oliva toscano* IGP genannt. Öle bester Güte durchlaufen eine noch strengere Prüfung und tragen das Gütezeichen DOP. Hierfür gilt, dass Anbau und Verarbeitung der Oliven in derselben Region erfolgt sein müssen.

Bis sechs Monate nach der Abfüllung schmeckt Olivenöl am besten, haltbar ist es bis zu zwölf Monate. Das Öl sollte kühl und dunkel aufbewahrt werden, jedoch nicht im Kühlschrank.

WEIN

Weinfreunde kommen in der Toskana voll auf ihre Kosten. Den zweifelhaften Ruf von Billigweinen in nostalgischen Korbflaschen von einst hat das Chianti längst abgeschüttelt. Heute kommen gute bis exzellente Rebensäfte aus dieser Region. Das Kerngebiet, Chianti Classico, zwischen Florenz und Siena ist umgeben von den anderen Chianti-Gebieten.

Die Toskana kann sich mit zwei weiteren weltberühmten Rotweinen schmücken: Brunello di Montalcino und Vino Nobile di Montepulciano, beide nach den gleichnamigen Städtchen benannt. Diese beiden Topweine haben auch Ableger von Trauben zweiter Wahl, die nicht ganz so gut, aber auch deutlich günstiger sind: Rosso di Montalcino und Rosso di Montepulciano. Außer Vernaccia di San Gimignano sind die toskanischen Weißweine im Allgemeinen nicht sehr bekannt.

Einen besonderen Stellenwert kann der Vin Santo (heiliger Wein), der ursprünglich als Messwein verwendet wurde, für sich beanspruchen. Heute wird er als Dessertwein getrunken, in den man auch gerne mal Cantuccini-Kekse eintaucht. Vin Santo wird aus Trockenbeeren hergestellt und hat einen Alkoholgehalt von 16 bis 17 Prozent.

Die Weine werden strengen Herkunfts- und Qualitätskontrollen unterzogen. Es gibt vier Güteklassen: *vino da tavola* (Tafelwein), IGT (Indicazione Geografica Tipica, Landwein), DOC (Denominazione di Origine Controllata, Qualitätswein kontrollierter Herkunftsbezeichnung) und DOCG, wobei das "G" für *Garantita* steht, womit die herausragende Qualität des Weines gewährleistet wird. In den 1970er-Jahren fingen einige Winzer damit an, die Weine nach eigenem Gusto auszubauen, ohne Beachtung der gesetzlichen Vorgaben. Obwohl die Ergebnisse teilweise grandios waren, durften sie nicht als DOC-Weine vermarktet werden. So kamen diese "Supertoskaner" schließlich als sündhaft teure Tafelweine auf den Markt.

PRAKTISCHE INFOS

DIE BESTE REISEZEIT

Das Klima der Toskana ist mediterran mit warmen, trockenen Sommern, die auf dem Land besser zu ertragen sind als in den Städten. Die Winter sind eher mild, Schnee fällt normalerweise nur in den Bergregionen und höchstens an einigen Wochen im Jahr. Wie der Winter kann auch das Frühjahr ziemlich regnerisch sein, oft bläst ein frischer, kalter Wind.

Wie so viele andere beliebte Urlaubsgebiete ist auch die Toskana in der Hochsaison ziemlich überlaufen. Der Frühling ist eine gute Reisezeit. Dann ist hier zwar schon wieder etwas los, aber man verbringt die Zeit überwiegend mit Einheimischen. Auch der Herbst ist eine gute Wahl, denn oft ist es bis in den Spätherbst angenehm warm.

In den Monaten Mai und Juni ist die Natur am reizvollsten. Im September kann man noch im Meer baden, und das Licht ist in dieser Zeit besonders schön. Wer dann Florenz und/oder Siena besuchen will, sollte wissen, dass auch viele andere Touristen diese Absicht haben. Für Städtereisen bietet sich daher die Zeit zwischen Oktober und April an. In den Sommermonaten Juli und August ist es in der Toskana meistens sehr heiß und voll, nicht zuletzt, weil auch in Italien Ferienzeit ist und viele Läden und Restaurants geschlossen sind.

ANREISE

> **AUTO** Wer mit dem Auto in die Toskana reist, sollte bedenken, dass man für die Schweiz und/oder Österreich eine Vignette braucht und Mautgebühren anfallen.

Wie in der Schweiz, aber anders als in Deutschland und Österreich, sind die Schilder italienischer Autobahnen (*autostrade*, gekennzeichnet mit einem A) grün und die Nutzung fast ausnahmslos gebührenpflichtig. Mautgebühren kann man in bar, mit Kreditkarte oder mit einer Viacard bezahlen, die bei Autobahntankstellen oder Tabakläden (*Tabacchi*) erhältlich ist. Blau beschildert sind die Landstraßen und Nebenstraßen (*strade nazionali N* und *strade statali SS*).

Tankstellen an Autobahnen sind rund um die Uhr geöffnet, an anderen Straßen oft mittags von 12.30 Uhr bis 16 Uhr und abends geschlossen. Allerdings werden immer mehr Tankstellen mit Bezahlautomaten ausgestattet, sodass man dort abends mit Karte zahlen kann. Auf Italienisch heißt bleifreies Benzin (Euro 95) *senza piombo* oder *benzina verde*, Diesel auch *gasolio* und Autogas *gasauto* oder *gpl*.

Außer in geschlossenen Ortschaften müssen Autofahrer in Italien mit Abblendlicht fahren. Außerdem ist es vorgeschrieben, Warndreieck und Sicherheitswesten im Auto zu haben.

Die meisten toskanischen Städte haben ein gewaltiges Parkproblem. Oft sind die historischen Innenstädte für den Autoverkehr gesperrt, und nur wenige Hotels verfügen über eigene Parkplätze (daher besser anfragen, bevor Sie buchen). Alternativ bleibt dann nur noch ein öffentlicher Parkplatz oder eine Parkgarage. Tipp: Gelb markierte Parkplätze sind für Einheimische reserviert, blau markierte kostenpflichtig und weiß markierte kostenlos. Ausnahme: Florenz. Hier sind die weiß markierten Parkplätze den Einheimischen vorbehalten.

Einige italienische Städte wie Florenz und Siena haben eine *zona traffico limitato* (*ZTL*), Umweltzone, eingeführt, in die nur Anlieger hineinfahren dürfen. Erkennbar sind diese Zonen an entsprechenden Hinweisschildern. Da die Zeiten nicht einheitlich sind, sollte man die Schilder immer erst gut lesen, bevor man weiterfährt. Wenn Sie dies verbotenerweise tun, müssen Sie mit einem Bußgeld rechnen. Denn in den Zonen sind zahlreiche Kameras installiert, die das Kennzeichen fotografieren. Wenn Sie mit dem Auto zu einem Hotel oder in eine Parkgarage in einer ZTL fahren müssen, ist es ratsam, vorab die Polizei zu informieren, zum Beispiel über die Hotelrezeption. Merken Sie sich auch den Zeitpunkt, an dem Sie an der Kamera vorbeigefahren sind. Im Frühjahr und im Sommer ist die Altstadt von Florenz an fast allen Donners-, Frei- und Samstagen sowie zwischen 23 und 3 Uhr gesperrt (*ZTL notturno*).

Autovermietungen finden Sie an Flughäfen und oft auch in den Städten. In manchen Fällen gilt ein Mindestalter von 21 (oder gar 25) Jahren und der Führerschein muss mindestens ein Jahr alt sein. Bezahlen kann man in der Regel nur mit Kreditkarte.

> FLUGZEUG Die Toskana kennt zwei große Flughäfen: Aeroporto Galileo Galilei bei Pisa (der Flughafen der Billigflieger) und Aeroporto di Firenze (Amerigo Vespucci). Pisas Flughafen liegt unweit der Stadt und ist an das Eisenbahnnetz angeschlossen. In nur fünf Minuten erreicht man die Altstadt von Pisa und in etwa 90 Minuten den Bahnhof Santa Maria Novella in Florenz. Mit einem Bus von Terravision kommt man in 70 Minuten vom Flughafen Pisa nach Florenz (*www.terravision.eu*). Busverbindungen gibt es auch mit Pisa-Zentrum, Siena, Lucca und Livorno (siehe *www.pisa-airport.com* für Fahrtzeiten und Preise). Der Flughafen von Florenz liegt etwa vier Kilometer von der Altstadt entfernt. Mit einem Taxi sind Sie in einer Viertelstunde im Zentrum. Busse fahren halbstündlich ab Sita/Ataf und bringen Sie in 20 Minuten zum Florentiner Hauptbahnhof Santa Maria Novella. Mehr Informationen über Reisemöglichkeiten von und nach Florenz finden Sie unter *www.aeroporto.firenze.it*.

Als Alternative bietet sich der Flughafen von Bologna, Aeroporto Guglielmo Marconi, etwas außerhalb der Toskana, an. Die Fahrt nach Florenz dauert etwa 80 Minuten:

20 Minuten mit dem Bus zum Bahnhof von Bologna, eine Stunde mit dem Zug von Bologna nach Florenz (*www.bologna-airport.it*).

Flüge in die Toskana werden von diversen Fluggesellschaften angeboten. Die wichtigsten sind:
Nach Florenz: Lufthansa aus Frankfurt, Vueling aus Hamburg und Berlin-Tegel, Air Berlin aus Düsseldorf und Stuttgart, Air Dolomiti aus München, Swiss Air aus Zürich, Austrian Airlines aus Wien.
Nach Pisa: Ryanair aus Düsseldorf und Nürnberg, Lufthansa aus München.
Nach Bologna: Lufthansa aus Düsseldorf, Frankfurt, München, Berlin, Germanwings aus Köln, Austrian Airlines aus Wien.

> ZUG Italien kennt unterschiedliche Züge: Frecciarossa (ICE), Intercity, Diretto (Eilzug) und Regionale (Regionalexpress). Fahrten mit der schnellen Frecciarossa kosten etwas mehr und sind reservierungspflichtig. Der Intercity hält nur in den größeren Städten, der Diretto auch in kleineren und der Regionale an allen Bahnhöfen entlang einer Strecke. Die Fahrkarte berechtigt immer nur für eine bestimmte Zugart: Ein Ticket für den Diretto gilt zum Beispiel nicht im Intercity. Vergessen Sie nicht, vor dem Einsteigen Ihre Fahrkarte in den Stempelautomaten auf den Bahnsteigen zu entwerten, sonst droht ein Bußgeld. Zugreisende finden unter *www.trenitalia.com* einen Fahrplan. Wer auf dieser Website sein Zugticket kauft, spart sogar fünf Prozent gegenüber dem Preis am Schalter. Frühbucher können sich mit dem Tarif *amica* (gilt nicht für Regionalzüge) noch mal 20 Prozent Rabatt sichern.

> BUS Die Busverbindungen zwischen den Städten und Ortschaften in der Toskana sind gut und nicht teuer. Einziges Manko: Die Busse verkehren nicht sehr oft. Zwischen Florenz und Castellina in Chianti fährt beispielsweise nur einmal am Tag ein Bus. Im August, in der Ferienzeit, werden zahlreiche Strecken gar nicht bedient.

In Ortschaften ohne zentralen Busbahnhof, und das sind die meisten, starten die Busse fast immer in der Hauptstraße. Florenz hat zwei regionale Buslinien: Busse von CAP fahren am Largo Fratelli Alinari 9 ab, die von SITA an der Via Santa Caterina da Siena 15r. CAP bedient vor allem Strecken in Richtung Prato, während SITA-Busse in Richtung Siena unterwegs sind. Stadtbusse (meistens orangefarben) halten an der Vorderseite des Hauptbahnhofes von Florenz. Fahrkarten sind bei der Verkaufsstelle des Betreibers und bei Bars und Kiosken in der Nähe erhältlich. Fahrkarten, die im Bus gelöst werden, sind etwas teurer und können nur mit passendem Geld gekauft werden. Anders als in den Stadtbussen kann man in den Regionalbussen keine Fahrkarten kaufen.

Praktische Websites für Busreisen:
www.google.com/transit, www.ataf.net (Busverbindungen in Florenz und Umgebung),
www.sienamobilita.it (Provinz Siena), *www.ramamobilita.it* (Provinz Grosseto),
www.acvbus.it (Chianti und Valdarno), *www.amvbus.it* (Mugello und Valdisieve).

QUERCIA ROSSA, MAREMMA

> **TAXI** In den Städten findet man Taxis in der Regel an Bahnhöfen und beliebten Plätzen. Natürlich kann man auch telefonisch ein Taxi bestellen (lassen). Zuschläge sind an Sonn- und Feiertagen oder bei Fahrten vom Flughafen oder Bahnhof zu zahlen. Auch für Gepäck wird häufig ein Zuschlag berechnet.

ÜBERNACHTEN

Ob in einer Burg oder einem Kloster, in einem Viersternehotel, auf einem Bauernhof, in einem restaurierten Dorf, bei Einheimischen zu Hause, in einem Ferienhaus – Möglichkeiten gibt es in der Toskana reichlich, die Auswahl ist riesig. In diesem Guide finden Sie eine bunte Auswahl für jedes Budget.

In Hotels ist ein Frühstück meistens nicht im Preis inbegriffen, und in den Städten wird für einen Parkplatz, wenn es denn einen gibt, in der Regel auch ein Aufschlag berechnet. Beim Einchecken in einem Hotel und auch bei anderen Unterkünften muss man seinen Reisepass abgeben. Touristen werden polizeilich erfasst, den Reisepass bekommen Sie am nächsten Tag wieder.

Viele italienische Landwirte und Winzer bieten Unterkünfte an – *agriturismo* heißt diese Urlaubsvariante. Die Unterkünfte sind sehr unterschiedlich, von einem einfachen Zimmer bis hin zum Luxusappartement, nicht selten mit Pool. Dass die Lage in der Regel herrlich ist, bedarf eigentlich keiner Erwähnung. Man wohnt inmitten von Weinbergen oder Kornfeldern. Einziger Wermutstropfen: Mehrheitlich sind die Höfe stillgelegt und man findet dort nicht mal mehr Tiere. Höchstens Olivenöl, Wein oder Honig werden noch produziert, manchmal bekommt man vor Ort sogar noch eine warme Mahlzeit.

ESSEN & TRINKEN

In den meisten Hotels hat das Frühstück (*prima colazione*) seinen Namen nicht wirklich verdient. Machen Sie es wie die Italiener und frühstücken Sie in einer Kaffeebar. Man zahlt in der Regel erst an der Kasse, bevor man an der Bar das Bestellte mit dem Kassenbon (*scontrino*) abholt. Den Kaffee direkt am Tresen zu trinken ist billiger, als sich an einen Tisch zu setzen. Ein gängiges Frühstück besteht aus einem Espresso (auch *caffè* genannt) oder Cappuccino und einer italienischen Brioche (ein süßes, mit Marmelade gefülltes Brötchen) oder einem *cornetto* (Croissant). Die meisten Bars sind ab 7 Uhr geöffnet.

Ein guter Cappuccino hat eine cremige, feste Crema. Die Temperatur der Milch darf 70 bis 80 Grad Celsius nicht übersteigen, da sich sonst der Schaum vom Kaffee absetzt und die Milch leicht angebrannt schmeckt. Das erklärt, wieso Cappuccino in Italien oft nur mäßig heiß serviert wird. Italiener trinken nur zum Frühstück einen Cappuccino – nach dem Essen wird es als Brüskierung des Koches angesehen, da Milch, so die Italiener, die köstlichen Aromen des Essens sofort zerstört.

Für Italiener ist das Mittagessen (*pranzo*) extrem wichtig. Deshalb sind alle Läden und Museen zwischen 13 und 15 Uhr geschlossen, und den Touristen bleibt in der Regel nichts anderes übrig, als einfach mitzumachen. Wie das Abendessen (*cena*), das ab 20 Uhr eingenommen wird, umfasst auch das Mittagessen mehrere Gänge. Als Antipasti gibt es oft Bruschetta (belegte Brotscheibe) oder eine Wurstplatte. Als *primi* werden häufig Nudeln, Risotto oder eine Suppe gereicht, als Hauptspeise (*secondi*) meistens Fleisch oder Fisch. Beilagen (*contorni*) wie Salat, Gemüse oder Kartoffeln gibt es in der Regel nicht einfach dazu, sie müssen extra bestellt werden. Salate sind oft sehr einfallslos zubereitet und werden meistens ohne Dressing serviert. Dafür stehen Öl, Essig, Salz und Pfeffer bereit, sodass Sie den Salat selbst anmachen können. Wer keine Lust auf eine Nachspeise (*dolce*) hat, nimmt einfach einen Espresso (Tee oder Cappuccino nach dem Essen ist in Italien verpönt) oder als Digestif ein Gläschen Amaro (ein etwas bitter schmeckender Kräuterlikör), Grappa oder Limoncello (Zitronenlikör).

Keine Lust auf ein ausgiebiges Mittagessen? Kein Problem, denn in den Cafés und Kaffeebars bekommen Sie auch Snacks wie etwa Panini oder Tramezzini, und bei einigen Bäckern Pizzastücke (*pizza al taglio*) zum Mitnehmen.

In Italien gibt es verschiedene Arten von Speiselokalen. Pizzerien bieten meistens nicht nur Pizzen an, sondern auch kleine Gerichte. Osterien sind einfache Lokale mit relativ wenig Auswahl. Wer mehr Vielfalt, vor allem an regionalen Gerichten, sucht, findet diese zum Beispiel in einer Trattoria. *Ristoranti* sind etwas schicker und reichen von Familienrestaurants bis hin zu preisgekrönten Edellokalen. In eine Enoteca, Vinothek, geht man zum Weintrinken, und man bekommt dort höchstens ein kleines Gericht. Tipp: Achten Sie bei Ihrer Restaurantwahl nicht zu sehr auf die Einrichtung und erwarten Sie zum Beispiel keine Kerzen (denn die gehören auf den Friedhof, sagen die Italiener). Ein untrügliches Anzeichen für gute Qualität ist die Anwesenheit vieler Einheimischer im Lokal. In Italien gilt in öffentlichen Gebäuden ein allgemeines Rauchverbot, auch in der Gastronomie.

Wer nach dem Essen die Rechnung (*il conto*) kommen lässt, wird sehen, dass ein kleiner Betrag für *pane e coperto* (Brot und Gedeck) berechnet wurde. Gleiches wird manchmal auch für die Bedienung gemacht. Trinkgeld ist zwar nicht üblich, wird trotzdem sehr geschätzt.

In einem Eiscafé (*gelateria*) herrscht meistens das gleiche Prinzip wie in einer Kaffee-bar: Man zahlt erst an der Kasse und holt sich anschließend mit dem Kassenbon sein Eis – eine oder mehrere Kugeln in einer Waffel oder einem Becher.

ÖFFNUNGSZEITEN

> **GESCHÄFTE** Montagvormittags sind fast alle Geschäfte geschlossen. Die gängigsten Öffnungszeiten sind Dienstag bis Samstag von 9 bis 13 Uhr und von 15.30 bis 19.30 Uhr. Große Warenhäuser sind in der Regel durchgehend und manchmal auch sonntag-vormittags geöffnet. In zahlreichen Badeorten schließen viele Geschäfte im Sommer erst um Mitternacht.

> **SUPERMÄRKTE** Große Supermärkte sind meistens von 8 bis 20 Uhr geöffnet, während kleinere Lebensmittelläden in der Mittagszeit und auch an einem Nachmittag, in der Regel am Mittwoch, Siesta halten.

> **MUSEA** Die Öffnungszeiten von Museen sind nur wenig einheitlich, wobei fast alle montags und an Feiertagen geschlossen sind. Außer montags sind große staatliche Museen von 9 bis 19 Uhr geöffnet. Tipp: Manche große Museen haben auch abends ihre Pforten offen, und dann ist in der Regel weniger los als tagsüber. Kleinere Privat-museen sind – was Öffnungszeiten anbelangt – weniger großzügig und können meistens

nur dienstags bis samstags von 9 bis 14 Uhr und manchmal auch sonntags bis 13 Uhr besucht werden.

> BANKEN sind montags bis freitags durchgehend von 8.30 bis 13.30 Uhr geöffnet, nachmittags meistens nur nach Absprache und nicht für den Publikumsverkehr.

> APOTHEKEN (*farmacia*) erkennt man am grünen Kreuz an der Fassade. Geöffnet sind Apotheken montags bis freitags von 9.00 bis 12.30 und von 16.30 bis 19.30 Uhr. An der Tür wird immer bekannt gegeben, welche Apotheken Nacht- und Wochenenddienst haben. Tipp: Da es in Italien keine Drogerien gibt, muss man sich auch für einfache, nicht verschreibungspflichtige Medikamente an Apotheken wenden.

> KIRCHEN können von 7 bis 12.30 und von 16 bis 19 Uhr besichtigt werden, jedoch nicht während der Gottesdienste.

FEIERTAGE UND VERANSTALTUNGEN

Neben Neujahr, Ostern und Weihnachten kennt Italien folgende gesetzliche Feiertage:

6. Januar	Epifania (Heilige Drei Könige) wird – wie in einigen deutschen Bundes-ländern – in Italien am 6. Januar gefeiert. In dieser Nacht bringt die alte Hexe Befana braven Kindern Geschenke und Süßigkeiten, die bösen Kinder bekommen *carbone* (Süßigkeiten, die wie Holzkohle aussehen). In den Tagen davor sind die Supermärkte voll davon.
25. April	Liberazione Italia (Tag der Befreiung)
1. Mai	Festa del Lavoro (Tag der Arbeit)
2. Juni	Festa della Repubblica (Tag der Republik/Nationalfeiertag)
15. August	Ferragosto/Assunzione di Maria (Mariä Himmelfahrt)
1. November	Ognissanti (Allerheiligen)
8. Dezember	Immacolata Concezione (Mariä Empfängnis)

An den gesetzlichen Feiertagen sind alle Behörden und die meisten Geschäfte und Museen geschlossen. Gleiches gilt, wenn in einem Ort der Tag des Schutzpatrons gefeiert wird, zum Beispiel in Florenz am 24. Juni (San Giovanni). Viele Italiener haben ab Mitte August zwei Wochen Ferien und schwärmen dann zahlreich im eigenen Land aus. Außer an der Küste sind in diesen Wochen auch viele Restaurants und Läden geschlossen.

In der Toskana gibt es eine Vielzahl von Veranstaltungen wie Prozessionen, Festivals, und Mittelalterfeste. Informieren Sie sich am besten vor Ort danach.

PRAKTISCHE ADRESSEN UND TELEFONNUMMERN

Die Landesvorwahl von Italien ist 0039. Anders als in Deutschland wird im italienischen Festnetz die der Stadtvorwahl vorangehende Null mitgewählt. Im Falle von Florenz also 0039 055 ... Für Handyrufnummern gilt dies nicht, da diese in Italien nicht mit einer Null beginnen. Wer von Italien aus eine Nummer in Deutschland anrufen will, wählt 0049 *und* die Vorwahl ohne Null, für die Schweiz 0041 und für Österreich 0043 (beide ohne Null der Vorwahl).

Tipp: Auch in Italien ist Telefonieren am Steuer ohne Freisprecheinrichtung verboten und wird mit hohen Bußgeldern (ab 150 Euro) bestraft.

Für das Telefonieren aus einer Telefonzelle benötigen Sie eine Telefonkarte (*scheda telefonica*), die in Kiosken und Tabakläden (*tabacchi*, am blauen oder schwarzen Schild mit einem weißen T erkennbar) erhältlich sind. Tipp: Kaufen Sie die *carta europa*, wenn Sie öfter eine bestimmte Nummer in Europa oder den USA anrufen möchten. Für nur fünf Euro können Sie dann drei Stunden telefonieren.

Internetcafés gibt es in den meisten Städten. Wer hier ins Internet gehen will, muss seinen Reisepass vorübergehend abgeben (Anti-Terror-Maßnahme). Viele Hotels und Campingplätze sind auch mit Internetanschlüssen ausgestattet.

> NOTRUFNUMMERN

113	Notrufnummer (mit Handy 112)
112	Polizei (*carabinieri*)
115	Feuerwehr (*pompieri*)
118	Krankenwagen (*ambulanza*)
803 116	Pannendienst des ACI, des italienischen ADAC (rund um die Uhr) (mit ausländischem Handy-Provider: 800 116 800)

> BOTSCHAFTEN UND KONSULATE

Deutsche Botschaft in Rom, Via San Martino della Battaglia 4, *www.rom.diplo.de*, Tel.: 06 492131, Schalteröffnungszeiten: Montag bis Freitag von 9 bis 12 und Dienstag und Donnerstag von 14 bis 16 Uhr.

Honorarkonsulat in Florenz: Corso dei Tintori 3, Tel.: 055 2343543

Schweizer Botschaft in Rom
Via Barnaba Oriani 61, *www.eda.admin.ch/roma*, Tel.: 06 809571, Schalteröffnungszeiten: Montag bis Freitag von 9–12 Uhr

Schweizer Konsulat in Florenz: Piazzale Galileo 5, Tel.: 055 222434, Schalteröffnungszeiten: Montag bis Freitag 9–12 Uhr

Österreichische Botschaft in Rom: Via Pergolesi 3, Tel.: 06 8440141, Schalteröffnungszeiten: Montag bis Freitag 9–12 Uhr

Österreichisches Ehrenkonsulat in Florenz: Lungarno A. Vespucci 58, Tel.: 055 2654222,
Schalteröffnungszeiten: Montag bis Freitag 10–12 Uhr.

GELDANGELEGENHEITEN

Geldautomaten (*bancomat*) gibt es inzwischen allerorts, und es werden EC-Karten und
Kreditkarten akzeptiert. Kreditkarten sind zwar in Italien auch sehr gängig, jedoch
nicht so üblich wie in Deutschland. Es gibt zum Beispiel immer noch Restaurants, vor
allem auf dem Land, in denen man nicht mit Kreditkarte bezahlen kann. Bedenken Sie
außerdem, dass Sie bei der Nutzung einer Kreditkarte den PIN-Code benötigen.

POST

Briefmarken (*francobolli*) sind in den Postämtern, Kiosken und Tabakläden (*tabacchi*)
erhältlich. Briefe und Postkarten nach Adressen innerhalb Europas kosten 65 Cent. Tipp:
Postkarten erreichen ihre Bestimmung eher, wenn sie wie ein Brief in einem Umschlag
verschickt werden. Die Postämter sind von Montag bis Freitag von 8.30 bis 13.30 und
samstags von 8.30 bis 11.30 Uhr geöffnet, manche große Postämter auch durchgehend
bis 19 Uhr.

GUT ZU WISSEN

> TOURISTENINFORMATION In fast jedem Ort finden Sie eine Touristeninformation,
die in Italien jedoch unterschiedliche Namen haben kann: in größeren Städten Azienda
Promozione Turistica (APT) oder Ente Provinciale per il Turismo (EPT), in Kleinstädten
Ufficio di Informazione e Accoglienza Turistica (IAT) und in Dörfern Pro Loco. Auch die
Polizei hilft immer gern, wenn man sich mal gerade nicht auskennt. Sehr informativ ist
zudem die Website des italienischen Fremdenverkehrsamtes: *www.enit.it*.

> In **KIRCHEN** gelten strenge Kleidungsvorschriften. In kurzer Hose, Minirock oder Top darf man sie nicht betreten. Frauen sollten daher immer einen Schal oder ein Halstuch dabeihaben.

> Die italienischen **KONFEKTIONSGRÖSSEN** weichen von unseren ab, am besten immer zwei oder drei Größen hinzuzählen. Wer Konfektionsgröße 38 hat, sollte sich in Italien an Größe 42 halten.

> **FREIBÄDER** sind meistens von Ende Mai bis Mitte September geöffnet. In vielen Frei- und auch Hallenbädern ist das Tragen einer Bademütze Vorschrift.

> **SOUVENIRHÄNDLER** An den Stränden, auf Märkten und auf Parkplätzen wird man andauernd von afrikanischen Souvenirhändlern angequatscht, die ihre Waren feilbieten. Wie schön die Imitattaschen und -brillen auch sein mögen, abwimmeln ist besser. Denn als Käufer machen Sie sich strafbar. Vor allem im Sommer ist die Polizei sehr wachsam und erteilt Touristen sofort Bußgelder, die sich bis auf 1000 Euro belaufen können. Außerdem sollte man bedenken, dass die meisten Verkäufer am Gängelband der Mafia laufen, die einen Großteil der Umsätze einsackt.

SPRACHFÜHRER

Nicht nur ältere Italiener sprechen meistens kein oder wenig Englisch, leider auch viele junge. Schon aus dem Grund ist es praktisch, wenn man ein paar Brocken Italienisch kann. Außerdem schätzen Italiener es sehr, wenn ein Tourist versucht, sich auf Italienisch zu verständigen. Auch zaghafte Versuche werden sie höflich und mit gebührender Anerkennung quittieren: *bravo!* (bei Männern), *brava!* (bei Frauen).

BEGRÜSSUNG

Hallo	**ciao**
guten Tag	**buongiorno**
guten Abend	**buona sera**
gute Nacht	**buona notte**
(auf) Wiedersehen	**arrivederci**
Wie geht es Ihnen?/Wie geht es dir?	**come sta?/come stai?**
gut, danke	**bene, grazie**

NOTFÄLLE

Hilfe!	aiuto!
Achtung! Pass auf!	attenzione!
Ich brauche einen Arzt.	ho bisogno di un medico
Die Polizei/den Notarzt anrufen	chiama la polizia/un'ambulanza
Es ist ein Unfall passiert.	e' successo un incidente
das Krankenhaus	l'ospedale
Ich bin bestohlen worden.	sono stato derubato (m)/stata derubata (w)
Ich bekomme keine Luft.	non respiro
Ich habe Schmerzen in der Brust.	ho dolori al petto
Ich bin allergisch gegen Antibiotika.	sono allergico/-a all'antibiotico

BASICS

ja	sì
nein	no
bitte (wenn man etwas überreicht)	prego
bitte (wenn man um etwas bittet)	per favore
Entschuldigung/Verzeihung	mi scusi/mi scusa
Es tut mir leid.	mi dispiace
Danke schön	grazie
Wann?	quando?
Warum?	perchè?

Wo ist ...?	dov'è...?
Was? (Wie?)	come?
Wer?	chi?
Ich weiß es nicht./Keine Ahnung	non lo so
Ich verstehe es nicht.	non capisco
Sprechen Sie Englisch?	parla inglese?
Könnten Sie etwas langsamer sprechen?	può parlare più lentamente?
Könnten Sie das einmal wiederholen?	può ripeterlo per favore?
Vormittag	mattina
Nachmittag	pomeriggio
Abend	sera
Nacht	notte
heute	oggi
heute Abend	stasera
morgen	domani
Montag	lunedì
Dienstag	martedì
Mittwoch	mercoledì
Donnerstag	giovedì
Freitag	venerdì
Samstag	sabato
Sonntag	domenica
eine Woche	una settimana
ein Monat	un mese
offen	aperto
geschlossen	chiuso
Eingang	entrata
Ausgang	uscita

ZAHLEN

0	zero	10	dieci
1	uno	11	undici
2	due	12	dodici
3	tre	13	tredici
4	quattro	14	quattordici
5	cinque	15	quindici
6	sei	16	sedici
7	sette	17	diciassette
8	otto	18	diciotto
9	nove	19	diciannove

20	venti	70	settanta
21	ventuno	80	ottanta
22	ventidue	90	novanta
30	trenta	100	cento
40	quaranta	200	duecento
50	cinquanta	1000	mille
60	sessanta	2000	duemila

TELEFONIEREN

hallo	pronto
Mein Name ist ...	sono ...
Könnte ich mit ... sprechen?	posso parlare con ...?
Ich verstehe Sie nicht.	non la sento

ÜBERNACHTEN

Haben Sie noch ein freies Zimmer?	avete una camera libera?/ avete camere disponibili?
ein Einzelzimmer	una camera singola
ein Doppelzimmer	una camera doppia
... mit einem Doppelbett	... con un letto matrimoniale
... mit Einzelbetten	... con due letti separati
... mit Dusche/Bad/Klimaanlage	... con doccia/vasca/aria condizionata
... mit eigenem Bad	... con bagno in camera/bagno privato
für eine Nacht/zwei Nächte	per una notte/due notti
Ist das Frühstück im Preis inbegriffen?	la prima colazione è inclusa?
Könnten Sie mich um ... Uhr wecken?	mi potrebbe svegliare alle ore ...?
der Schlüssel	la chiave
Könnten Sie mir ein Taxi bestellen?	mi potrebbe chiamare un taxi?

UNTERWEGS

der Bahnhof	la stazione
der Bus	l'autobus, il pullman
die Haltestelle	la fermata
der Zug	il treno
das Gleis	il binario
einfache Fahrt	solo andata
hin und zurück	andata e ritorno
Fahrplan	orario
Verspätung	ritardo
Streik	sciopero

die Fahrkarte	il biglietto
Wo kann ich eine Fahrkarte kaufen?	dove posso comprare un biglietto?
Wann fährt der Bus/Zug ab?	a che ora parte il pullman/treno?
Muss ich umsteigen?	devo cambiare pullman/treno?

AUTO

Stau	coda
Baustelle	lavori in corso
Einbahnstraße	senso unico
Parkverbot	divieto di sosta
Ausfahrt	uscita
scharfe Kurve	tornante
Diesel	gasolio
Führerschein	patente
Umweltzone	ZTL (zona traffico limitato)
Bitte volltanken.	il pieno, per favore
Ich suche eine Werkstatt.	ho bisogno di un concessionario
Wo kann ich parken?	dove posso parcheggiare?

NACH DEM WEG FRAGEN

Ich suche ...	cerco ...
Wo ist ...?	dov'è ...?
links/rechts	a sinistra/a destra
immer geradeaus	sempre diritto
umdrehen	torna indietro
erste/zweite links/rechts	la prima/la seconda a sinistra/destra
die Kreuzung	l'incrocio
die Ampel	il semaforo
die Straße	la via
der Weg	la strada
Haben Sie einen Stadtplan?	ha una piantina/mappa della città?
Gibt es in der Nähe einen Geldautomaten?	c'è un bancomat qui vicino?

SHOPPEN

Wann öffnen/schließen Sie?	a che ora apre/chiude?
Kann ich Ihnen helfen?	posso aiutarla?
Ich will nur schauen.	do solo un'occhiata
Ich hätte gern ...	vorrei ...
Habt ihr ...?	avete ...?

Darf ich es anprobieren?	posso provarlo?
Haben Sie eine Größe größer/kleiner?	c'è una taglia più grande/piccola?
Wie viel kostet es?	quanto costa?
Ich nehme es.	lo prendo
Darf ich es umtauschen?	posso cambiarlo?
Kann ich mit Karte zahlen?	posso pagare con il bancomat?
Nehmen Sie auch Kreditkarten?	accettate carte di credito?
der Kassenbon	lo scontrino
Haben Sie eine Tüte?	ha un sacchetto?
Schlussverkauf	saldi
eine Hose	i pantaloni/un paio di pantaloni
ein Pullover	un maglione
ein Kleid	un vestito
ein Rock	una gonna
ein Mantel	una giacca
die Schuhe	le scarpe
die Lebensmittel	gli alimentari
der Supermarkt	il supermercato
100 Gramm	un etto
ein (halbes) Kilo	un (mezzo) chilo
dieses (diese)/das (die)	questo (questi)/quello (quelli)
mehr/weniger	più/meno
Sonst noch etwas?	qualcos'altro?
Das ist alles.	basta così

IM RESTAURANT

Mittagessen	pranzo
Abendessen	cena
Haben Sie einen Tisch für zwei Personen?	avete un tavolo per due persone?
Ich möchte einen Tisch reservieren.	vorrei prenotare un tavolo
Ich habe reserviert.	ho prenotato
Haben Sie gewählt?	ha scelto?
Was möchten Sie trinken?	cosa beve?
Wasser	acqua (minerale)
... mit/ohne Kohlensäure	... gassata/liscia
ein Bier	una birra
Weiß-/Rotwein	vino bianco/rosso
Rosé	rosato
das Glas	il bicchiere
die Flasche	la bottiglia
ein (halber) Liter	un (mezzo) litro
eine Cola	una coca/coca cola

ein Orangensaft	un succo d'arancio
ein Kaffee	un caffè
	un caffè americano
	un caffè macchiato
Zucker	zucchero
Süßstoff	dolcificante
Tee	un tè caldo
Was können Sie empfehlen?	cosa consiglia?
Haben Sie auch vegetarische Gerichte?	ha dei piatti vegetariani?
Ich bin Vegetarier.	sono vegetariano/-a
Ich esse kein Fleisch.	non mangio la carne
Ich bin allergisch gegen ...	sono allergico/-a al ...
glutenfrei	senza glutine/privo di glutine
Wo ist die Toilette?	dov'è il bagno?
Die Rechnung, bitte.	il conto, per favore
die Speisekarte	il menu
die Weinkarte	la lista dei vini
das Messer	un coltello
die Gabel	una forchetta
der Löffel	un cucchiaio
das Öl	l'olio
der Essig	l'aceto
Salz	sale
Pfeffer	pepe
Käse	formaggio
Brot	pane

SPEISEKARTE

bevande	Getränke
vini rossi	Rotweine
vini bianchi	Weißweine
antipasti	Vorspeisen
primo	erster Gang (Nudeln, Risotto, Suppe)
minestre	(leichte, dünne) Suppen
secondi	Hauptspeise
carne	Fleisch
pesce	Fisch
contorni	Beilagen (Kartoffeln, Gemüse oder Pommes)
verdura/-e	Gemüse
insalata mista/verde	gemischter/grüner Salat
formaggio	Käse

dolce	Nachtisch
gelati	Eis
frutta	Obst
casalinga	selbstgemacht
crudo	roh
arrosto	gebraten
al forno	aus dem Ofen
al ferro/alla griglia	gegrillt
fritto	frittiert
agnello	Lammfleisch
maiale	Schweinefleisch
manzo	Rindfleisch
vitello	Kalbfleisch
pollo	Hühnchen
cozze	Muscheln
seppia	Tintenfisch
pesce spada	Schwertfisch
gamberi/gamberoni	Gambas
coperto	Gedeck
bistecca alla fiorentina (Florenz)	großes T-Bone-Steak
bici (Siena)	eine Art dicke Spaghetti
ribollita	dicke Suppe mit Brot und Gemüse aus der Region wie Grünkohl und weißen Bohnen
cacciucco (Livorno und Viareggio)	kräftige Fischsuppe von Tintenfisch und Krustentieren, viel Knoblauch und Peperoncini
acqua cotta (Grosseto)	dicke Gemüsesuppe mit Karotten, Zwiebeln, Sellerie, Brot, Ei und geriebenem Schafskäse
panzanella	Gericht mit getränktem, altbackenem Brot, rohen Tomaten, roten Zwiebeln und Basilikum
pappa al pomodoro	dicke Suppe mit toskanischem (also salzlosem) Brot, Tomaten, Knoblauch und Basilikum
lampredotto	lang gekochter Pansen mit Tomaten, Zwiebeln, Sellerie und Petersilie
pappardelle al cinghiale	Nudeln mit Wildschweinragout

TOP 10
HIGHLIGHTS

1 In einem **Heißluftballon** die Stille über dem **Chianti** und den grünen Hügeln erleben **>** S. 106

2 Die **Thermen von Bagni di Lucca** besuchen und ein Dampfbad nehmen **>** S. 172

3 Am **Innamorata**-Strand von Elba den Sonnenuntergang genießen **>** S. 245

4 In Livorno am herrlichen Strand von **Cala del Leone** in der Sonne liegen **>** S. 228

5 Bei **Il Campeggio di Capalbio** in den Dünen der Maremma zelten **>** S. 306

6 Köstlichen heißen Kakao im **Café Hemingway** in Florenz trinken **>** S. 83

7 Den Strand mit dem feinsten Sand entdecken: **Cala Violina >** S. 304

8 **Porto Santo Stefano**: im romantischen Hafen Luxusjachten bestaunen **>** S. 294

9 Bei **Bagni di San Filippo** am Fuße des Vulkans Monte Amiata Abkühlung suchen **>** S. 286

10 In der Kartause **Certosa di Calci** das mittelalterliche Klosterleben kennenlernen **>** S. 208

TOP 10

KUNST

TOP 10

RESTAURANTS

1 Bei **La Vecchia Lira** in Volterra das köstliche Essen von Köchin Patrizia probieren **>** S. 212

2 Ein Eldorado für Fischliebhaber: **Barcobestia** in Viareggio entdecken **>** S. 179

3 In der berühmten Pasticceria **Taddeucci** in Lucca überwältigt werden **>** S. 141

4 In Pistoia das gemütliche **La Bottegaia** mit seiner grandiosen Weinauswahl besuchen **>** S. 149

5 Gaumenfreuden pur im Lebensmittelladen **Specialità Mucci** genießen **>** S. 218

6 Im Weinkeller von **Le Cantine di Greve** ausgiebig Rebensäfte verkosten **>** S. 105

7 Im besten Eiscafé von Florenz *il fresco carapina* schlemmen **>** S. 83

8 Sich bei **A Gambe di Gatto** in Montepulciano mit kreativen Gerichten verwöhnen lassen **>** S. 275

9 Bei **Olio & Convivium** in Florenz toskanische Spezialitäten erstehen **>** S. 79

10 Sich an der toskanischen Küche des **Borgo Antico** in Lucolena (Chianti) erfreuen **>** S. 102

TOP 10
SHOPPEN

TOP 10

NATUR

ÜBERNACHTEN

TOP 10

1 In der **Villa Nencini** in Volterra die herrliche Aussicht genießen **>** S. 217

2 Im **B&B Michele** im Zentrum von Pisa die Nacht verbringen **>** S. 206

3 **Villa le Querciolaie** in Monteverdi Marittimo: zwischen Kunstwerken nächtigen **>** S. 221

4 **B&B Fiorenza**: das ideale Refugium nach einem langen Tag in Florenz **>** S. 92

5 Im **Grand Hotel & Riviera** in Versilia vom Rauschen der Wellen geweckt werden **>** S. 183

6 **La Bohème** – ein B&B im toskanischen Stil in der Altstadt von Lucca entdecken **>** S. 143

7 Im Viersternehotel **Villa La Palagina** in Chianti wohnen, sich sonnen und baden **>** S. 108

8 Im **Schlosshotel Castello Monticello** auf der Isola del Giglio fürstlich residieren **>** S. 306

9 Frisch, elegant & modern: sich von der **Villa Peragnola** in Siena verzaubern lassen **>** S. 267

10 **Agriturismo Cerreto**: hofeigene Erzeugnisse zum Frühstück genießen **>** S. 286

FLORENZ, CHIANTI, CORTONA, AREZZO

OST-TOSKANA

AUTOTOUR OST-TOSKANA

So können Sie die Ost-Toskana in fünf Tagen erkunden. Diese Route bringt Sie zu allen Orten, die Sie gesehen haben müssen, und hält auch einige Überraschungen bereit. Sie essen zwischen Einheimischen und wohnen ganz besonders.

TAG 1
CHIANTI > die Kartause Certosa di Firenze besuchen (S. 99) **>** nach Impruneta fahren, bei Forno Zini vorbeischauen (S. 104), über die Via Chiantigiana weiterfahren **>** und das Castello Vicchiomaggio besichtigen (S. 99) **>** in Panzano (Chianti) bei Oltre il Giardino zu Mittag essen (S. 102) **>** nach Greve in Chianti zurückfahren **>** bei Le Cantine di Greve Wein verkosten (S. 105) **>** die Antica Macelleria Falorni besuchen (S. 105) **>** im Borgo Antico in Lucolena ein Abendessen genießen (S. 102) oder in der Villa La Palagina, wo Sie auch die Nacht verbringen (S. 108) **>**

TAG 2
CHIANTI > über Lucolena zum Parco di Cavriglia (S. 106) fahren **>** und Mufflons und Äffchen bewundern **>** über Radda in Chianti nach Volpaia fahren **>** bei La Bottega di Volpaia zu Mittag essen (S. 102) **>** nach Castellina in Chianti fahren, die Altstadt erkunden **>** und bei L'Antica Delizia Eis essen (S. 102) **>** in der Residenza del Sogno köstlich speisen und übernachten (S. 109) **>**

TAG 3
CHIANTI UND **CORTONA >** zum Castello di Fonterutoli fahren (S. 101) **>** den Weinladen besuchen **>** in der Osteria di Fonterutoli ein Mittagessen genießen (S. 102) **>** über Vagliagli nach Pievasciata weiterfahren **>** die Kunstwerke im Chianti Sculpture Park bewundern (S. 101) **>** über Castelnuovo Berardenga nach Cortona fahren **>** bei Preludio tafeln (S. 114) **>** und im Hotel Villa Marsili nächtigen (S. 115) **>**

TAG 4
CORTONA UND **AREZZO >** das Museo dell'Accademia Etrusca e della Città di Cortona besuchen (S. 111) **>** an der Via Crucis die Mosaiken bewundern (S. 115) **>** im Caffè Tuscher eine Kleinigkeit zu Mittag essen (S. 112) **>** nach Arezzo fahren und das Gepäck bei Badia di Pomaio lassen (S. 124) **>** die Altstadt von Arezzo bestaunen **>** am Abend in der Vinothek La Torre di Gnicche speisen (S. 122) **>**

TAG 5
AREZZO UND **FLORENZ >** nochmals durch die Altstadt von Arezzo bummeln **>** die Basilica di San Francesco besuchen (S. 117) **>** über die Via Sette Ponti nach Florenz zurückfahren **>** das Gepäck bei Johlea & Johanna abladen (S. 92) **>** den Stadtrundgang absolvieren (siehe Karte in der hinteren Buchklappe) **>** nach Fiesole fahren und dort den Tag mit einem Essen am Hauptplatz ausklingen lassen (S. 96) **>**

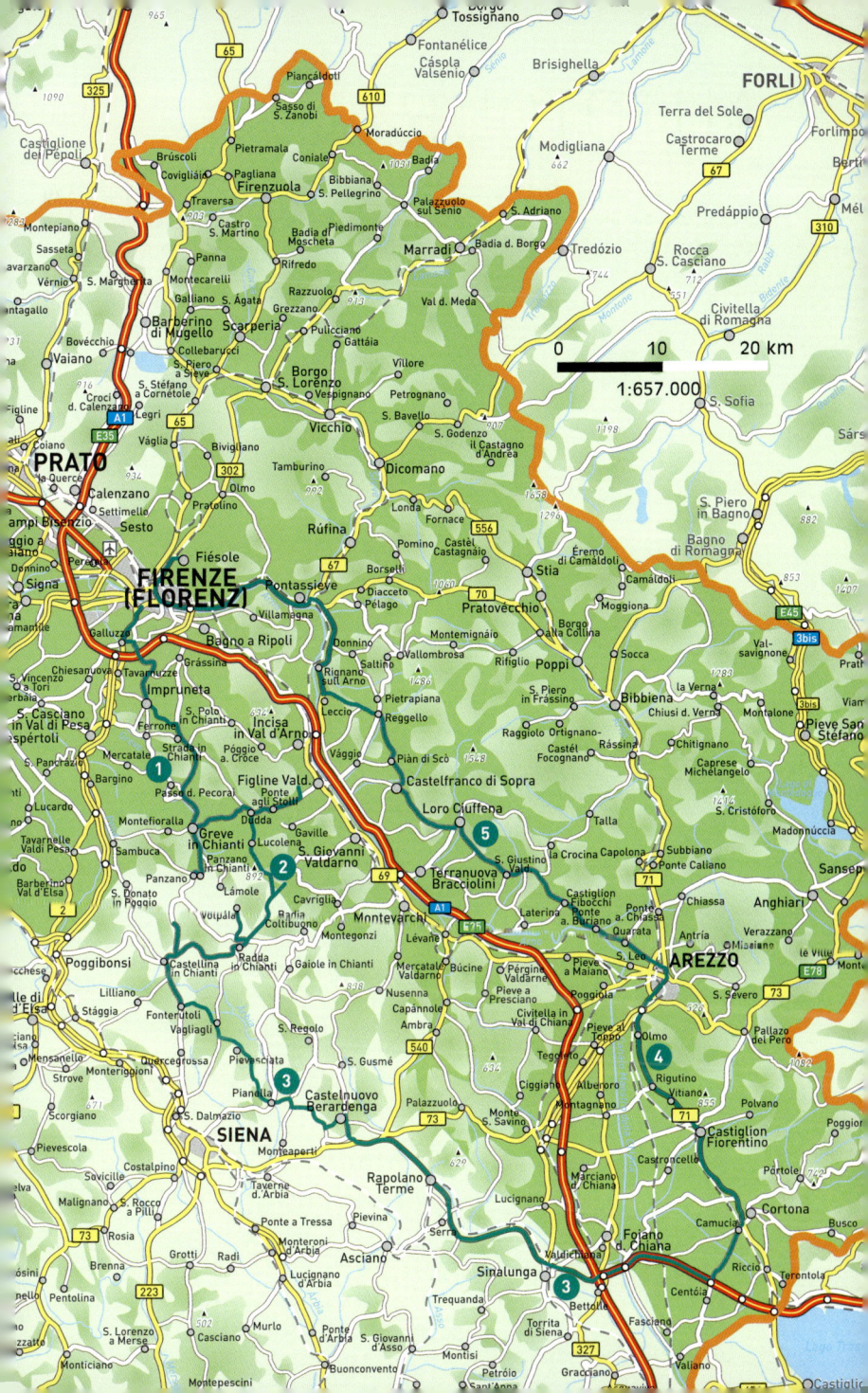

ROMANTIK, RENAISSANCE UND MODE

Firenze, zu Deutsch Florenz, ist die Hauptstadt der Toskana und der Höhepunkt jeder Toskana-Reise. Diese romantische Stadt am Ufer des Arno-Flusses wurde 59 v. Chr. von Julius Cäsar unter dem lateinischen Namen Florentia ("Blüte") gegründet. Sie gilt als Wiege der Renaissance.

Im späten 13. Jahrhundert war Florenz eine der größten und bedeutendsten Städte Westeuropas und der christlichen Welt. Da sie so viel Intellekt und Inspiration versprühte, nannte Papst Bonifatius VIII. Florenz sogar "das fünfte Element".

Erkunden sollte man Florenz eigentlich zu Fuß. Schlendern Sie durch die engen Gassen der Altstadt, bewundern Sie die prachtvollen Paläste sowie die winzigen Details an Fassaden und Türen und entdecken Sie die zahlreichen Kunstschätze, die hier an fast jeder Straßenecke zu sehen sind. Außerdem sollte man sich die herrliche Aussicht von den Hügeln ringsherum nicht entgehen lassen, um zu verstehen, wieso berühmte Toskaner wie Dante Alighieri, Leonardo da Vinci und Galileo Galilei ausgerechnet hier ihre Inspiration fanden.

Ein Rundgang durch Florenz ähnelt dem Besuch eines Freiluftmuseums. Die bedeutendsten Werke werden aber in gut bewachten Museen bewahrt: Michelangelos *David* in der Galleria dell'Accademia, Botticellis *Geburt der Venus* und *Primavera* in den Uffizien, in denen auch Arbeiten von da Vinci, Caravaggio und Raffael hängen. Tipp: Buchen Sie Ihren Besuch vorab (gegen Bezahlung), dann müssen Sie nicht in der Schlange warten.

Einen Stadtspaziergang in Florenz finden Sie auf der herausnehmbaren Karte in der hinteren Buchklappe.

Florenz ist – nach Mailand – die zweitwichtigste Modestadt Italiens. Die bedeutendste Modeveranstaltung ist die Messe Pitti Immagine im Januar und Juni. Bedenken Sie, dass die Hotels in diesen Wochen proppenvoll und frühzeitig ausgebucht sind.

Die Florentiner haben das Radfahren für sich entdeckt. Wie in vielen anderen Städten sind die Autofahrer meist noch nicht auf die Anwesenheit von Radfahrern im Straßenverkehr eingestellt, seien Sie also vorsichtig! Die orangefarbenen Stadtbusse halten fast ausnahmslos auch am Hauptbahnhof Santa Maria Novella. Die Orte in der Umgebung werden von blauen Regionalbussen angefahren, die jedoch sehr unterschiedliche Abfahrtzeiten haben. In der Nähe vom Bahnhof gibt es drei Busbahnhöfe: von SITA an der Via Santa Caterina di Siena, von Lazzi an der Piazza Adua und von CAP am Largo Fratelli Alinari.

FLORENZ STADT

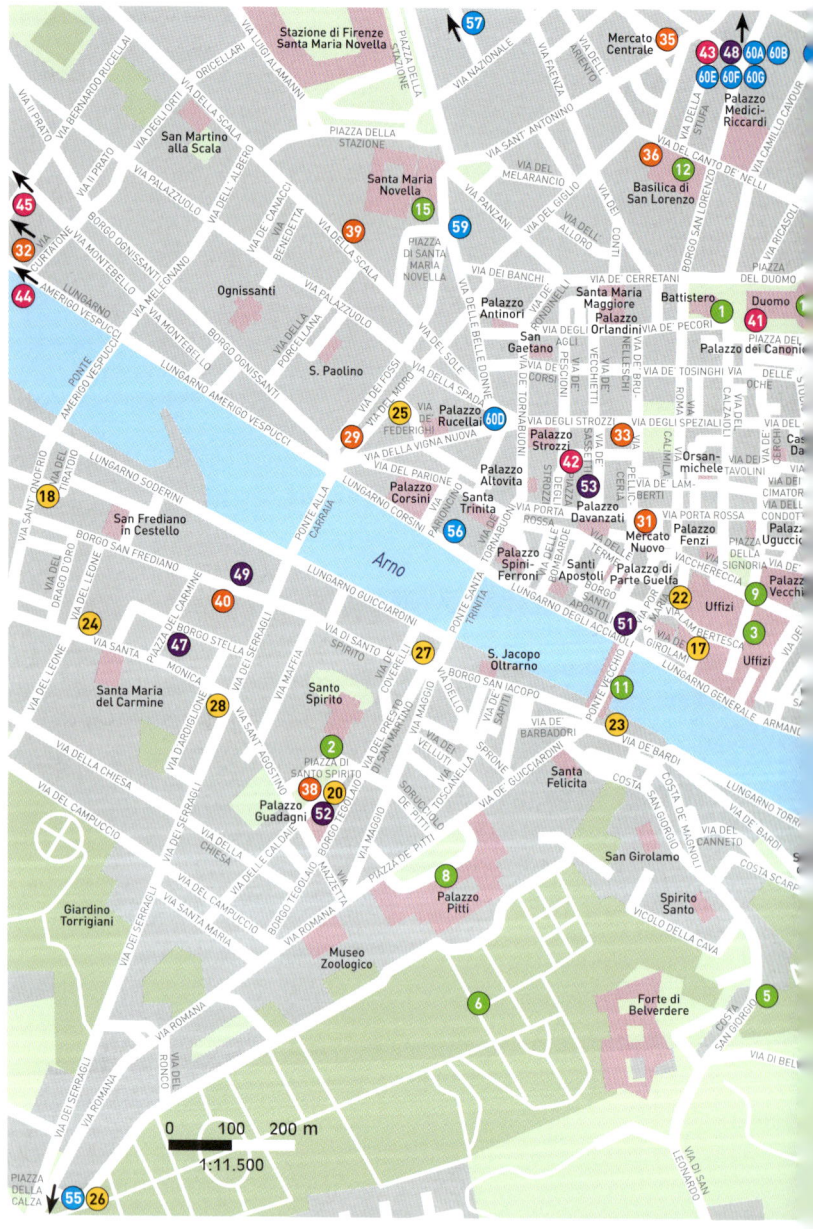

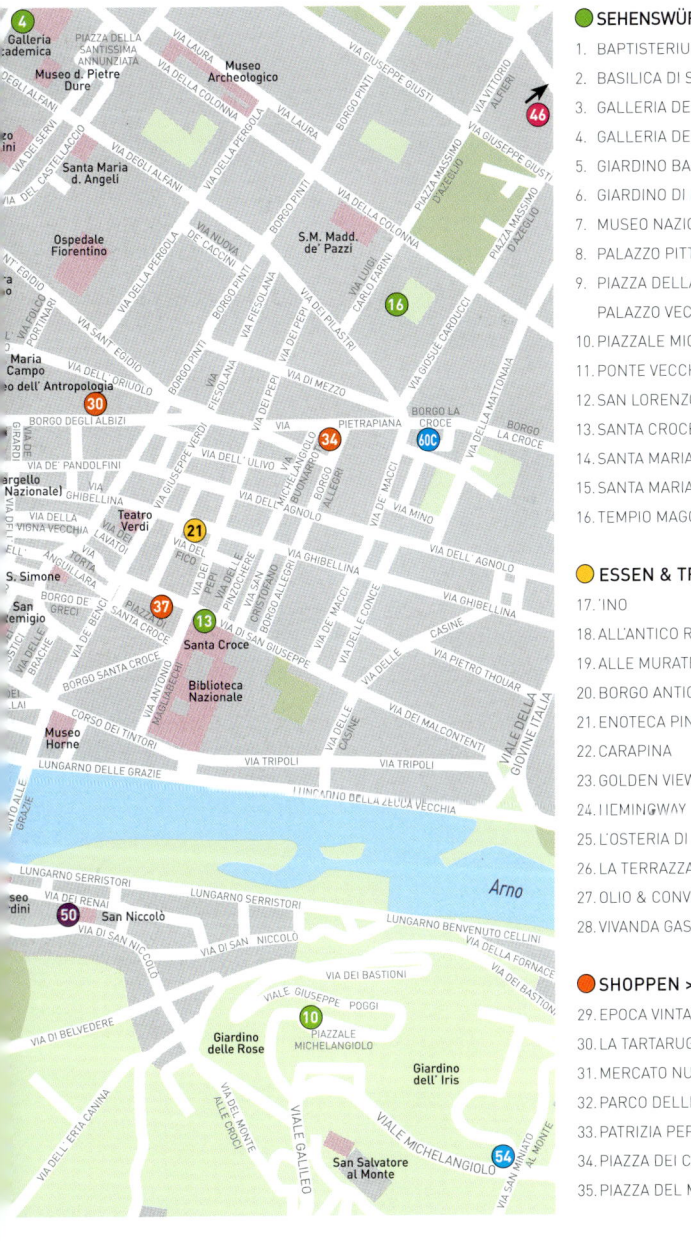

2010 wurde die Straßenbahn in Florenz reaktiviert und eine neue Linie eingerichtet, die das Zentrum mit dem Vorort Scandicci verbindet. Ziel der Stadt ist es, Busse durch Straßenbahnen zu ersetzen, um so die Verkehrsprobleme in der Altstadt in den Griff zu bekommen. 2014 soll die zweite Linie (zum Flughafen) in Betrieb gehen, eine dritte ist noch in Planung.

Die Altstadt von Florenz ist eine verkehrsberuhigte Umweltzone, zumindest von 7.30 bis 19.30 Uhr und samstags von 7.30 bis 18 Uhr. Wer in einem Hotel im Zentrum übernachtet, darf für den Gepäcktransfer auch tagsüber hineinfahren, vorausgesetzt, Sie melden der Rezeption des Hotels Ihr Autokennzeichen und die Uhrzeit, während der Sie an den Kameras vorbeigefahren sind.

Aus Zweifel über seinen Rückhalt in der Bevölkerung ließ der frischgebackene Großherzog Cosimo I. de' Medici 1565 von den Uffizien über die Ponte Vecchio bis zum Palazzo Pitti einen langen, überdachten Gang, den Corrodoio Vasariano, errichten, der als Fluchtweg dienen sollte. Außerdem musste er sich dadurch nicht mit dem Pöbel auf der Straße abgeben, wenn er zwischen Büro und Palast hin- und herpendelte. Im oberen Teil des Gangs auf der Ponte Vecchio ließ Mussolini 1939 große Fenster einbauen. Der Gang kann nur während einer Führung besichtigt werden. Buchungen sollte man frühzeitig online oder über die Hotline des Uffizien-Museums vornehmen.

Im August sind viele Restaurants, Cafés und Geschäfte geschlossen – manche nur einige Wochen, andere den ganzen Monat.

AUSSICHT VON DER PIAZZALE MICHELANGELO

SANTA MARIA NOVELLA

SEHENSWÜRDIGKEITEN

Von der reichen Vergangenheit ist in Florenz so vieles bewahrt geblieben, dass nur ein mehrtägiger Besuch dem gerecht werden kann. Ein Rundgang durch die Altstadt ist wie ein Crashkurs in Kunstgeschichte mit dem Fokus auf Renaissance: Neben Dutzenden Palästen zählt die Stadt zahlreiche prachtvolle Kirchen und Museen. Kein Wunder, dass die Altstadt bereits seit 1982 zum Weltkulturerbe der UNESCO gehört.

SANTA MARIA NOVELLA Schon im Mittelalter war der Platz vor der Kirche Santa Maria Novella sehr belebt, als die Dominikaner hier ihre Predigten gegen die Ketzerei und ihre Prozessionen abhielten. Viel später, von 1563 bis 1852, fand hier der *palio* statt, das städtische Pferderennen, bei dem zwei Obelisken die Wendepunkte markierten. Mit dem Bau der Kirche wurde 1279 begonnen, das reich verzierte Hauptportal stammt jedoch aus dem Jahr 1470 und wurde von Leon Battista Alberti im Auftrag der vermögenden Familie Rucellai entworfen. Im Inneren ist die Kirche spätgotisch, in der Chor-Mitte hängt ein riesiges Kruzifix. Mit diesem 1290 angefertigten Exemplar brach der berühmte italienische Maler Giotto mit dem bis dato gängigen ikonografischen Stil und stellte Jesus auf eine natürlichere Weise dar. Im Jahr 1565 ließ der Hofmaler der Medici, Giorgio Vasari, einen Großteil der Fresken weiß überstreichen, nach dem Motto: Alles Gotische ist barbarisch. Zum Glück blieb Masaccios Meisterstück, *die Dreifaltigkeit* von 1427, verschont. Als einer der Ersten seiner Zunft malte Masaccio nach Filippo Brunelleschis Regeln der Zentralperspektive. Seine Werke markierten den Beginn der Renaissance und das Ende der traditionellen bedeutungsperspektivischen Darstellung, bei der die Größe und die Verhältnisse nach der Wichtigkeit gewählt wurden. Die Fresken der Chorkapelle im hinteren Bereich der Kirche stammen von Domenico Ghirlandaio, der diese um 1485 zu Ehren der reichen Bankiersfamilie Tornabuoni malte: In den Darstellungen vom Leben von Maria und von Johannes dem Täufer finden sich auch Porträts von Familienmitgliedern.

PIAZZA SANTA MARIA NOVELLA, WWW.CHIESASANTAMARIANOVELLA.IT, T 055 219257, GEÖFFNET: MO-SA 7.00-19.00, SO & FEIERTAGE 8.00-19.00, EINTRITT: 3,50 €

BASILICA DI SANTO SPIRITO Hinter der schlichten Fassade verbirgt sich eine architektonische Meisterleistung, ein Musterbeispiel der Frührenaissance. Im Jahr 1434 wurde Filippo Brunelleschi mit der Errichtung einer Augustinerkirche beauftragt, aber erst 1444 konnte der Bau in Angriff genommen werden. Grund für die Verspätung: Die Lieferung der Säulen ließ so lange auf sich warten. Da er 1446 verstarb, erlebte Brunelleschi nur die erste Bauphase, die Fertigstellung lag in Händen von Antonio Manetti. Errichtet wurde die Kirche nach den Regeln des römischen Ingenieurs und Baumeisters Vitruv, der diese Leitlinien im 1. Jahrhundert v. Chr. in seinen *Zehn Büchern über Architektur* veröffentlicht hatte.

PIAZZA SANTO SPIRITO, WWW.BASILICASANTOSPIRITO.IT, T 055 210030, GEÖFFNET: DO-DI 9.30-12.30 & 16.00-17.30

PALAZZO PITTI Dieser Palast wurde 1458 als Wohnhaus für den steinreichen Bankier Luca Pitti erbaut, der nach dem Tod von Cosimo dem Alten (de' Medici), Pittis bedeutendster Einkommensquelle, in finanzielle Nöte geriet. Als Pitti etwa acht Jahre später ebenfalls das Zeitliche segnete, wurde der Bau gestoppt. Erst nachdem Pittis Erben den Palast 1539 an die Medici-Familie veräußerten, konnte er vollendet werden. Heute umfasst er diverse zu Museen umgebaute Bereiche, wozu ein Kostüm-, ein Porzellan- und ein Silbermuseum, ein Museum für moderne Kunst sowie die Galleria Palatina gehören, die man nicht verpassen sollte. Außerdem befinden sich hier die königlichen Gemächer und die Gästebereiche der Familie: eine Ansammlung von kostbaren Stoffen, Kronleuchtern, mit Gold verzierten Stühlen und Tischen sowie Himmelbetten, die einem König durchaus würdig wären. In der Galleria Palatina sind Werke von Caravaggio, Rubens, Raffael und Tizian zu sehen. Sehr beeindruckend ist der Venussaal.

PIAZZA PITTI 1, WWW.PALAZZOPITTI.IT, T 055 2654321, GEÖFFNET: DI-SO 8.15-18.50, EINTRITT: 8,50 €

GIARDINO DI BOBOLI Direkt hinter dem Palazzo Pitti liegt der grandiose Giardino di Boboli, eine elf Hektar große grüne Oase. Der Park war ein Geschenk für Eleonora de Toledo, die Ehefrau von Cosimo I. de' Medici, dem Großherzog der Toskana. An der Planung und Ausführung waren diverse namhafte Spezialisten wie etwa Bartolomeo Ammanati (Planung), Giorgio Vasari (Grotten) und Bernardo Buontalenti (Skulpturen) beteiligt. Da der Park mehrere Zugänge hat, braucht man sich nicht beim Palazzo Pitti in die Schlange zu stellen: Folgen Sie der Via Romana bis zum Stadttor Porta Romana und biegen Sie dort in die Via del Ronco ab oder folgen Sie ab der Villa Bardini den Schildern zum Park.

PORTA ROMANA, WWW.UFFIZI.FIRENZE.IT/MUSEI/?M=BOBOLI, T 055 294883, GEÖFFNET: JAN.-FEBR. & NOV.-DEZ. TÄGLICH 8.15-16.30, MÄRZ-MAI & SEPT. 8.15-18.30, JUNI-AUG. 8.15-19.30, OKT. 8.15-17.30 (ERSTER UND LETZTER MO IM MONAT GESCHLOSSEN), EINTRITT: 10 €

GIARDINO BARDINI Klein, aber fein: Giardino Bardini ist der kleinere Bruder des Boboli-Gartens. 1259 noch spöttisch der Gemüsegarten der Familie Mozzi genannt, wurde der Park während der Renaissance um eine vier Hektar große Grünfläche erweitert. Höhepunkt: die Barocktreppe durch die Grünterrassen, die ihre Besucher – oben angekommen – mit einer herrlichen Aussicht auf Florenz und die Hügel von Fiesole und Settignano belohnt. Im Park liegt die Villa Bardini, die ein Restaurant, ein Café und eine Bar beherbergt. Dort finden auch wechselnde Kunstausstellungen statt. Tipp: bei einem Aperitif auf der Terrasse die atemberaubende Aussicht genießen.

VIA DE' BARDI 1R, COSTA SAN GIORGIO 2, WWW.BARDINIPEYRON.IT, T 055 290112, GEÖFFNET: JAN.-FEBR. & NOV.-DEZ. TÄGLICH 8.15-16.30, MÄRZ-MAI & SEPT. 8.15-18.30, JUNI-AUG. 8.15-19.30, OKT. 8.15-18.30 (ERSTER UND LETZTER MO IM MONAT GESCHLOSSEN), EINTRITT: 10 €

Den Giardino Boboli und den Giardino Bardini am selben Tag besuchen? Dann gewährt Ihnen eine Eintrittskarte Zugang zu beiden Gärten.

PONTE VECCHIO

PIAZZALE MICHELANGELO Der höchste Punkt der Stadt bietet auch die schönste Aussicht – über den Arno-Fluss, der gemächlich unter elf Brücken (deren Höhepunkt die Ponte Vecchio ist) hindurch durch die Stadt mäandert, auf die Reste der Stadtmauer und die Türme des Doms, den Palazzo Vecchio und auf die Fassade der Nationalbibliothek, Kurz: der beste Ort für Urlaubsfotos, vor allem frühmorgens oder kurz vor Sonnenuntergang. Der Platz ist eine Hommage des Baumeisters Giuseppe Poggi an Michelangelo – in seiner Mitte steht eine Nachbildung von Michelangelos *David*. Die Piazzale Michelangelo erreichen Sie zu Fuß von der Piazza Poggi mit ihrer mittelalterlichen Porta San Niccolò über eine Vielzahl von Stufen, die Poggi ebenfalls angelegt hat. Oder alternativ über die lange Treppe, die unweit der Porta San Miniato beginnt.

PIAZZALE MICHELANGELO, BUS 12, 13

PONTE VECCHIO Die "alte Brücke" ist die älteste und die zentralste Verbindung zwischen der Altstadt und der Südstadt, die auch Oltrarno ("jenseits des Arno") genannt wird. Errichtet wurde die Originalbrücke als Teil der Via Cassia von den Römern, und zwar an der schmalsten Stelle des Flusses. Nachdem die Brücke durch eine Flut zerstört wurde, baute sie Taddeo Gaddi 1345 wieder auf. Als einzige der elf

Arno-Brücken überstand die Ponte Vecchio den Zweiten Weltkrieg unbeschadet. Schon seit jeher beherbergt die Brücke Geschäfte: erst Metzger und Fischhändler, danach Gerber, die 1593 auf Geheiß von Ferdinando I. Gold- und Juwelenhändlern weichen mussten. Die gibt es hier nach wie vor in bunten Häuschen, die sich seit dem 17. Jahrhundert auf der Brücke aneinanderschmiegen und diese so einzigartig machen. In der Mitte befindet sich eine Büste des angesehenen Goldschmieds und Bildhauers Benvenuto Cellini. Jahrelang befestigten Pärchen am Geländer rund um die Büste kleine Hängeschlösser mit ihrem Namen als Zeichen der ewigen Liebe. Den Schlüssel warfen sie in den Arno. Inzwischen ist diese Tradition – zumindest hier – verboten und wird entsprechend geahndet. Seitdem findet man an anderen Geländern am Arno die kleinen Schlösser wieder. Tipp: Wer die Ponte Vecchio in Ruhe erleben will, sollte frühmorgens sein Glück versuchen.

NACH DER VIA POR SANTA MARIA IN NÄHE DES ZENTRUMS SOWIE AN DER VIA DEI GUICCIARDINI IM SÜDEN

. . . .

Der Begriff "Bankrott" soll erstmals in Zusammenhang mit der Ponte Vecchio verwendet worden sein. Im 15. und 16. Jahrhundert war es Brauch, dass Geldwechsler ihre Dienste auf Tischen (banca, daher auch die Begriffe Bank und Bankier) anboten. Sobald jemand seinen finanziellen Verpflichtungen nicht mehr nachkommen konnte, wurde der Tisch in Stücke geschlagen ("banca rotta", der zerschlagene Tisch), und die Verhandlung war beendet.

. . . .

GALLERIA DEGLI UFFIZI Im Auftrag von Cosimo I. de' Medici als Verwaltungsgebäude erbaut, beherbergen die Uffizien heute eine Kunstsammlung, die zu den bedeutendsten weltweit gehört. Entworfen wurde das Baudenkmal 1559 von Giorgio Vasari. Wie der Beiname "*galleria*" schon andeutet, ist das Besondere an den Uffizien die lange, schmale und hohe Bauweise, die perspektivisch wie eine Galerie wirkt. Nach Vasaris Tod 1574 wurde die Arbeit von Bernardo Buontalenti und Alfredo Parigi vollendet. Höhepunkte der Museumssammlung sind: Sandra Botticellis *Geburt der Venus* (1485) und *Primavera* (Frühling, 1478) sowie Piero della Francescas Doppelporträt von Federico da Montefeltro und seiner Ehefrau Battista Sforza (1465–1472). Wie sehr die Renaissance die Malkunst revolutionierte, lässt sich an den feinen Details in der Landschaft im Hintergrund und der realistischen Darstellung der Gesichter ablesen. In seiner *Geburt der Venus* verewigte Botticelli erstmals mythologische und christliche Symbole in einem Gemälde. Weitere Meister, deren Werke in den Uffizien bewundert werden können: Duccio di Buoninsegna, Cimabue, Giotto di Bondone, Leonardo da Vinci, Albrecht Dürer, Michelangelo Buonarotti, Raffael, Tizian, Rubens, Caravaggio, Francisco de Goya und Rembrandt.

PIAZZALE DEGLI UFFIZI 6, WWW.UFFIZI.ORG, T 055 2388651/652, GEÖFFNET: DI-SO 8.15-18.50, EINTRITT: 6,50 € (AUSSER FÜR SONDERAUSSTELLUNGEN), RESERVIEREN WIRD EMPFOHLEN (AUF WWW.B-TICKET.COM/B-TICKET/ UFFIZI ODER UNTER DER BUCHUNGSNUMMER 055 294883, RESERVIERUNGSGEBÜHR 4 € JE KARTE

PIAZZA DELLA SIGNORIA/PALAZZO VECCHIO Bereits seit dem 14. Jahrhundert gilt die Piazza della Signoria als das politische Zentrum der Stadt. Beherrscht wird der Platz vom Palazzo Vecchio, dem Alten Palast und heutigem Rathaus. Im Inneren finden sich beeindruckende Räume wie der Salone dei Cinquecento, der Saal, in dem sich im 15. Jahrhundert die 500 Abgeordneten trafen, und der heute Werke von Donatello, Michelangelo und Verrocchio beherbergt. Der 94 Meter hohe Turm diente einst als Gefängnis, in dem bedeutende Persönlichkeiten wie Cosimo der Ältere und der Geistliche Savonarola, ein Feind der Renaissance, in einer Zelle mit dem Spitznamen *albergaccio* ("verlottertes Hotel") einsaßen. Auch auf der Piazza stehen diverse Kunstwerke: Giambolognas Reiterstatue des Großherzogs Cosimo I de' Medici, Bartolomeo Ammanatis Neptunbrunnen und eine Nachbildung von Michelangelos *David*. In der Loggia dei Lanzi, dem Arkadenbau rechts vom Palazzo Vecchio, befindet sich eine zweite Statue von Giambologna: *Raub der Sabinerinnen*. Benvenuto Cellinis Skulptur von Perseus mit dem Kopf der Medusa in der Hand ist einer der Höhepunkte europäischer Bildhauerkunst.
PIAZZA DELLA SIGNORIA, MUSEICIVICIFIORENTINI.COMUNE.FI.IT/DE, T 055 2768325, GEÖFFNET: FR-MI 9.00-0.00, DO & FEIERTAGE 9.00-14.00, EINTRITT: 6 €

BAPTISTERIUM Mitten auf der Piazza San Giovanni befindet sich eine Taufkapelle mit einem achteckigen Grundriss: das Baptisterium (Battistero). Erbaut wurde es im 11. Jahrhundert zu Ehren von Johannes dem Täufer, dem Schutzpatron der Stadt. Die grünweiße Marmorverkleidung der Fassaden, mit gestreiften Eckpilastern, stammt von Arnolfo di Cambio, der diese zwischen 1245 und 1302 anbrachte. Die Bronzetüren wurden von Andrea Pisano und Lorenzo Ghiberti entworfen. Vor allem das Tor an der Ostseite, dem Ghiberti 27 Jahre seines Lebens widmete, ist sehr prachtvoll. Aus Bewunderung nannte es Michelangelo "die Tür zum Paradies" – seitdem wird Ghibertis Werk auch "Paradiestür" genannt. Heute sind lediglich Kopien zu sehen, die Originale befinden sich im Musea dell'Opera del Duomo. Die Kapelle verfügt über eine riesige, 26 Meter breite Kuppel, die an der Innenseite vollständig mit Mosaiken verkleidet ist. Diese Arbeiten im Inneren, die 1225 unter Federführung von Jacopo da Torrita ihren Anfang nahmen, dauerten fast ein ganzes Jahrhundert. In der Mitte der Kapelle sind noch die Konturen des zentralen Taufbeckens sichtbar, das hier bis 1557 stand. An der Wand zwischen zwei Säulen befindet sich eine vergoldete Figur der Künstler Michelozzo und Donatello, die Papst Johannes XXIII., Baldasare Coscia, darstellt. Die Taufkapelle wurde noch bis in das 19. Jahrhundert genutzt. Zu den vielen Florentinern, die hier getauft wurden, gehörten auch Dante und die Mitglieder der Medici-Familie.
PIAZZA SAN GIOVANNI, WWW.OPERADUOMO.FIRENZE.IT, T 055 2302885, GEÖFFNET: MO-SA 11.15-19.00 (ERSTER SA IM MONAT 8.30-14.00), SO & FEIERTAGE 8.30-14.00, EINTRITT: 5 €

CATTEDRALE DI SANTA MARIA DEL FIORE (DUOMO) Die Kathedrale von Florenz, der zentrale Punkt und zugleich das Wahrzeichen der Stadt, gehört zu den größten Kirchen der Welt. Pisa und Siena verfügten bereits beide über einen Dom, als die Florentiner erst anfingen zu überlegen, dass auch sie ein Baudenkmal bräuchten, das die Macht und den Status der Stadt in der Region widerspiegelte. Nach den Bauplänen

SANTA MARIA DEL FIORE (DUOMO)

Arnolfo di Cambios wurde 1296 mit dem Bau begonnen, aber bereits sechs Jahre später stockte das Projekt. Diverse Baumeister wie Talenti, Giotto und di Lapo Ghini änderten Cambios Entwürfe ab, und so kam es, dass erst im Jahr 1368 ein neuer Entwurf genehmigt wurde. Für die Kuppel wurde eigens ein Wettbewerb ausgeschrieben, denn vor Ort fehlte das Fachwissen für eine 100 Meter hohe Konstruktion mit einem Durchmesser von 45 Metern. Filippo Brunelleschi fand die Lösung, und so konnte 1472 auch die Kuppel fertiggestellt werden. Die heutige Fassade stammt übrigens aus dem Jahr 1871 und ist eine Neukonstruktion von Emilio de Fabris. Im Inneren wirkt die Kathedrale spartanisch. Einzige Ausnahme: das riesige Kuppelfresko von Giorgio Vasari und Frederico Zuccari, das vermutlich das Jüngste Gericht darstellt. Eine Treppe führt zu einem der Balkone in der Kuppel, von dem aus man das Fresko aus der Nähe betrachten kann. Wer mehr über den Bau der Kathedrale erfahren will, sollte das Museo dell'Opera di Santa Maria del Fiore besuchen, wo sich auch die Originaltüren des Baptisteriums und Michelangelos *Pietà* befinden.

DUOMO: PIAZZA SAN GIOVANNI, WWW.OPERADUOMO.FIRENZE.IT, T 055 2302885, GEÖFFNET: KIRCHE MO-MI & FR 10.00-17.00, DO 10.00-16.45 (MAI & OKT. 10.00-16.00, JULI-SEPT. 10.00-17.00), SA 10.00-16.45, FEIERTAGE 13.30-16.45, KUPPEL MO-FR 8.30-19.00, SA 8.30-17.40, EINTRITT: KIRCHE FREI, KUPPEL 8 €, MUSEO DELL'OPERA DI SANTA MARIA DEL FIORE: GEÖFFNET: MO-SA 9.00-19.30, SO 9.00-13.45, EINTRITT: 6 €

BAPTISTERIUM

MUSEO NAZIONALE DEL BARGELLO Ab 1261 war die massive Festung jahrhunderte-lang der Sitz des Florentiner Stadtrates. Erst im Jahr 1517 erhielt sie ihre neue Funktion als Gerichtsgebäude und Gefängnis. Auf jene Zeit geht der Name "Bargello" zurück, denn damals siedelte die Medici-Familie hier den ranghöchsten Polizeivertreter an (*bargello* bedeutet Gerichtsdiener). Heute beherbergt das Gebäude ein bedeutendes Museum, das die größte Skulpturensammlung Italiens umfasst, zu der auch Michelangelos Marmorstatue *Bacchus* und Donatellos Bronzeskulptur *David* gehören.

VIA DEL PROCONSOLO 4, WWW.POLOMUSEALE.FIRENZE.IT/MUSEI/?M=BARGELLO, T 055 294883, GEÖFFNET: TÄGLICH 8.15-13.50 (KASSE SCHLIESST UM 13.20), 3. APR.-12. JULI TÄGLICH 8.15-17.00, JEDER ERSTE, DRITTE UND FÜNFTE SO UND ZWEITE & VIERTE MO IM MONAT GESCHLOSSEN), EINTRITT: 4 €

SANTA CROCE Was tun, wenn am anderen Ende der Stadt eine Kirche errichtet wird, die größer ist als die eigene? Genau, ein Gotteshaus bauen, das noch gigantischer ist. Im Jahr 1294 ließen Franziskaner die Kirche Santa Croce errichten, die noch mächtiger als die Dominikanerkirche Santa Maria Novella werden sollte, deren Bau 50 Jahre zuvor begonnen worden war. Errichtet wurde die Santa Croce nach Plänen von Arnolfo di Cambio, der zeitgleich auch am Bau des Doms beteiligt war, fertiggestellt war sie jedoch erst 1385, viele Jahre nach di Cambios Tod. Die heutige Fassade stammt aus dem 19. Jahrhundert und wurde nach jahrhundertealten Entwürfen von Niccolò Matas ausgeführt. Paradoxerweise entwickelte sich die Franziskanerkirche zu einer der reichsten der Stadt, trotz des Leitmotivs des Ordens: ein asketisches Leben ohne Reichtum und persönlichen Besitz führen. Ermöglicht wurde der Reichtum durch die Unterstützung vermögender Dynastien, die sich mit ihrer Großzügigkeit ein besonders Privileg sichern wollten: ein Grab in der Kirche. So fanden Persönlichkeiten wie Galileo Galilei, Michelangelo, Machiavelli und Marconi hier ihre letzte Ruhestätte. Im Chor befinden sich einige Fresken von Agnolo Gaddi, in denen er die Legende des Heiligen Kreuzes (*Santa Croce*) ausgearbeitet hat. Mit der Cappella dei Pazzi (Kapelle der Ver-rückten) gelang Filippo Brunelleschi erneut eine herausragende architektonische Meisterleistung. Jedes Detail fügt sich harmonisch in den Bau ein, sogar die *Zwölf Apostel* von Luca della Robbia wurden stilvoll integriert. Zwei bedeutende Werke von Taddeo Gaddi finden sich im Kirchenmuseum wieder: *Das Letzte Abendmahl* und *Der Baum des Lebens*.

PIAZZA SANTA CROCE 16, WWW.SANTACROCEOPERA.IT, T 055 2466105, GEÖFFNET: MO-SA 9.30-17.00, SO & FEIERTAGE 13.00-17.30 (KASSE SCHLIESST UM 17.00), EINTRITT: 6 € (INKL. KAPELLE & MUSEUM)

GALLERIA DELL'ACCADEMIA Die 1561 von der Medici-Familie gegründete Akademie für Malerei, die erste der Welt, beherbergt seit 1873 Michelangelos *David*. Das Besondere an dieser Skulptur: der mit dem Standort des Betrachters wechselnde Gesichts-ausdruck, der scheinbar jedes Mal eine andere Emotion zeigt. Michelangelo war erst 26 Jahre alt, als er anfing, den *David* zu bearbeiten. Drei Jahre (von 1501 bis 1504) widmete er dieser meisterhaften Skulptur, die vollständig aus Carrara-Marmor besteht. Die Position von *David* nennt sich Kontrapost – eine für die Bildhauerei der Renaissance typische Darstellung, bei der es ein Standbein und ein Spielbein gibt. Das

Ergebnis: mehr Dynamik. Zur Sammlung des Museums gehören auch Werke von Botticelli, Ghirlandaio und Andrea del Sarto sowie eine Reihe seltener russischer Ikonen. Außerdem besitzt die Accademia eine historische Musikinstrumentensammlung des Conservatorio Cherubini.

VIA RICASOLI 66, WWW.POLOMUSEALE.FIRENZE.IT/MUSEI/?M=ACCADEMIA, T 055 294883, GEÖFFNET: DI-SO 8.15-18.50 (KASSE SCHLIESST UM 18.20), EINTRITT: 6,50 € (RESERVIEREN WIRD EMPFOHLEN, T 055 294883 ODER AUF WWW.B-TICKET.COM/B-TICKET/UFFIZI, RESERVIERUNGSGEBÜHR 4 € JE KARTE)

SAN LORENZO Um 1418 wurde Filippo Brunelleschi von den Medici beauftragt, die bestehende romanische Kirche San Lorenzo zu einem imposanten – gotischen – Gotteshaus umzubauen. Nachdem Teile des umliegenden Viertels abgerissen worden waren, wurde mit dem Bau, der sich noch lange hinziehen sollte, um etwa 1421 begonnen. Die Fassade der Kirche blieb unvollendet, da sich für sie kein Geld mehr auftreiben ließ. Beim Betreten der Basilika springen sofort die strenge Form und der gleichmäßige Lichteinfall durch die großen Rundfenster ins Auge. Alles ist aufeinander abgestimmt, die Proportionen wurden nach den neuen Regeln der Renaissance errechnet. Die Decke ist mit dem Familienwappen der Medici (fünf rote Kugeln) versehen, das an diversen Stellen zu sehen ist. In einem Seitenschiff befinden sich zwei wunderschöne Meisterwerke Donatellos: Reliefs für Bronzekanzeln, die er kurz vor seinem Tod 1467 anfertigte. Im Querschiff links liegt die alte Sakristei, die nach Plänen Brunelleschis erbaut wurde. Sie gilt als ein frühes Beispiel der neuen Baukunst der Renaissance, die auf einem Quadrat und einem Kreis beruht. Die senkrechten Linien der Säulen gehen nahtlos in die Rundungen der Gewölbedecke über. Diese Vertikalität und Symmetrie sind typisch für den zentralperspektivischen Ansatz, mit dem Brunelleschi die Entwicklung der Baukunst in Europa maßgeblich beeinflusste.

PIAZZA SAN LORENZO, T 055 216634, GEÖFFNET: MO-SA 10.00-17.00 (MÄRZ-OKT. AUCH SO 13.30-17.00), BIBLIOTECA MEDICEA LAURENZIANA: GEÖFFNET: SO-FR 9.30-13.30 (KASSE SCHLIESST UM 13.00), EINTRITT: 3 €

TEMPIO MAGGIORE ISRAELITICO Auf der Piazzale Michelangelo stehend, kann man östlich des Doms noch eine zweite, kleinere Kuppel erkennen. Sie gehört der etwas exotisch anmutenden Synagoge Tempio Maggiore oder Großen Synagoge, eine der schönsten Europas. Erbaut wurde sie zwischen 1874 und 1882 nach Plänen des jüdisch-italienischen Architekten Marco Treves und dessen italienischen Kollegen Mariano Falcini und Vincenzo Micheli. Für die Form und den Grundriss ließen sich die Baumeister von der Hagia Sophia in Istanbul inspirieren, das Bauwerk selbst ist vom Stil her maurisch mit orientalischen und italienischen Einflüssen. Die Kuppel wurde mit Kupfer verkleidet, was die grüne Farbe erklärt, denn das Metall hat sich im Laufe der Zeit so verfärbt. Im Inneren springen die Arabesken ins Auge, mit denen der italienische Künstler Giovanni Panti das Interieur zwischen 1882 und 1890 verziert hat. Die Synagoge verfügt auch über ein eigenes Museum, in dem die kleine jüdische Gemeinschaft von Florenz im Mittelpunkt steht.

VIA LUIGI CARLO FARINI 4, T 055 245252, GEÖFFNET: JUNI-SEPT. SO-DO 10.00-18.30 & FR 10.00-17.00, OKT.-MAI SO-DO 10.00-17.30 & FR 10.00-15.00 (AN SA & FEIERTAGEN GESCHLOSSEN), EINTRITT: 5 €

TEMPIO MAGGIORE ISRAELITICO

ALLE MURATE

ESSEN & TRINKEN

Die gastronomische Bandbreite, die Florenz zu bieten hat, ist beachtlich und reicht von Sandwichläden über Eiscafés bis hin zu Toprestaurants wie der Enoteca Pinchiorri mit drei Michelin-Sternen. Überall in der Stadt gibt es Trattorien, die überwiegend toskanische Gerichte servieren. Tipp: Wer Qualität schätzt, sollte die Restaurants im Zentrum meiden.

ENOTECA PINCHIORRI ist wohl das namhafteste Restaurant der Stadt. Betrieben wird dieser Gourmettempel (drei Michelin-Sterne) von Giorgio Pinchiorri und Annie Féolde. Im – hervorragend sortierten – Weinkeller hat er das Sagen, in der Küche sie. Die Mischung aus lachsfarbenen Tischdecken, hellgelb gestrichenen Wänden und glänzendem Silber verleiht dem Saal ein aristokratisches Flair. Es gibt diverse Menüs und Gerichte à la carte. Allerdings sollten Sie sich für diese unvergessliche kulinarische Erfahrung entsprechend in Schale werfen.

VIA GHIBELLINA 87R, WWW.ENOTECAPINCHIORRI.COM, T 055 242757/242777, GEÖFFNET: DI-SA 19.30-22.00 (AUG. & WEIHNACHTEN GESCHLOSSEN), PREIS: 90 €, MENÜS AB 225 €

OLIO & CONVIVIUM Zum gastronomischen "Atelier", wie die Inhaber ihr Lokal nennen, gehören eine *sala dei vini* (ein Weinzimmer), eine *olioteca* (eine Ölothek für Ölverkostungen) und eine *sala cucina*, eine Essküche mit großen Fenstern, durch die man dem Küchenpersonal bei der Arbeit zuschauen kann. Für etwa 18 Euro bekommt man hier ein herrliches Mittagessen inklusive Wein, Wasser und Nachspeise. Eine Platte mit kleinen Happen gibt es ebenso wie ein Essen à la carte. Und im Laden werden 250 verschiedene Weine, eingelegtes Gemüse und toskanische Spezialitäten angeboten, die man probieren und kaufen kann.

VIA SANTO SPIRITO 4R, WWW.CONVIVIUMFIRENZE.IT, T 055 2658198, GEÖFFNET: RESTAURANT MO 12.00-15.00, DI 12.00-14.30 & 19.00-22.30, MI-SA 10.00-14.30 & 19.00-22.30, LADEN MO 10.00-15.00, DI-SA 10.00-14.30 & 17.30-22.30, PREIS: À LA CARTE 14-24 €, PROBIERTELLER 13 €

ALLE MURATE Museum oder Restaurant? Dieses stilvolle Lokal im Museum Palazzo dell'Arte dei Giudici e Notai ist mit modernem Mobiliar und authentischen Decken-fresken ausgestattet. Gekocht wird gemäß den Küchentraditionen der Toskana und Basilikata – eine gelungene Kombination, wie die *maccheroni lucani alla peperoni rossi e ragù di cinta senese* (Maccheroni mit Paprika und Wildschweinragout) belegen. Zwischen den Gängen kann man sich nach oben begeben, um einen Rundgang zu machen – inklusive Audioguide, als wäre man in einem echten Museum.

VIA DEL PROCONSOLO 16R, WWW.ALLEMURATE.IT, T 055 240618, GEÖFFNET: DI-SO 12.00-15.00 & 19.30-23.00, PREIS: 35-55 €

Vom Zentrum aus gesehen liegt das **ALL'ANTICO RISTORO DI CAMBI** direkt hinter der Arno-Brücke Ponte Vespucci. Beim Betreten fällt das Auge sofort auf die Kühltheke mit den enormen Steaks – der Hauptzutat für die legendäre Spezialität des Hauses: *bistecca alla fiorentina*. Der große Saal mit einer Gewölbedecke aus dem 15. Jahrhundert ist schlicht mit Hockern und Holztischen eingerichtet. Andere Spezialitäten des Hauses sind Wurstwaren wie *finocchiona* und *sbriciolona* sowie Tagliatelle mit Zucchiniblüten (nur im Frühling und Sommer).

VIA S. ONOFRIO 1R, WWW.ANTICORISTORODICAMBI.IT, T 055 217134, GEÖFFNET: MO-SA 12.00-14.30 & 18.00-22.30, PREIS: 20 €

GOLDEN VIEW Der Name verspricht eine goldene Aussicht – auf die Arno-Brücke Ponte Vecchio. Das Lokal besteht aus einer Cocktailbar, einem Café, einem Weinkeller und einem Restaurant mit Jazz-Room, in dem jedes Wochenende sowie mittwochabends Live-Jazz gespielt wird. Tagsüber kann man hier an der Bar einen Cappuccino mit hausgemachten Keksen oder einem Sandwich genießen und nachmittags auf einen Aperitif oder Cocktail vorbeischauen. Im Restaurant werden neben Pizzen auch Fleisch- und Fischspezialitäten serviert. In der Kühltheke wird tagtäglich ein neues Kunstwerk aus beispielsweise Schwertfisch, Seeteufel, Krebsen und Garnelen ausgestellt. Wer für ein romantisches Essen zu zweit einen Tisch am Fenster bevorzugt, sollte frühzeitig reservieren.

VIA DE' BARDI 54-64R/58R, WWW.GOLDENVIEWOPENBAR.COM, T 055 5214502, GEÖFFNET: BAR TÄGLICH 7.30-1.00, RESTAURANT TÄGLICH 12.00-1.00, PREIS: 20-35 €, PIZZA 7-10 €

VIVANDA GASTRONOMICA Dieses kleine Restaurant bietet eine ganz spezielle Kombination: biologische, überwiegend vegetarische Gerichte und Selbstbedienung. Die moderne Einrichtung und die Weinregale kontrastieren stilvoll mit dem weiß gestrichenen Mauerwerk und den Schinken, die von der Decke hängen. Wie geht man vor? Bestellen Sie Ihr Essen an der Theke, wählen Sie unter 120 verschiedenen Bioweinen Ihren Lieblingstropfen (die Flasche wird für Sie entkorkt) und holen Sie sich Besteck und ein Glas. Fertig. Kurzum: ein toller Ort für ein gutes Mittagessen.

VIA SANTA MONACA 7R, WWW.VIVANDAFIRENZE.IT, T 055 2381208, GEÖFFNET: TÄGLICH 10.00-15.00 UND 18.00-00.00, PREIS: 13 €

Die **L'OSTERIA DI GIOVANNI** gehört zu den wenigen Osterien in Florenz, die noch nicht hoffnungslos mit Touristen überfüllt sind. In dem Ambiente, das Inhaber Giovanni und seine Töchter Chiara und Caterina kreiert haben, muss man sich einfach wohlfühlen. Wohl ist einem auch beim Essen der Antipasti von Giovanni oder der *primi* wie *tortelli con porcini e tartufo* (Nudeln mit Trüffeln und Pilzen). Und wer noch Appetit auf eine Hauptspeise hat, sollte unbedingt das in Vernaccia-Wein gegarte Kaninchen oder die *tagliata* (Steakstreifen) von Chianina-Rindern probieren. Im Gegensatz zu anderen Restaurants werden hier zu den Hauptspeisen Kartoffeln oder Gemüse gereicht.

VIA DEL MORO 22R, WWW.OSTERIADIGIOVANNI.IT, T 055 284897, GEÖFFNET: MI-MO 12.30-14.30 & 19.00-22.30, PREIS: 18-22 €

BORGO ANTICO

BORGO ANTICO Auf der autofreien Piazza Santo Spirito im Schatten sitzen? Das geht hier. Und Bekanntschaften schließen ist ebenfalls einfach, denn die Tische stehen eng beieinander. Zu den Gerichten, die der Küchenchef Olmo Gozzi serviert, gehören Pizzen, Nudelgerichte, große Salate, vegetarische Speisen und modern interpretierte toskanische Klassiker. Die Weinkarte besticht durch eine tolle Auswahl italienischer Weine aus diversen Regionen.
PIAZZA SANTO SPIRITO 6R, WWW.BORGOANTICOFIRENZE.COM, T 055 210437, GEÖFFNET: TÄGLICH 12.00-0.00, PREIS: 18 €, PIZZA 10 €

'INO liegt etwas versteckt zwischen der Ponte Vecchio und den Uffizien. In diesem Imbiss-Lebensmittelladen mit exzellenten Produkten werden die Sandwiches frisch zubereitet – und schmecken am besten mit einem Glas (Bio-)Wein. Und wer sich hier für ein Picknick in einem der Parks am Arno eindecken will, findet sogar Körbe inklusive Besteck und Teller.
VIA DE' GEORGOFILI 3R, WWW.INO-FIRENZE.COM, T 055 219208, GEÖFFNET: TÄGLICH 11.00-17.00, PREIS: BRÖTCHEN UND GLAS WEIN 10 €

PATRIZIA PEPE FIRENZE

HEMINGWAY Wie der Name bereits vermuten lässt, ist das Café dem weltberühmten Autor Ernest Hemingway gewidmet. Bekannt ist es für seine köstlichen Schokoladengetränke und -kreationen wie zum Beispiel heiße Schokolade mit Peperoncini und Cognac. Außerdem finden Sie hier eine reichhaltige Auswahl an Tees, Kaffeevariationen und süßen Leckereien. Nehmen Sie am Nachmittag doch mal einen Tee mit einem Törtchen oder abends eine Nachspeise wie etwa ein Crêpe und dazu einen besonderen Rum oder ein Bier mit Tabaknote. Wochentags von 16.30 bis 21 Uhr stellt das Café seinen Gästen einen kostenlosen Internetzugang zur Verfügung.

PIAZZA PIATTELLINA 9R, WWW.HEMINGWAY-FLORENCE.IT, T 055 284781, GEÖFFNET: MO-DO 16.30-1.00, FR-SA 16.30-2.00, SO 15.30-1.00, PREIS: DRINK 4-10 €

CARAPINA Von verschiedenen Magazinen und Food-Blogs zum besten Eiscafé von Florenz auserkoren, macht Carapina das Eis aus natürlichen Zutaten (der Saison) noch selbst. Unbedingt probieren: *il fresco carapina*, eine Kombination aus Milch und Mintblättern, die das Minzeis, das man anderswo bekommt, gehörig in den Schatten stellt.

VIA LAMBERTESCA 18R, WWW.GELATOCARAPINA.WORDPRESS.COM, T 055 291128, GEÖFFNET: DI-SA 10.00-19.00, PREIS: KUGEL EIS 1,50 €

LA TERRAZZA DEL PRINCIPE Ein Restaurant mit einmaligem Ambiente und ebenso guter Lage – etwas außerhalb von Florenz inmitten der toskanischen Hügel. Die Aussicht auf den Boboli-Garten mit dem Palazzo Pitti, die mittelalterliche Stadtmauer, die Weinberge und Olivenbäume ist nicht weniger spektakulär. Kulinarisch setzt das Lokal auf toskanische und sizilianische Traditionsgerichte. Die Weine lagern und reifen in einem schönen Gewölbekeller. Erreichbar ist La Terrazza del Principe zu Fuß oder mit dem Rad über die breite Straße, die von der Porta Romana durch prachtvolle Parks in die Hügel führt. Kurz: ein Muss für Romantiker.

VIALE NICCOLÒ MACHIAVELLI 10, WWW.LATERRAZZADELPRINCIPE.COM, T 055 224104, GEÖFFNET: MI-MO 12.00-15.00 & 19.00-23.00, PREIS: 12-20 €

SHOPPEN

Wer gerne shoppen geht, kommt in Florenz voll auf seine Kosten: In der Altstadt findet man Läden bekannter Marken Seite an Seite mit kleinen, individuellen Boutiquen. Schwerpunkt ist die Gegend um die Piazza della Repubblica wie etwa die Via Roma, die Via Calzaioli und die Via del Corso. Hier befinden sich die Filialen der bekannten Ketten, die meistens auch sonntags geöffnet sind. Wer den letzten Schrei in Sachen Mode sucht, sollte sich in die Via Tornabuoni oder Via della Vigna Nuova begeben, während Liebhaber kleiner Shops ihr Glück in Oltrarno, jenseits des Arno-Flusses, und in der Gegend zwischen der Piazza della Signoria und der Kirche Santa Croce versuchen sollten. Preisbewusste Fashionistas werden vielleicht eher in den Outlets außerhalb der Stadt fündig.

MARKT AUF DER PIAZZA SAN LORENZO Ⓛ **EPOCA VINTAGE** Ⓡ

MÄRKTE IN FLORENZ

Piazza del Mercato Centrale: Mo–Fr 7–14 Uhr, Sa 7–17 Uhr (Lebensmittel)
Piazza San Lorenzo: Mo–Sa 9–19 Uhr, jeden ersten Sonntag im Monat (Kleidung, Lederwaren, Souvenirs)
Mercato Nuovo: Mo–Sa 9–19 Uhr (Taschen, Schals, Lederwaren)
Piazza dei Ciompi: täglich 9–19 Uhr (Floh- und Antikmarkt; großer Antiquitätenmarkt am letzten Sonntag im Monat)
Parco delle Cascine: Di 7–14 Uhr (großer Markt im Park)
Piazza Santo Spirito: jeden zweiten Sonntag 8–18 Uhr Flohmarkt, jeden dritten Sonntag 8–18 Uhr Bauernmarkt
Piazza Santa Croce: in der Adventszeit Weihnachtsmarkt

TWISTED JAZZ SHOP ist ein Musikladen mit Jazz als Schwerpunkt. Neben CDs, DVDs und LPs findet man hier Poster und Postkarten von Stars wie Duke Ellington, Count Basie oder Oscar Peterson und von avantgardistischen Jazzmusikern wie Jan Garbarek. Auch empfehlenswert für Liebhaber von Blues, Soundtracks und Weltmusik.
BORGO SAN FREDIANO 21R, T 055 282011, GEÖFFNET: MO–SA 9.00–13.00 & 15.30–19.30

PROFUMERIA SANTA MARIA NOVELLA Wer diesen Laden betritt, findet sich in einer anderen Welt wieder. Das einstige Dominikaner-Krankenhaus beherbergt seit 1612 eine Apotheke, die authentischer nicht sein könnte. Die reich dekorierte Gewölbe-decke und die ursprüngliche Einrichtung sind ebenso eine Augenweide wie das inspirie-rende Ambiente, in der Duftmeister aus Gewürzen und Kräutern wohlriechende Parfums, Seifen, Blütenwasser und Liköre zaubern, die inzwischen weltbekannt sind.
VIA DELLA SCALA 16R, WWW.SMNOVELLA.COM, T 055 216276, GEÖFFNET: TÄGLICH 9.30-19.30

PATRIZIA PEPE FIRENZE Aus der Taufe gehoben wurde die Marke von den toska-nischen Unternehmern Patrizia Bambi und Claudio Orrea. Ihr Markenzeichen: farben-frohe Kleidung mit frech-verspielter Note für Frauen und Männer. Der gut sortierte Laden in Florenz ist der Flagship-Store der Modekette.
VIA DEGLI STROZZI 11/19R, WWW.PATRIZIAPEPE.COM, T 055 2302518, GEÖFFNET: TÄGLICH 10.00-19.30

CARTOLERIA LA TARTARUGA Manche Läden sind so hübsch, dass man einfach nicht vorbeigehen kann. La Tartaruga zum Beispiel. Das Schaufenster ist mit Holzspielzeug und Geschenken aus Recyclingpapier, Holz und Pappmaschee bestückt – Kunststoff und grelle Farben sucht man hier vergeblich. Treten Sie ein in die magische Welt von Vida Mokhtari und lassen Sie sich von den prachtvollen Heften und Tagebüchern, Puzzles und Kaleidoskopen betören.
BORGO DEGLI ALBIZI 60R, T 055 2340845, GEÖFFNET: MO 15.30-19.30, DI-SA 9.30-19.30 (IM SOMMER SA-NACHMITTAG GESCHLOSSEN)

EPOCA VINTAGE Die Geschichte von Epoca Vintage geht zurück auf das Jahr 1968, als der Großvater der heutigen Inhaberin Valentina Ferroni einen Stand mit Second-handkleidung auf dem Markt von San Lorenzo eröffnete. Valentina hat sich auf Vin-tage-Kleidung und hochwertige Accessoires spezialisiert. Wer eine besonders stilvolle Lederjacke oder Tasche sucht, sollte sich hier mal umschauen.
VIA DEI FOSSI 6R, WWW.EPOCAVINTAGE.IT, T 055 216698, GEÖFFNET: MO-SA 10.00-19.30, SO 15.30-19.30

100% THERE

Zwischen Oktober und Juni ist in Florenz allerhand los – für jeden ist etwas dabei.

RADFAHREN Sehr reizvoll ist die Straße, die von der Porta Romana zur Piazzale Michelangelo führt, von der man eine grandiose Aussicht auf die Stadt hat. Der Fahr-radverleih ist in städtischer Hand, Stationen gibt es unter anderem an der Piazza Santa Maria Novella, der Piazza Santa Croce und der Piazza Ghiberti. Organisierte Radtouren werden vom Fahrradladen Florence by Bike angeboten.
KOMMUNALER FAHRRADVERLEIH COOPERATIVO ULISSE, WWW.COOPERATIVAULISSE.ORG; FLORENCE BY BIKE, VIA SAN ZANOBI 120R, WWW.FLORENCEBYBIKE.IT, T 055 488992/480814, GEÖFFNET: APR.-NOV. MO-FR 9.00-13.00 & 15.30-19.30, SA-SO 9.00-19.00, DEZ.-MÄRZ MO-SA 9.00-13.00 & 15.30-19.30, PREIS: 3,50 €/STD., 15 €/TAG

SCHWIMMBAD LE PAVONIERE, PARCO DELLE CASCINE

SKATEN ODER SCHWIMMEN Mitten im Parco delle Cascine befindet sich ein Freibad mit Restaurant und Café, das im Sommer geöffnet ist: Le Pavoniere. Es ist der Treffpunkt der Florentiner, die für einen Moment der Hitze und dem Trubel der Stadt entfliehen wollen. Ganzjährig kann man hier auch Inlineskates ausleihen.

VIA DELLA CATENA 2 (PARCO DELLE CASCINE), T 055 362233, BUS 17C, SKATEVERLEIH: GEÖFFNET: DI-MI 17.00-20.00, SA-SO 10.00-20.00 (BEI REGEN GESCHLOSSEN), PREIS: 7 €/STD., SCHWIMMBAD GEÖFFNET: IM SOMMER TÄGLICH 10.00-18.00, MO & DO 19.30-23.30 (ABENDS DJ ODER LIVEMUSIK), EINTRITT: TAGSÜBER 6-9 €, ABENDS 10 €

FUSSBALLSPIEL DES AC FLORENZ Italiener sind fußballverrückt, die Emotionen in den Stadien können ganz schön hochkochen. Erleben Sie diese Gefühlsausbrüche bei einem Spiel des örtlichen Erstligavereins AC (ACF Fiorentina). Spiele der Serie A, der italienischen Erstliga, finden meistens sonntags um 15 Uhr statt, manchmal jedoch auch samstags oder mittwochs. Bei Vorlage des Personalausweises sind Eintrittskarten für ein Spiel direkt am Stadion oder bei autorisierten Verkaufsstellen in der Stadt erhältlich.

STADIO ARTEMIO FRANCHI: VIALE MANFREDO FANTI 4R, HTTP://EN.VIOLACHANNEL.TV, T 055 503011, BUS 7, 17, 20, KARTENVERKAUF BOX OFFICE VIA ALAMANNI 39R, T 055 210804, GEÖFFNET: MO 15.30-19.30, DI-SA 10.00-19.30, PREIS: KARTEN 18-110 €

Fußball der anderen Art wird in der zweiten Junihälfte gespielt: Calcio Storico, *der historische Fußball. Dieses Spiel in Kleidung des 16. Jahrhunderts findet in einer eigens dafür gebauten Arena an der Piazza Santa Croce statt und ist eine Mischung aus Rugby, Boxen und Fußball. Kein Wunder, dass ausufernde Gewalt schon mal zum Abbruch eines Spiels geführt hat. Traditionell wird das große Finale am 24. Juni ausgetragen und würdevoll mit einem Feuerwerk auf der Piazzale Michelangelo abgeschlossen.*

CINEMA ODEON Schon seit 1922 beherbergt der Palazzo dello Strozzino in einem Seitenflügel dieses prachtvolle Kino. Der grandiose Jugendstilsaal mit Lichtkuppel aus Bleiglas befindet sich noch im ursprünglichen Zustand und erinnert an einen Theatersaal. Das Odeon ist vor allem dafür bekannt, dass es die meisten Filme in Originalfassung zeigt. Darüber hinaus finden hier gelegentlich auch Filmfestivals statt. In der stilvollen Bar, die über eine geräumige Terrasse mit Blick auf den Palazzo Strozzi verfügt, kann man abends kleine Gerichte vom Buffet probieren.
PIAZZA DEGLI STROZZI 2R, WWW.ODEONFIRENZE.COM, T 055 214068, KASSE AB ETWA 1 STD. VOR ERSTEM FILM GEÖFFNET, EINTRITT: 7,50 €

TEATRO DEL MAGGIO MUSICALE FIORENTINO Die heutige Oper erlebte ihre Geburtsstunde im Florenz des 16. Jahrhunderts im Kreise von Intellektuellen. Die erste Oper *La Dafne* war ein Bühnenwerk mit Musik von Jacopo Peri, die 1598 im Palazzo Corsini aufgeführt wurde. Bedeutender Meilenstein war auch die Eröffnung des Musiktheaters, des Teatro Comunale, 1862 – damals noch ein Freilufttheater. Erst 20 Jahre nach der Eröffnung wurde das Theater überdacht und kurz vor seinem hundertjährigen Bestehen tiefgreifend modernisiert und in ein ellipsenförmiges Auditorium mit 2000 Plätzen umgewandelt. Neben Opern findet hier auch alljährlich das Festival Maggio Musicale Fiorentino statt.
CORSO ITALIA 16R, WWW.MAGGIOFIORENTINO.COM, T 055 2779350, EINTRITT: 25-100 €

Ausführliche Informationen über Veranstaltungen und Ausstellungen in Florenz finden Sie auf der Website der (englischen) Zeitung The Florentine *(www.theflorentine.net). Die Papierausgabe ist kostenlos und liegt überall in der Stadt aus, zum Beispiel in der Lobby des Cinema Odeon.*

CAMPANILE Der Glockenturm des Doms wurde von 1334 bis 1359 nach den Plänen des italienischen Kunstmalers und Architekten Giotto di Bondone erbaut. Zum Aussichtspunkt in 84 Meter Höhe gelangt man über 414 Stufen. Die Belohnung: eine atemberaubende Aussicht.
PIAZZA DEL DUOMO, MUSEUMFLORENCE.COM, T 055 2302885, GEÖFFNET: TÄGLICH 8.30-19.30, EINTRITT: 6 €

AUSGEHEN

In Florenz geht man abends in Bars und Cafés, denn Clubs und Discos gibt es nur wenige. Aber wie überall in der Welt zählt auch hier nur eins: sehen und gesehen werden. Donnerstags, freitags und samstags läuten oft DJs die Nacht ein. Im Sommer verlagert sich das Ganze nach draußen, und die Straßen sind voller Menschen.

NEGRONI/ZOE Die zwei hippen Cocktailbars am Südufer des Arno-Flusses sind eine Institution. Hier treffen sich die Florentiner, um zu plaudern, gesehen zu werden und an einem Negroni oder Americano zu nippen. Negroni und Zoe sind berühmt für ihren "Aperimundo", ein reichhaltiges *aperitivo*-Buffet mit kleinen Gerichten wie Nudeln, Couscous und Crudités.

NEGRONI: VIA DEI RENAI 17R, WWW.NEGRONIBAR.COM, T 055 243647, GEÖFFNET: MO-FR 8.00-3.00, SA-SO 19.00-3.00, COCKTAIL 8 €

ZOE: VIA DEI RENAI 13R, WWW.ZOEBAR.IT, T 055 243111, GEÖFFNET: TÄGLICH 8.00-3.00, PREIS: COCKTAIL 7-8 €

....

In Italien werden Werktage traditionell mit einem aperitivo *abgeschlossen: Man trifft sich in einer Bar oder einem Café, lässt den Tag Revue passieren und trinkt ein Bier, ein Glas Wein oder einen Cocktail. Meistens werden auch Häppchen gereicht, manchmal wartet gar ein ganzes Buffet.*

....

KITSCH 2 Die Cocktailbar genießt den Ruf, das beste und üppigste *aperitivo*-Buffet der Stadt zu haben. Und tatsächlich, man hat hier die Qual der Wahl: zahlreiche Nudel-, Couscous- und Polenta-Gerichte sowie Salate, gegrillte Zucchini und Auberginen, Hähnchen, frisches Obst und obendrein Nachspeisen. Stundenlang schleppt die Bedienung Nachschub heran, und wer den verschmäht, dem ist nicht zu helfen. Außerdem hat Kitsch 2 eine bemerkenswerte Cocktailkarte und eine erlesene Weinauswahl. Im hinteren Bereich befinden sich noch weitere gemütliche Räume mit kleinen und großen Holztischen, und draußen vor dem Haus wartet eine schöne überdachte Terrasse.

VIA SAN GALLO 22R, WWW.KITSCHFIRENZE.COM, T 0328 9039289, GEÖFFNET: TÄGLICH 18.00-3.00, PREIS: APERITIF 8,50 €

VOLUME Aus einer ehemaligen Werkstatt für Holzspielzeug und Holzgegenstände haben die Inhaber des benachbarten Borgo Antico ein Café gezaubert, in dem man in alten Ledersesseln sehr gemütlich einen Kaffee trinken kann. Die alten, in Handarbeit gefertigten hölzernen Gegenstände sind hier nach wie vor zu sehen. Außerdem kann man im Volume regelmäßig Livemusik, interessante Ausstellungen und Literaturabende erleben.

PIAZZA SANTO SPIRITO 5R, WWW.VOLUMEFIRENZE.COM, T 055 2381460, GEÖFFNET: TÄGLICH 10.00-1.30, PREIS: TASSE KAFFEE 1 €

LA CITÉ LIBRERIACAFÉ Das Konzept aus Buchhandlung und Café ist ein Versuch, sich gegen die großen supermarktähnlichen Buchläden zu stemmen. Der Kaffee, die Weine sowie diverse andere Produkte stammen aus biologischem Anbau und fairem Handel mit kleinen Erzeugern. An einigen Abenden finden hier Lesungen, Konzerte und sogar Tanzunterricht statt, zum Beispiel für Tango und Swing – und das alles gratis. Keine großen Ansprüche, sondern Kunst und Kultur pur. Und wer ruhig an seinem Laptop arbeiten will, kann auf den kostenlosen Internetzugang zurückgreifen.

BORGO SAN FREDIANO 20R, WWW.LACITELIBRERIA.INFO, T 055 210387, GEÖFFNET: MO-SA 10.00-1.00, SO 16.00-1.00, PREIS: GETRÄNK 1-5 €

SKY LOUNGE DE' CONSORTI – HOTEL CONTINENTALE Ein *aperitivo* in einer besonderen Location gefällig? Dann empfiehlt sich die Dachterrasse des Designhotels Continentale direkt an der Ponte Vecchio. Die Terrasse auf dem Consorti-Turm bietet eine großartige Aussicht über die Stadt. Weiße Loungebänke und interessant illuminierte Kubus-Tische auf dem schönen Holzboden kreieren ein modernes Ambiente.

VICOLO DELL'ORO 6R, WWW.CONTINENTALE.IT, T 055 27262, GEÖFFNET: TÄGLICH 11.00-0.00, APERITIF 19.00-21.30, PREIS: APERITIF 8-10 € (BEI SCHLECHTEM WETTER IST DIE TERRASSE GESCHLOSSEN)

DOLCE VITA Unterschiedliche und regelmäßig wechselnde Kunstausstellungen verleihen den Wänden des Dolce Vita einen besonderen Reiz. Das Lokal hat zwei Bars: eine Weinbar mit einer erlesenen Auswahl sowie eine lange Cocktailbar, auf der abends das *aperitivo*-Buffet serviert wird. Ein DJ legt relaxte Musik auf, die auch draußen auf der Terrasse – mit Loungebereich – an der Piazza del Carmine zu hören ist. An Mittwoch- und Donnerstagabenden wird hier Live-Jazz, brasilianische Musik und Weltmusik gespielt. Die Tische draußen sind in der Regel sehr beliebt, nicht zuletzt deshalb, weil der drahtlose Internetzugang bis hierher reicht. Tagsüber kann man auch auf einen Espresso oder zum Mittagessen vorbeikommen.

PIAZZA DEL CARMINE 6R, WWW.DOLCEVITAFLORENCE.COM, T 055 284595, GEÖFFNET: DI-SO 19.00-2.00, PREIS: COCKTAIL 8 €

YAB Der Club im Herzen der Stadt gehört den Inhabern einer der bekanntesten Discos der Region (das Tenax in der Nähe des Flughafens von Florenz). Das Motto: "You are beautiful" (Yab), also kommen Sie entsprechend gekleidet, denn sonst sind die Türsteher Ihre Endhaltestelle. Schon seit Jahren stehen die Abende im Zeichen wechselnder Themen. Da die Musik ebenfalls wechselt, empfiehlt es sich, vorab die Website der Disco oder einschlägige Magazine zurate zu ziehen.

VIA DEI SASSETTI 5R, WWW.YAB.IT, T 055 215160, GEÖFFNET: MO & MI-SA 21.30-4.30 (IM SOMMER NUR MO GEÖFFNET), EINTRITT: 10 €

ÜBERNACHTEN

Obwohl Florenz wahrlich keine Metropole ist, gehört es zu den Städten mit der höchsten Hoteldichte der Welt. Hier gibt es alles, von Jugendherbergen bis hin zu großen Luxushotels und schicken Appartements von Designern wie Ferragamo. Die Preise sind die höchsten der Toskana, haben jedoch in Folge zunehmender Preistransparenz etwas nachgegeben.

FIORENZA BED & BREAKFAST Das ruhige, kleine B&B liegt etwas außerhalb des Zentrums, unweit der Piazzale Michelangelo. Die Inhaberin Elena und ihre Familie sind sehr gastfreundlich und geben gerne Tipps und Informationen über Florenz. Im herrlich grünen Innenhof kann man sich wunderbar von einem anstrengenden Tag in der Stadt erholen.
VIA GRECCHI 36, WWW.FIORENZABB.IT, T 055 2322183/335 5419142, PREIS: 75-90 €, BUS 11

HOTEL BRETAGNA liegt nur ein paar Schritte von der Arno-Brücke Ponte Vecchio entfernt. Das Hotel bietet einfache, preiswerte Zimmer, und im renovierten Teil des Hauses, der Residenza d'Epoca Bretagna, gibt es auch einige Luxuszimmer, die teilweise mit einem Whirlpool ausgestattet sind. Tipp: Buchen Sie ein Zimmer mit Blick auf den Arno.
LUNGARNO CORSINI 6, WWW.BRETAGNA.IT, T 055 289618, PREIS: ZIMMER BRETAGNA 60-150 €, ZIMMER RESIDENZA 100-200 €

HOTEL FIORITA Die Lage dieser netten Unterkunft in der Nähe des Bahnhofes ist hervorragend. Die für florentinische Verhältnisse sehr geräumigen Zimmer haben hohe Decken, sind modern, jedoch auch mit einigen klassischen Möbeln und Details eingerichtet. Einige Zimmer haben sogar einen eigenen Balkon, der eine herrliche Aussicht auf den Dom bietet.
VIA FIUME 20, WWW.HOTELFIORITA.COM, T 055 283189, PREIS: 45-120 €

RESIDENCES/SUITES JOHLEA & JOHANNA Wer in Florenz schick, aber authentisch wohnen will, sollte sich unbedingt in einem der fünf verschiedenen Appartements oder einer der zwei Suiten von Johlea und Johanna einquartieren. Die historischen Gemäuer sind sehr stilvoll und exklusiv mit dunklen Möbeln eingerichtet, die für ein heimeliges Ambiente sorgen. Sowohl die Appartements als auch die Suiten liegen im Zentrum oder in Zentrumsnähe.
ANTICA DIMORA JOHLEA: VIA SAN GALLO 80, ANTICA DIMORA FIRENZE: VIA SAN GALLO 72, RESIDENZA JOHLEA: VIA SAN GALLO 76, RESIDENZA JOHANNA I: VIA BONIFACIO LUPI 14, RESIDENZA JOHANNA II: VIA CINQUE GIORNATE 12, CASA TORNABUONI: VIA DELLA VIGNA NUOVA 1, CASA DEL MERCATO: VIA DELL'ORTONE 8, T 055 4633292/4627296, WWW.JOHANNA.IT, PREIS: RESIDENCE 50-170 €, SUITE 120-200 € (INKL. FRÜHSTÜCKSBUFFET)

FIORENZA BED & BREAKFAST

Die Florentiner Hotels sind mehrheitlich in historischen Gebäuden angesiedelt. Daher ist nicht immer ein Aufzug vorhanden, von Parkplätzen ganz zu schweigen. Parken sollten Sie am besten in einer Parkgarage in der Umgebung des Hotels (siehe dazu www.firenzeparcheggi.it unter parcheggi oder www.garageeuropafirenze.it). Viele Hotels bieten eine spezielle Parkkarte an: Mit der gratta e sosta ("Kratze und parke!") kann man außerhalb des Zentrums rund um die Uhr auf den blau markierten Parkplätzen stehen bleiben. Kosten: 8 Euro pro Tag, Sonn- und Feiertage ausgenommen. Kostenlos parken kann man auch an der zentrumsnahen Piazzale Michelangelo.

HOTEL PANORAMA Die Frühstücksterrasse des Dreisternehotels in der Nähe der Piazza San Marco bietet eine grandiose Aussicht über die Stadt. Gleiches gilt übrigens für einige Zimmer, die über einen Balkon verfügen. Das Personal ist sehr freundlich und spricht auch Englisch, im ganzen Hotel steht gratis WiFi zur Verfügung. Die nächste Parkmöglichkeit ist die Parkgarage an der Piazza Libertà (Erdgeschoss).
VIA CAVOUR 60, WWW.HOTELPANORAMA.FI.IT, T 055 2382043, PREIS: 60-120 €

HOTEL UNIVERSO Die grünen Akzente in den Gängen verleihen dem Boutique-Hotel an der Piazza Santa Maria Novella ein besonderes Ambiente. Die stilvollen Zimmer haben bunte, gemusterte oder einfarbige Tapeten (lila oder grün), einige von ihnen gewähren einen Blick auf den schönen Platz (auf dem auch abends oft noch viel los ist), andere haben eine Terrasse oder einen Patio mit Kunstgras (inklusive Gartenzwerg). Sogar über einen Internetraum mit Computern verfügt das Hotel.
PIAZZA SANTA MARIA NOVELLA 20, WWW.HOTELUNIVERSOFLORENCE.COM, T 055 293890, PREIS: 80-190 €

CAMPING MICHELANGELO liegt auf einem Hügel unweit der Piazzale Michelangelo, natürlich mit herrlicher Aussicht auf die Stadt. Etwa 240 Zelte können auf dem Platz stehen, wer kein eigenes dabeihat, kann ein Steilwandzelt mit einem echten Doppelbett mieten. Der Campingplatz verfügt über eine Bar, ein Restaurant, einen Laden und einen Internetraum, die Altstadt erreicht man zu Fuß in weniger als einer Viertelstunde.
VIALE MICHELANGIOLO 80, T 055 6811977, GEÖFFNET: GANZJÄHRIG, PREIS: 9,50-11,50 € P. P./TAG, KINDER 2-12 J. 5,80-6,80 €, ZELT 12,50-15,30 €, STEILWANDZELT FÜR 2 P. 38 €, BUS 12, 13 (HALTESTELLE PIAZZALE MICHELANGELO)

RUND UM FLORENZ

FIESOLE

Fiesole, im 9. Jahrhundert v. Chr. von den Etruskern gegründet, liegt auf einem Hügel nördlich von Florenz. Heute weitaus kleiner als der berühmte Nachbar, war Fiesole bis ins frühe Mittelalter um einiges bedeutender als Florenz.

Fiesole gehörte zwar nicht dem etruskischen Zwölfstädtebund an, war aber ein wichtiger Knotenpunkt zwischen dem Norden und dem Süden Etruriens und ein Bollwerk gegen Angriffe feindlicher Völker aus dem Norden. Im 3. Jahrhundert v. Chr. wurde die Stadt von den Römern erobert und in Faesulae umbenannt. Die Eroberer bauten hier ein Forum, einen Tempel, ein Theater und Thermen, von denen nur noch Reste erhalten geblieben sind. Bis weit in das Mittelalter hinein bewahrte die Stadt ihre Unabhängigkeit, bis sie im 12. Jahrhundert von Florenz einverleibt und dabei dem Erdboden gleichgemacht wurde. Nachdem die Florentiner aus strategischen Gründen neue Stadtmauern errichtet und Fiesole wiederaufgebaut hatten, zogen immer mehr namhafte florentinische Familien in den neuen Vorort, später auch die Medici. Vom späten 18. Jahrhundert an siedelten sich hier auch vermehrt vermögende Familien aus dem benachbarten Ausland an. Tipp: Vom Ortsrand aus hat man einen großartigen Blick auf Florenz.

TEATRO ROMANO/MUSEO ARCHEOLOGICO In diesem kleinen Museum sind etruskische und römische Gegenstände ausgestellt, während draußen – in der archäologischen Zone – die Ruinen der Thermen und des Tempels aus dem 3. Jahrhundert v. Chr. zu sehen sind. Höhepunkt ist jedoch das römische Amphitheater, das nach griechischem Vorbild an einem natürlichen Hang errichtet wurde und dessen Zuschauerraum einen Durchmesser von 34 Metern aufweist. Einmal im Jahr ist das Theater in Betrieb, während des Festivals *Estate Fiesolana* (von Juni bis zum ersten Septemberwochenende).
VIA PORTIGIANI 3, WWW.FIESOLEMUSEI.IT, T 055 5961293, GEÖFFNET: OKT. TÄGLICH 10.00-18.00, NOV.-FEBR. MI-MO 10.00-14.00, MÄRZ TÄGLICH 10.00-18.00, APR.-SEPT. TÄGLICH 10.00-19.00, PREIS: 10 €

TERRAZZA 45 In dem Lokal mit moderner Einrichtung und traditionell-toskanischer Küche werden die Nudeln noch selbst gemacht und Hauptspeisen wie *tagliata di manzo* (Rindersteakscheiben) serviert. Das Restaurant ist auch eine gute Alternative für Menschen mit Gluten-Unverträglichkeit, denn einige Nudelgerichte sind glutenfrei. Von der Dachterrasse haben Sie eine herrliche Aussicht auf Florenz.
PIAZZA MINO DA FIESOLE 45, WWW.TERRAZZA45.IT, T 055 597259, GEÖFFNET: MO-DO 18.00-23.00, FR-SA 18.00-0.00, SO 18.00-23.00, PREIS: 13 €

I CAN RESIST EVERYTHING EXCEPT EMPATHY

CHIANTI REGION

ADLIGE, KÜNSTLER UND WINZER

Chianti ist der Inbegriff für viel Sonne, wenig Niederschlag, herrliches Essen im Überfluss und eine Hügellandschaft zum Wegträumen. Die grünen, bewaldeten Hügel und der weite Blick über die Landschaft haben eine sehr beruhigende Wirkung. Das fruchtbare Gebiet, in dem seit jeher Wein- und Olivenanbau betrieben wird, wurde schon früh von Adligen und Künstlern entdeckt und besiedelt. Heute sind die Touristen die wichtigste Einnahmequelle, die Landwirtschaft verliert auch hier zusehends an Bedeutung. Diese Beliebtheit fordert jedoch ihren Preis, denn unberührte Natur gibt es immer weniger. Dem mystischen Charme der Region tut dies jedoch keinen Abbruch.

SEHENSWÜRDIGKEITEN

Die Via Chiantigiana (SR und SS 222) ist die wichtigste Straße des Chianti-Gebiets. Sie verbindet Florenz und Siena miteinander und führt kurvenreich durch mittelalterliche Dörfer und an zahlreichen Burgen, Festungen und Klöstern vorbei – märchenhafter geht es kaum. Wer im Chianti ist, muss natürlich auch einen Chianti-Winzer besuchen, um zu sehen, wie der berühmte Chianti Classico hergestellt wird.

MONASTERO CERTOSA DI FIRENZE Das Certosa-Kloster liegt am südlichen Stadtrand, dort, wo das Chianti-Gebiet beginnt. Erbaut wurde es 1341 auf einem Hügel, von dem man eine fantastische Aussicht über die Stadt hat. Das Kloster wird nach wie vor von Mönchen bewohnt, kann jedoch besichtigt werden. Außerdem können Sie hier Liköre und Schnäpse probieren, die nach jahrhundertealten Rezepten hergestellt werden.
VIA DELLA BUCA DI CERTOSA 2, FLORENZ, WWW.CISTERCENSI.INFO/CERTOSADIFIRENZE, T 055 2049226, NUR ZUGÄNGLICH WÄHREND EINER FÜHRUNG: JEDE GANZE STUNDE, IM SOMMER DI-SA 9.00-11.00 & 15.00-17.00, SO & FEIERTAGE 15.00-17.00, IM WINTER DI-SA 9.00-11.00 & 15.00-16.00, SO & FEIERTAGE 15.00-16.00, MESSE SO 10.00 & 11.00

CASTELLO VICCHIOMAGGIO zwischen Strada und Greve ist ein prachtvolles Weinschloss aus dem 15. Jahrhundert, dessen Vorgängerbau den Namen Vicchio dei Longobardo (Dorf der Langobarden) trug. Seine heutige Funktion als Landhaus, in dem auch berühmte Gäste wie etwa Leonardo da Vinci verweilten, erhielt das burgähnliche Schloss erst in der Renaissance. Seit 1964 ist die Domäne im Besitz der Familie Matta, die zu den Topwinzern des Chianti-Gebietes gehört. Wissenswertes über ihren Wein erfahren Sie in einer ausgiebigen Führung. Außerdem kann man hier speisen, in einem der Appartements oder Suiten übernachten, den Pool nutzen und den Blick über das herrliche Tal schweifen lassen. Kulinarisches Highlight: An jedem Montagabend wird in einem der Renaissancesäle ein Sieben-Gänge-Menü mit erlesenen Weinen serviert.
VIA VICCHIOMAGGIO 4, GREVE, WWW.VICCHIOMAGGIO.IT, T 055 854079, TOUR & WEINPROBE DI-FR 16.30, SA-SO 11.30 & 16.30, PREIS: SIEBEN-GÄNGE-MENÜ 50 €, ZIMMER 100-200 €, TOUR & WEINPROBE 10 €

CHIANTI REGION

CASTELLO DI FONTERUTOLI Seit 1435 erzeugt hier die Familie Mazzei ausgezeichnete Chianti-Weine. Ihr Chianti Classico, der DOCG-Wein Castello di Fonterutoli, ist das mehrfach preisgekrönte Aushängeschild des Weingutes. Auch Weine der beiden anderen Familien-Besitztümer, Belguardo in der Maremma sowie Zisola auf Sizilien, kann man hier probieren. Verkostungen finden täglich statt, wer das Weingut besichtigen will, sollte seinen Besuch vorher telefonisch ankündigen.

VIA PUCCINI 4, LOCALITÀ FONTERUTOLI, CASTELLINA, WWW.MAZZEI.IT, T 0577 741385, WEINPROBE: MO-SO 9.00 & 19.00, FÜHRUNG: MO-SA NACHMITTAGS

TOP 10

CHIANTI SCULPTURE PARK Als der Künstler Piero Giadrossi den botanischen Garten von Kirstenbosch in Südafrika besuchte, beschloss er, in der Toskana einen Skulpturenpark zu gründen, in dem Kunst und Natur zu einer zeitlosen Umgebung verschmelzen. Daraufhin brachte er 26 Kollegen aus aller Herren Länder in einem Waldstück im Herzen des Chianti-Gebietes zusammen, die jeweils für eine bestimmte Stelle eine Skulptur anfertigen sollten. Es gibt sogar eine begehbare Skulptur, das Amphitheater, in dem im Sommer Konzerte stattfinden. Neben dem Park befindet sich die Kunstgalerie La Fornace, in der moderne asiatische und europäische Skulpturen gezeigt werden.

STRADA PROVINCIALE 9, LOCALITÀ LA FORNACE 48/49, PIEVASCIATA, CASTELNUOVO, WWW.CHIANTISCULPTUREPARK.IT, T 0577 357151, GEÖFFNET: APR.-OKT. TÄGLICH 10.00-SONNENUNTERGANG, NOV.-MÄRZ AUF ANFRAGE, EINTRITT: 7,50 €

ESSEN & TRINKEN

Das Chianti-Gebiet ist ein Paradies für Gourmets, alles dreht sich um guten Wein und gutes Essen. Restaurants, die jedoch in puncto Preis-Leistungs-Verhältnis sehr unterschiedlich sind, findet man fast an jeder Straßenecke.

OLTRE IL GIARDINO Mitten in Panzano liegt diese Trattoria von Marta Sammicheli und Paolo Baldina – ein Lokal mit großer Terrasse, die eine wunderbare Aussicht auf die mit Olivenbäumen und Zypressen bewachsenen Hügel bietet. Die Küche ist traditionell toskanisch, die Nudeln sind hausgemacht. Unbedingt probieren: *peposo al Chianti* (in Chianti-Wein gegartes Pfeffersteak). Lassen Sie sich im Herbst von frischen *funghi porcini* (Steinpilzen) verführen, am besten mit einem Chianti Classico vom örtlichen Biowinzer Renzo Marinai.

PIAZZA G. BUCCIARELLI 42, PANZANO, WWW. RISTORANTEOLTREILGIARDINO.IT, T 055 852828, GEÖFFNET: TÄGLICH 12.00-15.00 & 19.00-22.00, PREIS: 25-30 €

L'ANTICA DELIZIA Gönnen Sie sich eine Erfrischung im besten Eiscafé von Castellina. L'Antica Delizia befindet sich an einer Stelle in der Altstadt, an der sich einst zwei bedeutende Handelswege trafen: die Nord-Süd-Achse von Florenz nach Siena und die Ost-West-Achse von Perugia nach Volterra. Tipp: Ricotta-Eis mit Feigenmarmelade.

VIA FIORENTINA 4, CASTELLINA, WWW.ANTICADELIZIA.IT, T 0577 741 337, GEÖFFNET: MI-MO 11.00-20.00, PREIS: EIS 2 €

Das ausgezeichnete Restaurant **BORGO ANTICO** ist bekannt für seine köstliche toskanische Küche. Anders als in den meisten von Touristen besuchten Trattorien stehen im Borgo Antico nur traditionelle Gerichte der Saison auf der Karte. Hier schmecken Klassiker wie *pappa al pomodoro* oder *ribollita* so, wie sie schmecken sollten: ehrlich, schlicht und intensiv. Die Terrasse gewährt einen herrlichen Blick auf die grünen Hügel des Chianti-Gebiets.

LOCALITÀ LUCOLENA, LUCOLENA, GREVE, WWW.ILBORGOANTICO.IT, T 055 851024, GEÖFFNET: IM SOMMER MI-MO 12.30-14.30 & 19.30-22.00, PREIS: 10-20 €

LA BOTTEGA DI VOLPAIA liegt an der zentralen Piazza della Torre in Volpaia. Wer die ursprüngliche Chianti-Küche sucht, findet sie hier. Vor allem die Trüffelnudeln sind exzellent. Es versteht sich von selbst, dass man dazu einen lokalen Wein trinkt. Neben Chianti und Chianti Classico ist auch der Balifico empfehlenswert: rubinrot, mit einem Bouquet von Brombeeren und schwarzen Johannisbeeren. Die schattige Terrasse ist der ideale Ort, um an einem warmen Sommertag das Mittagessen zu genießen.

PIAZZA DELLA TORRE 1, RADDA, WWW.LABOTTEGADIVOLPAIA.IT, T 0577 738001, GEÖFFNET: MI-MO 12.30-15.30 & 19.30-22.00, PREIS: 6,50-9,50 €

OSTERIA DI FONTERUTOLI Die kleine Osteria liegt vis-à-vis dem Weingut Castello di Fonterutoli (siehe Seite 101). Sie befindet sich in einem schön renovierten Landhaus mit hellgrünen Wänden, hellem Holzboden und einer geräumigen Terrasse mit Blick auf die Weinberge. Absolut empfehlenswert: geschmortes Hirschfleisch mit Maronen (nur im Herbst) oder Nudeln mit Wildschweinsoße. Sehr ausgefallen ist die Präsentation der *tagliata*: Serviert wird sie auf einem glühend heißen Stein.

VIA PUCCINI 4, LOCALITÀ FONTERUTOLI, CASTELLINA, T 0577 741125, GEÖFFNET: IM SOMMER DO-DI 12.30-14.00 & 19.30-22.00, ANSONSTEN WECHSELNDE ÖFFNUNGSZEITEN, PREIS: 18 €

CHIANTI SCULPTURE PARK

SHOPPEN

Shoppen im Chianti-Gebiet heißt vor allem: Wein und Delikatessen aussuchen und probieren. Diese Köstlichkeiten sind fast überall erhältlich – ob beim Bauern, Winzer, in einer der zahlreichen Vinotheken oder in Delikatessenläden.

FORNO ZINI backt noch nach toskanischer Tradition: festes Brot, das mindestens eine Woche haltbar ist. Unbedingt probieren: *schiacciata all'olio*, eine Art Focaccia, mit bestem Olivenöl beträufelt – ideal als Proviant für unterwegs.

VIA CAVALLEGGERI 65/67, IMPRUNETA (FI), T 055 2011198, GEÖFFNET: MO-FR 7.00-13.00 & 17.00-18.30, SA 7.00-13.00, PREIS: BROT 1-5 €

Bei einem toskanischen Essen darf Brot nicht fehlen. Gewöhnungsbedürftig ist jedoch, dass toskanisches Brot weder Salz noch Öl oder Butter enthält. Wen das stört, der kann das Brot in pikantes toskanisches Olivenöl tauchen oder mit Salz bestreuen.

ANTICA MACELLERIA FALORNI Die namhafte Metzgerei ist am kleinen dreieckigen Hauptplatz von Greve angesiedelt. Beim Betreten des Ladens kommen einem sofort die sehr intensiven Gerüche von gewürztem Schinken, reifem Käse und pikanter Salami entgegen. Zur großen Auswahl an toskanischen Wurstwaren gehören Klassiker wie *capocollo Toscano*, *guanciale*, *rigatino*, *cinta senese* (Schinken) und *finocchiona*, und im Keller reift Pecorino heran. Schon seit 1729 ist dieses kleine "kulinarische Museum" ein Treffpunkt für Feinschmecker.

PIAZZA GIACOMO MATTEOTI 66-71, GREVE, WWW.FALORNI.IT, T 055 853029, GEÖFFNET: MO-SA 8.00-13.00 & 15.00-19.30, SO & FEIERTAGE 10.00-13.00 & 15.30-19.00

ENOTECA DEL CHIANTI CLASSICO GALLO NERO Dieser Weinhandel hat ein breites Angebot an Chianti-Classico-Weinen, die fein säuberlich in eleganten Holzregalen oder in gestapelten Weinkisten gelagert sind. Neben den Chianti-Vertretern findet man hier auch andere Spitzenweine der Toskana, Vin Santo, Balsamicoessig, Olivenöl und Grappa.

PIAZZETTA SANTA CROCE 8, GREVE, WWW.CHIANTICLASSICO.IT, T 055 853297, GEÖFFNET: APR.-OKT. TÄGLICH 9.30-19.30, NOV.-FEBR. DO-DI 9.30-13.00 & 15.00-19.30

ANTICA MACELLERIA CECCHINI Panzano in Chianti ist die Heimat des berühmten Metzgers, Dichters und Showmasters Dario Cecchini. Sein Leitspruch: "Fleisch ist gut für dich". Berühmt ist der Metzger für seine Fleischvarianten wie *tonno del Chianti*, langsam in Weißwein mit Lorbeerblatt gegartes Schweinefleisch, das anschließend in Öl eingelegt wird (daher der Vergleich mit "*tonno*", Thunfisch), sowie die *sushi del Chianti*, in Kräutern und Gewürzen mariniertes rohes Fleisch. Cecchini verkauft auch Gewürzmischungen, Olivenöl und pikante Grillsoßen. Beim Betreten seines Geschäftes wird man mit Wein, Brot mit Olivenöl und frisch aufgeschnittener Salami begrüßt – alles auf Kosten des Hauses. Die Öffnungszeiten sollte man nicht ganz ernst nehmen, denn wer hier abends vorbeischlendert, kommt vielleicht noch in den Genuss von Wein und Grappa. Cecchini hat auch zwei Restaurants: das DarioDoc nebenan, das nur um die Mittagszeit geöffnet hat, und Solociccia ("Nur Fleisch") gegenüber, wo man nur abends (und sonntags um die Mittagszeit) speisen kann.

VIA XX LUGLIO 11, PANZANO, WWW.DARIOCECCHINI.COM, T 055 852020, GEÖFFNET: SO-DO 9.00-16.00, FR-SA 9.00-18.00

100% THERE

Man darf das Chianti-Gebiet nicht verlassen, ohne einen echten Chianti getrunken zu haben. Das größte Sortiment finden Sie bei Le Cantine in Greve. Wer das Gebiet mal anders erkunden will, dem stehen auch Pferde oder Heißluftballons zur Verfügung.

WEIN VERKOSTEN Mitten in Greve findet man Le Cantine di Greve. Ausgestattet mit alten Flaschen, Korkenziehern und Gerätschaften zur Weinherstellung erinnert Le Cantine eher an ein kleines Museum. Im geräumigen Weinkeller können 140 verschiedene Weine probiert werden. Das Prinzip ist einfach: Erst besorgen Sie sich an der

Kasse die *Wine Card* und damit holen Sie sich bei den automatischen Weinspendern Ihren Lieblingswein. Die *Wine Card* berechtigt zur Verkostung der bedeutendsten Weine der Region. Übrigens kann man mit der *Wine Card* auch Olivenöle probieren und eine Käse- oder Wurstplatte erstehen. Am Ende wird Ihnen der Restwert auf der Karte zurückerstattet.

GALLERIA DELLE CANTINE 2, GREVE, WWW.LECANTINE.IT, T 055 8546404, GEÖFFNET: TÄGLICH 10.00-19.00

REITEN Die sanften Chianti-Hügel eignen sich sehr gut dazu, das Gebiet hoch zu Ross zu erkunden. Ausleihen kann man Pferde und Ausrüstung bei Vecchio Texas. Die Ausritte finden in Begleitung eines erfahrenen Reiters statt.

LOCALITÀ SAN MICHELE A PAVELLI, FIGLINE VALDARNO, WWW.VECCHIOTEXAS.IT, T 055 959126, PREIS: 1 STD. 20 €, 2 STD. 35 €

BALLONFAHRT Die Associazione Aerostatica Toscana veranstaltet Ballonfahrten über der farbenprächtigen Landschaft des Chianti-Gebietes. Es gibt vier Startpunkte: Tavarnelle, Mensanello, Siena und Montisi. Angeboten werden die Ballonfahrten zu jeder Jahreszeit, die beste Zeit ist aber zwischen Spätfrühling und Frühherbst. Da die Ballons bereits bei Sonnenaufgang aufsteigen, ist dieses Abenteuer nur bedingt für Langschläfer geeignet. Auf die etwa 75 Minuten dauernde Fahrt mit atemberaubenden Aussichten folgt ein Champagnerfrühstück. Eine unvergessliche Erfahrung.

ASSOCIAZIONE AEROSTATICA TOSCANA, STRADA DEL CERRO 3, TAVARNELLE VAL DI PESA, T 055 8077940, WWW.FLYBALLOON.IT, WWW.BALLOONINGINTUSCANY.COM, WWW.CHIANTIBALLONING.COM, T 055 7606816, FLÜGE TÄGLICH 6.00, NUR NACH VORRESERVIERUNG, PREIS: 250 € P. P. (INKL. CHAMPAGNERFRÜHSTÜCK)

PARCO DI CAVRIGLIA liegt in der Nähe des gleichnamigen Dorfes zwischen Monte-varchi und Radda in Chianti. Dieser höhergelegene, waldreiche Park ist die natürliche Grenze zwischen dem Chianti-Gebiet und Valdarno. Das über 600 Hektar große Gelände umfasst auch einen Zoo, in dem Lamas, Mufflons, Hirsche, Bisons, Bären und einige Makaken-Äffchen zu sehen sind. Außerdem verfügt der Park über ein Restaurant, ein einfaches Hotel, einen Reitstall und einen Campingplatz mit Schwimmbecken, bei dem auch Mountainbikes vermietet werden. Kurz: der ideale Ort für ein Picknick, eine Wanderung oder eine Radtour.

LOCALITÀ CAFAGGIOLO, CASTELNUOVO DEI SABBIONI, CAVRIGLIA, T 055 967544

ÜBERNACHTEN

Unterkünfte gibt es im Chianti-Gebiet in Hülle und Fülle. Am beliebtesten ist der *agriturismo*, Urlaub auf dem Bauernhof. Allerdings wird nur noch selten aktive Landwirtschaft oder Viehzucht betrieben. Als Gegenpol zu den einfachen kleinen Hotels und B&Bs in den Dörfern entstehen zurzeit immer mehr exklusive und ent-sprechend hochpreisige Resorts.

Die **FATTORIA LAVACCHIO** in den Hügeln von Pontassieve in der Region Chianti Rufina ist im Besitz der Familie Lottero, die hier biologischen Wein und Olivenöl erzeugt. Außerdem vermietet sie zwei Appartements, deren Zimmer mit prachtvollen Antiquitäten eingerichtet sind. Im gemeinschaftlichen Wohnzimmer kann man sich mit einem Buch oder Laptop zurückziehen, draußen wartet ein großer Pool. Andere Freizeitangebote sind: die hauseigene Windmühle besuchen, töpfern, bei der Weinherstellung zuschauen, reiten, Rad fahren, selbst Nudeln herstellen oder an einer Weinprobe teilnehmen.

VIA DI GRIGNANO 38, PONTASSIEVE, WWW.FATTORIALAVACCHIO.COM, T 055 8396168, PREIS: AGRITURISMO 90-250 €, APPARTEMENT 490-1300 €/WOCHE

AGRITURISMO IL LECCIO Die prachtvolle Villa von Il Leccio aus dem 18. Jahrhundert ist von Weinbergen, Olivenbäumen und Steineichen umgeben und wird bereits in siebter Generation von der Familie Landi bewohnt. Das Anwesen wurde vollständig renoviert und zum Gästehaus mit elf Zimmern in drei Klassen umgebaut: Standard, Komfort und Suite. Ausgestattet sind die Räume mit Fresken, Antiquitäten und Kronleuchtern. Im Garten, der üppig mit Bäumen und Sträuchern bewachsen ist, befindet sich ein Pool.

VIA CASE SPARSE 35 (VIA JACOPO DA STRADA), STRADA, WWW.AGRITURISMOILLECCIO.IT, T 055 8586103, PREIS: 90-200 €

CAMPEGGIO PIANO ORLANDO Dieser Campingplatz auf einem Hügel (720 Meter ü. M.) der Monti del Chianti liegt unweit des Parco di Cavriglia (siehe Seite 106). Neben den 120 Plätzen, die hier Zelten und Wohnmobilen zur Verfügung stehen, werden auch zehn kleine Holzbungalows vermietet. Außerdem umfasst die Anlage eine Bar, eine Pizzeria, einen kleinen Supermarkt, einen Fahrradverleih und ein Sommer-Freibad.

LOCALITÀ CAFAGGIOLO, CASTELNUOVO DEI SABBIONI, CAVRIGLIA, WWW.CAMPINGCHIANTI.COM, T 055 967422, GEÖFFNET: 23. APR.-23. OKT., PREIS: SIEHE WEBSITE

VILLA LA PALAGINA An der Straße von Figline Valdarno nach Greve in Chianti liegt diese charmante Villa aus dem 16. Jahrhundert. Lange Zeit war sie im Besitz florentinischer Adelsfamilien, heute beherbergt sie ein Viersternehotel mit zwei Pools und einem Restaurant mit Bar. Einige der jugendstilähnlich eingerichteten Zimmer verfügen über einen Whirlpool. Zur Villa gehören auch zwei Appartements, die vermietet werden. Der Garten mit Springbrunnen vor dem Haus sowie die Terrasse des Restaurants bieten eine atemberaubende Aussicht über das Chianti-Gebiet. Zur Linken sieht man die Villa des britischen Popstars Sting, der schon mal in der Villa La Palagina zum Aperitif gesichtet wurde.

VIA GREVIGIANA 4, FIGLINE VALDARNO, WWW.PALAGINA.IT, T 055 9502029, PREIS: 99-290 €

RESIDENZA DEL SOGNO Weniger als fünf Autominuten von Castellina in Chianti entfernt liegt dieses gemütliche B&B. Die Inhaber sind sehr freundlich und engagiert, Gastgeberin Nora kümmert sich noch höchstpersönlich um das Frühstück für ihre Gäste. Zur Abkühlung gibt es einen Pool, und wer Appetit verspürt, kann den Hunger in der Pizzeria nebenan stillen.

LOCALITÀ PIETRAFITTA 50/51, CASTELLINA, WWW.RESIDENZADELSOGNO.COM, T 0577 741394, PREIS: 90-120 €

VILLA LA PALAGINA

UNTER DER SONNE DER TOSKANA

Langsam schlängelt sich die Straße nach oben, die spektakuläre Aussicht über das Val di Chiana und den Monte Amiata scheint sich mit jeder Kurve zu steigern. Schließlich erreichen Sie den Gipfel: Willkommen in Cortona, dem prachtvollen mittelalterlichen Städtchen an der Grenze zwischen der Toskana und Umbrien.

Um die Entstehung Cortonas ranken sich zahlreiche Geschichten, die meist politischer Natur sind. Sicher aber ist, dass das Städtchen dem etruskischen Zwölfstädtebund angehörte und dank seiner strategischen Lage eine bedeutende Rolle in Etrurien spielte. Unter Kaiser Sulla ernannten die Römer Cortona zu einer Kolonie. Obwohl sie im 3. Jahrhundert v. Chr. in der Schlacht am nahe gelegenen Trasimenischen See eine verheerende Niederlage gegen Hannibal erlitten, blieb Cortona noch einige Zeit in römischer Hand.

Bekannt ist Cortona heute vor allem aus dem Film *Unter der Sonne der Toskana* nach dem gleichnamigen Buch von Frances Mayes – der Grund für viele Amerikaner, hier ihren eigenen toskanischen Traum zu leben.

SEHENSWÜRDIGKEITEN

Von Cortonas reicher Vergangenheit ist zum Glück viel erhalten geblieben. Sowohl in der Stadt als auch ringsherum sind überall Reste etruskischer und römischer Herrschaft zu finden. Außerdem besitzt Cortona einige schöne Kirchen, eine Stadtmauer und zahlreiche verwinkelte, mittelalterliche Gassen.

MAEC (MUSEO DELL'ACCADEMIA ETRUSCA E DELLA CITTÀ DI CORTONA) Das 2005 aus zwei Museen zusammengefügte MAEC gehört zu den bedeutendsten und innovativsten archäologischen Museen Italiens. Nicht verstaubt oder altertümlich, sondern ein ansprechendes Museum mit geräumigen, hellen Sälen und gut leserlichen Displays. Bereits im 18. Jahrhundert wurden in Cortona zahlreiche Gegenstände etruskischer Kultur gefunden und anschließend ausgestellt. Heute finden sich diese in den oberen Etagen des Museums wieder. Absoluter Höhepunkt: die etruskische Lampe, eine Art "Kronleuchter" aus Bronze aus dem 4. Jahrhundert v. Chr. Ebenfalls in den oberen Stockwerken zu bewundern sind ägyptische Gegenstände und eine beeindruckende Bibliothek aus dem 18. Jahrhundert, während im Erdgeschoss und Souterrain Nachbauten von etruskischen und römischen Siedlungen ausgestellt sind. Die Empfangshalle des Museums dient gleichzeitig als Info- und Anmeldepunkt für Besucher, die sich für die etruskischen Gräber in Cortona und Umgebung interessieren, denn diese können nur im Rahmen von Führungen besichtigt werden.

PIAZZA SIGNORELLI 9, WWW.CORTONAMAEC.ORG, T 0575 637235, GEÖFFNET: APR.-OKT. TÄGLICH 10.00-19.00, NOV. MÄRZ DI-SO 10.00-17.00, EINTRITT: 10 €, KOMBIKARTE MIT MUSEO DIOCESANO 13 €

MUSEO DIOCESANO DEL CAPITOLO Das Diözesanmuseum von Cortona liegt genau gegenüber dem Dom und beherbergt Meisterwerke toskanischer Maler aus dem 13. bis 19. Jahrhundert, wie etwa Fra Angelicos *Annunciazione* (1432). Nicht nur die sehr lebendigen Farben und die Perspektive, die Angelico verwendete, waren für diese Zeit etwas Besonderes, sondern auch die Tatsache, dass die Heilige Jungfrau Maria ihre Arme gekreuzt vor der Brust hält, als wolle sie ihren Bauch schützen. Ein anderer Künstler, der bereits früh perspektivisch malte, war der aus Cortona stammende Luca Signorelli, von dem auch einige Werke zu sehen sind. In seinem *Compianto sul Cristo morto* (Beweinung Christi) kommt Signorellis Stärke gut zum Tragen: sein ausgezeichnetes Wissen in puncto Perspektive und Anatomie. Außerdem können im Museum Werke von Pietro Lorenzetti und Entwürfe Gino Severinis bewundert werden, die dieser für Mosaiken des Kreuzweges von Cortona anfertigte (siehe S. 115).

PIAZZA DEL DUOMO 1, WWW.CORTONAWEB.NET/IT/MUSEI/MUSEO-DIOCESANO, T 0575 62830, GEÖFFNET: APR.-OKT. TÄGLICH 10.00-19.00, NOV.-MÄRZ DI-SO 10.00-17.00, EINTRITT: 5 €, KOMBIKARTE MIT MAEC 13 €

SANTUARIO "LE CELLE" – CONVENTO DEI FRATI CAPPUCCINI Der Bau des Kapuzinerklosters im Jahr 1211 geht auf Franz von Assisi zurück, der hier seine erste eigene Gemeinde gründete. Gewohnt hat er an diesem Ort vermutlich von 1224 bis 1226 und es heißt, dass er im Kloster vier Monate vor seinem Tod sein Testament diktierte, in dem er auch seine spirituelle Reise festhielt. Sein Ordensbruder Elias von Cortona erfüllte den Wunsch von Franziskus, Le Celle für die Franziskaner, zu denen die Kapuziner gehörten, zu erhalten. Heute wohnen hier noch sieben Ordensbrüder.

STRADA DEI CAPPUCCINI 1, WWW.LECELLE.IT, T 0575 603362, GEÖFFNET: TÄGLICH 8.00-19.00

ESSEN & TRINKEN

Cortonas Rotwein ist ein typischer, guter Vertreter der DOC-Weine dieser Region. Freunde des Weißweins sollten sich den DOC Bianco Vergine della Valdichiana nicht entgehen lassen. Er wird aus Trauben gemacht, die nach der Reblauskatastrophe im späten 19. Jahrhundert, die vor allem Frankreichs Weinberge großflächig zerstörte, zeitweilig für die Champagnerherstellung verwendet wurden.

CAFFÈ TUSCHER Die Lage an der Hauptstraße von Cortona macht das Caffè Tuscher zum idealen Ort, um einen Cappuccino zu trinken und dabei Leute zu beobachten. Das Lokal hat auch eine üppige Mittagskarte mit Suppen, Pizzen und Nudelgerichten. Abends reichen Daniela und Massimo einen Aperitif und ein Buffet mit Kanapees. Probieren Sie mal einen Mojito. In der ersten Etage befindet sich eine gemütliche Galerie, von der man hinunter ins Lokal schaut. Außerdem verfügt das Café über einen elegant eingerichteten Saal mit Kunst an den Wänden. Von hier kommt man direkt zum Patio des Palazzo Feretti, in dem Kunstausstellungen stattfinden.

VIA NAZIONALE 43, WWW.CAFFETUSCHERCORTONA.COM, T 0575 62053, GEÖFFNET: IM WINTER DI-SO 9.00-22.00, IM SOMMER TÄGLICH 9.00-0.00, PREIS: 12-18 €

MUSEO DIOCESANO DEL CAPITOLO

CAFFÈ TUSCHER Ⓛ   HOTEL SAN MICHELE Ⓡ

PRELUDIO Hinter der massiven Holztür des Restaurants Preludio verbirgt sich ein prachtvoller Gewölbesaal. Hier werden besondere Kreationen serviert, wie etwa Käsesoufflé mit gewürztem Birnenkompott und schwarzen Trüffeln. Als Hauptspeise empfiehlt sich *tagliata*: zartes, in Scheiben geschnittenes Fleisch vom berühmten toskanischen Chianina-Rind – und dazu einen der 200 Weine aus dem Weinkeller.

VIA GUELFA 11, WWW.ILPRELUDIO.NET, T 0575 630104, JUNI-OKT. DI-SO 12.30-15.00 & 19.30-23.00, NOV.-MAI DI-SO 19.30-23.00, IM WINTER 3 WOCHEN GESCHLOSSEN, PREIS: 13-18 €

Im Zentrum Cortonas gibt es einige Läden, in denen toskanische Traditionsprodukte wie etwa Keramik und Küchenutensilien aus Olivenholz erhältlich sind.

100% THERE

Über die berühmte Via Crucis (Kreuzweg) führt im Zentrum von Cortona ein herrlicher Weg hinauf zur Basilica di Santa Margherita.

VIA CRUCIS Wer von der Piazza Garibaldi in die ansteigende Via Santa Margherita einbiegt, kommt an 14 futuristischen Mosaiken vorbei, die nach Entwürfen von Gino Severini, einem der bedeutendsten Vertreter des Futurismus, hergestellt wurden (siehe Seite 112). Die Kunstwerke entlang dem Kreuzweg stammen aus dem Jahr 1944 und wurden zum Dank dafür, dass Cortona den Krieg ohne Schaden überstanden hat, angebracht. Am Ende der Via Santa Margherita befinden sich die Basilica di Santa Margherita und die Festung Girifalco. Nehmen Sie die Via Santa Croce (Treppe) und die Via Berrettini, um zum Zentrum zurückzukehren.

SAGRA DELLA BISTECCA Mitte August findet die *Sagra della Bistecca*, das alljährliche Fest des Rindersteaks, statt. Dabei werden auf einem 14 Meter langen Holzkohlegrill Steaks zubereitet, die von den berühmten Chianina-Rindern stammt. Schon von Weitem kommt einem der herrliche Geruch von gegrilltem Fleisch entgegen. Dazu trinkt man natürlich einen roten DOC-Wein aus der Region.
GIARDINI DEL PARTERRE (PIAZZA GARIBALDI), PREIS: 25 € (INKL. WEIN, BROT, OBST, WASSER)

CORTONA ON THE MOVE Das alljährliche Fotofestival mit Ausstellungen und zahlreichen Workshops findet von Juli bis September in Cortona statt.
WWW.CORTONAONTHEMOVE.COM, JULI-SEPT. 10.00-13.00 & 14.00-19.00, EINTRITT: 1 AUSSTELLUNG 5 €, ALLE 10 €

ÜBERNACHTEN

Reiche Amerikaner, die hierherkamen, um ihren ganz persönlichen toskanischen Traum zu verwirklichen, trieben die Immobilienpreise derart in die Höhe, dass man hier fast nur noch Drei- und Viersternehotels findet.

VILLA MARSILI Die Zimmer des Viersternehotels in einer Villa aus dem 18. Jahrhundert, nur zehn Gehminuten vom Zentrum entfernt, sind stilvoll und mit viel Liebe zum Detail eingerichtet. Von einigen Räumen aus hat man einen herrlichen Blick über den Trasimenischen See und auf den Monte Amiata. Besondere Aufmerksamkeiten des Hauses: ein kostenloser Prosecco und kleine Snacks zum Aperitif, der täglich ab 19 Uhr an der Bar des Hotels gereicht wird, sowie ein Absacker nach Rückkehr ins Hotel. Ungezwungener kann man andere Hotelgäste nicht kennenlernen.
VIALE CESARE BATTISTI 13, WWW.VILLAMARSILI.NET, T 0575 605252, PREIS: 115-350 €

HOTEL SAN MICHELE Das mitten im Zentrum gelegene Hotel ist in einem restaurierten Renaissance-Gebäude untergebracht. Die Zimmer sind unterschiedlich mit prachtvollen Vorhängen, teuren Tagesdecken und Antiquitäten eingerichtet. Zum Haus gehören auch ein Masaccio-Fresko aus dem 15. Jahrhundert sowie diverse Gemälde aus der reichen Vergangenheit des Gebäudes und des Ortes Cortona. Außerdem befindet sich im Haus ein Internetcafé.
VIA GUELFA 15, WWW.HOTELSANMICHELE.NET, T 0575 604348, PREIS: 119-209 €

GOLD, ANTIQUITÄTEN & JUWELEN

Schon seit der Urzeit bewohnt, erlebte Arezzo seine große Blütezeit erst als etruskische Stadt, als Mitglied des Zwölfstädtebundes, eines Zusammenschlusses der zwölf wichtigsten Stadtstaaten Etruriens. Trotz des massiven Widerstandes musste sich die Stadt um 311 v. Chr. den Römern geschlagen geben, die Arretium zu einer bedeutenden Bastion Richtung Norden ausbauten.

Nach dem Untergang des Römischen Reiches wurde Arezzo ein Bistum. Die wachsende Macht der städtischen Bürger in den Jahrhunderten danach führte 1098 zur Gründung eines unabhängigen Stadtstaates Arezzo, der sich so der florentinischen Herrschaft zu entziehen versuchte. Interne Querelen und gar Kriege entzweiten die Stadt jedoch. So geriet Arezzo 1384 für 40.000 Florinen in den Besitz von Florenz und entwickelte sich zu einer bedeutenden Stadt im Großherzogtum Toskana.

Arezzo ist berühmt für seine Schmuckherstellung und den Handel mit Gold, Antiquitäten und Juwelen. Architektonische Highlights: das römische Amphitheater und die Fortezza Medicea, beide mit großartiger Aussicht über die Täler ringsherum.

SEHENSWÜRDIGKEITEN

Arezzo hat eine kompakte Altstadt und kann daher gut zu Fuß erkundet werden. Es gibt zahlreiche mittelalterliche Kirchen und Plätze, die nur einen Katzensprung voneinander entfernt sind. Kein Wunder, dass Arezzo auch als Kulisse für den Film *Das Leben ist schön* diente.

MUSEO ARCHEOLOGICO Das einstige Kloster von San Bernardo beherbergt heute das archäologische Museum. Zu sehen sind hier Relikte der etruskischen, griechischen und römischen Kultur. Besonderes Highlight: die *vasi corallini*, Korallenvasen mit Reliefverzierungen, für die Arezzo während der römischen Herrschaft berühmt war. Direkt nebenan befinden sich die Ruinen eines riesigen römischen Amphitheaters. Viel ist von dem imposanten Baudenkmal nicht erhalten geblieben, dennoch vermitteln die Ruinen gut, wie es einmal ausgesehen haben muss.

VIA MARGARITONE 10, T 0575 20882, GEÖFFNET: TÄGLICH 8.30-19.30, EINTRITT: THEATER FREI, MUSEUM 4 €

BASILICA DI SAN FRANCESCO Diese 1377 fertiggestellte Basilika am gleichnamigen Platz hat eine schlichte Fassade, doch dahinter verbirgt sich ein Meisterwerk der Frührenaissance: die *Leggenda della Vera Croce* (*Legende vom Wahren Kreuz*) von Piero della Francesca (1416–1492). Dieser zwölfteilige Freskenzyklus befindet sich auf drei Ebenen in der Bacci-Kapelle im hinteren Bereich der Kirche. Wie die Fresken eindrucksvoll belegen, war Della Francesca ein Meister in der Verwendung gedämpfter Farben und der Darstellung von Details, wie die Reflexion auf den Rüstungen und die

AREZZO STADT

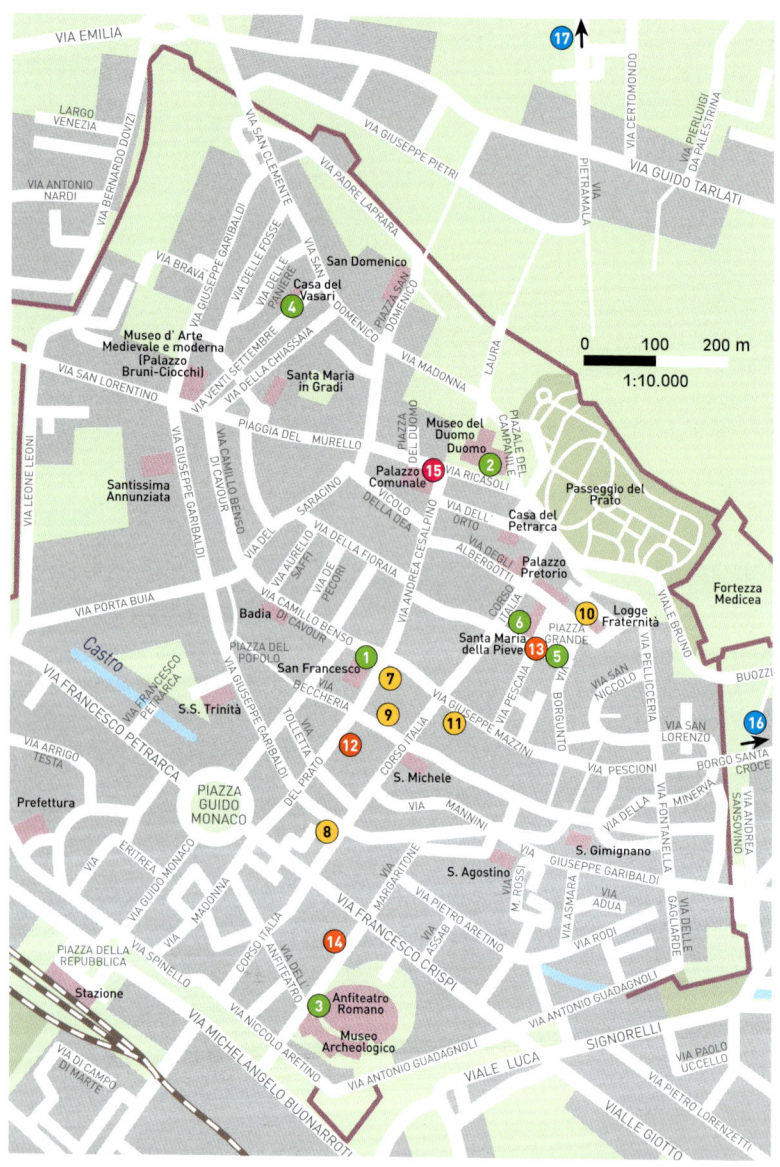

VIA EMILIA

LARGO VENEZIA

VIA ANTONIO NARDI

San Domenico

Casa del Vasari

Museo d' Arte Medievale e moderna (Palazzo Bruni-Ciocchi)

Santa Maria in Gradi

Santissima Annunziata

Museo del Duomo Duomo

Palazzo Comunale

Casa del Petrarca

Palazzo Pretorio

Passeggio del Prato

Fortezza Medicea

Logge Fraternità

Badia

Castro

Piazza del Popolo

San Francesco

Santa Maria della Pieve

Piazza Grande

S.S. Trinità

Prefettura

PIAZZA GUIDO MONACO

S. Michele

S. Gimignano

S. Agostino

PIAZZA DELLA REPUBBLICA

Stazione

Anfiteatro Romano

Museo Archeologico

0   100   200 m
1:10.000

Komplexität der Landschaften zeigen. Außerdem unübersehbar war sein herausragendes Verständnis für Perspektive, unter anderem erkennbar an der Aufstellung der Reiter und der Dachform im Fresko *Die Schlacht an der Milvischen Brücke*. Für eine Besichtigung der Fresken benötigen Sie eine separate Eintrittskarte.

PIAZZA SAN FRANCESCO, WWW.PIERODELLAFRANCESCA.IT, T 0575 352727, GEÖFFNET: IM SOMMER MO & MI-FR 9.00-18.30, SA 9.00-17.30, SO 13.00-17.30, IM WINTER MO & MI-FR 9.00-17.30, SA 9.00-17.00, SO 13.00-17.00, EINTRITT: BASILIKA FREI, KAPELLE MIT FRESKEN 8 €

MUSEO E CASA VASARI Das Museum ist dem berühmten Maler, Baumeister und Kunsthistoriker Giorgio Vasari gewidmet, der am 30. Juli 1511 in Arezzo geboren wurde. Nach seinem humanistischen Studium und einer Ausbildung zum Maler verschlug es ihn nach Florenz, wo er eine neue Kunstepoche maßgeblich beeinflusste: die Renaissance. 1540 erwarb er das Gebäude, in dem sich das Museum befindet, als Wohnhaus. In den darauf folgenden acht Jahren renovierte er die imposanten Säle in Eigenregie. Neben Werken Vasaris sind hier auch einige toskanische Meisterwerke aus dem 16. Jahrhundert zu sehen.

VIA XX SETTEMBRE 55, T 0575 409040, GEÖFFNET: MO & MI-SA 8.30-19.30, SO & FEIERTAGE 8.30-13,30, EINTRITT: 2 €

CATTEDRALE DI SAN DONATO (DUOMO) Der Bau des Doms von Arezzo dauerte mehr als 230 Jahre: Erst 1511 wurde das Gotteshaus, das zu Ehren des Schutzpatrons der Stadt, San Donato, errichtet wurde, fertiggestellt. Die Fassade jedoch ist neueren Datums und stammt aus der ersten Hälfte des 20. Jahrhunderts nach Plänen von Dante Viviani. Im Inneren sind prächtige Bleiglasfenster des Franzosen Guillaume de Marcillat (1470–1529) zu sehen, die in puncto Form, Details und Perspektive einem Gemälde ähneln.

PIAZZA DEL DUOMO, T 0575 23991, GEÖFFNET: TÄGLICH 7.00-12.30 & 15.00-18.30

SANTA MARIA DELLA PIEVE Die Kirche aus dem 13. Jahrhundert gehört zu den schönsten romanischen Baudenkmälern der Stadt. Vor allem die Fassade mit den mehrstöckigen Arkaden ist sehr sehenswert. Durch die unterschiedliche Höhe der Arkaden entsteht eine optische Täuschung und das Gebäude wirkt größer, als es in Wirklichkeit ist. Der 59 Meter hohe Glockenturm (Campanile) wird aufgrund der angeblich 50 Biforien oder Zwillingsfenster auch "Turm der 100 Löcher" genannt. Wer genau hinsieht, stellt aber fest, dass es nur 40 Biforien, sprich 80 Fenster, gibt.

CORSO ITALIA/PIAZZA GRANDE, T 0575 22629, GEÖFFNET: TÄGLICH 8.00-12.00 & 15.00-19.00

PIAZZA GRANDE (PIAZZA VASARI) Die asymmetrische Piazza Grande ist das Herz der Stadt. An einer Seite wird der Platz von der imposanten Logge del Vasari beherrscht, während gegenüber mittelalterliche Türme, die Rückseite der Pieve-Kirche und der Palazzo della Fraternità dei Laici zu sehen sind. Das Dach des Letzteren ist mit einer Uhr des Uhrmachermeisters Felice da Cossato bestückt, die dieser 1552 anfertigte. Bei genauer Betrachtung ist zu erkennen, dass neben den römischen Zahlen die 29 Tage des Mondzyklus sowie die Mondphasen stehen. Auf dem Platz wird alljährlich am vorletzten Samstag im Juni und am ersten Sonntag im September das Ritterturnier *Giostra del Saracino* ausgetragen. Dann ist der Platz mit Sand bedeckt, von Tribünen umgeben und bereits einige Tage vor dem wichtigsten Ereignis der Stadt vollständig gesperrt.

ESSEN & TRINKEN

Im historischen Arezzo gibt es erstaunlich viele moderne Cafés und Bars. Die Restaurants dagegen sind meistens noch recht ursprünglich und servieren Traditionsgerichte aus Arezzo und dem Val di Chiana, dem Tal der berühmten Chianina-Rinder.

BUCA DI SAN FRANCESCO Links neben der Kirche San Francesco befindet sich ein schwarzes Tor – mehr ist vom namhaften Restaurant Buca di San Francesco nicht zu sehen. Dahinter – in den mit Fresken, Bleiglasfenstern und Mosaiken ausgestatteten Gewölberäumen des Lokals – wähnt man sich in einem Franziskanerkloster. Die Gerichte sind traditionell und umfassen Spezialitäten wie *stracotto al Chianti*, in Chianti-Wein geschmortes Fleisch, und *La saporita scottiglia*, eine gemischte Fleischplatte.

VIA SAN FRANCESCO 1, WWW.BUCADISANFRANCESCO.IT, T 0575 23271, GEÖFFNET: MO 12.00-14.30, MI-SO 12.00-14.30 & 19.00-21.30, PREIS: MENÜ 20-35 €

COFFEE'O'CLOCK ist die italienische Antwort auf Starbucks & Co. Hier können Sie aus zahlreichen Kaffeevarianten wählen und dazu ein Panino essen. Mit dem langen Lesetisch voller Zeitschriften und den beiden Internet-PCs entspricht das Coffee-'O'Clock keineswegs dem Bild eines typisch italienischen Cafés. Ein Teil des Cafés wird als Ausstellungsraum genutzt, in dem abstrakte Kunst zu sehen ist.

CORSO ITALIA 184, WWW.COFFEEOCLOCK.COM, T 0575 333067, GEÖFFNET: TÄGLICH 8.00-20.00, SO 9.00-20.00, PREIS: GETRÄNK 1-10 €

CATTEDRALE DI SAN DONATO (DOM)

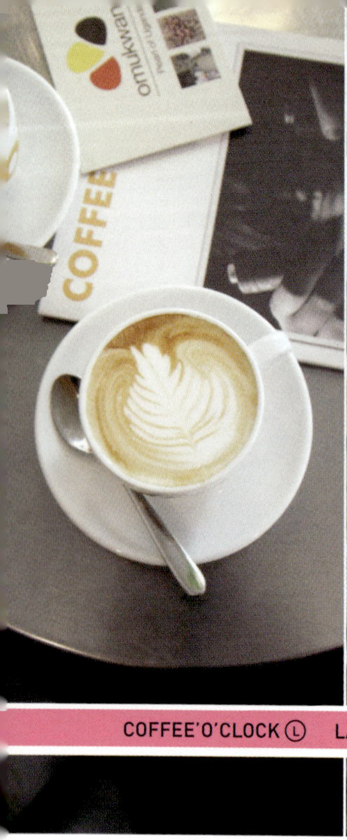

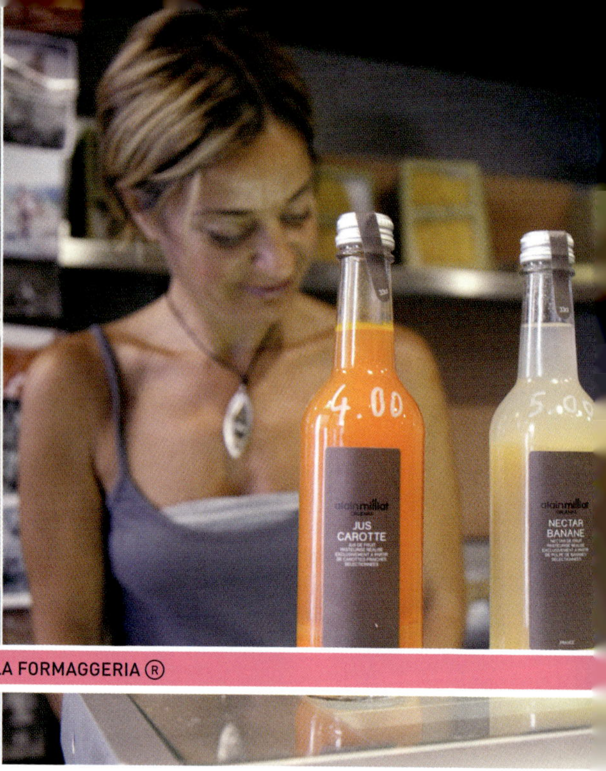

COFFEE'O'CLOCK (L) LA FORMAGGERIA (R)

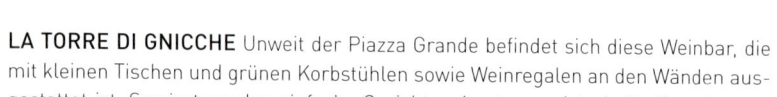

LA TORRE DI GNICCHE Unweit der Piazza Grande befindet sich diese Weinbar, die mit kleinen Tischen und grünen Korbstühlen sowie Weinregalen an den Wänden ausgestattet ist. Serviert werden einfache Gerichte wie etwa meisterhafte Bruschettas, Klippfisch oder Frikadellen, zu denen auch Wein gut passt.

PIAGGIA SAN MARTINO 8, WWW.LATORREDIGNICCHE.IT, T 0575 352035, GEÖFFNET: DO-DI 12.00-15.00 & 18.00-23.00, PREIS: 6-11 €

TRATTORIA IL SARACENO Das gemütliche, familienfreundliche Restaurant von Olga und Virgilio steht bei Einheimischen hoch im Kurs. Und tatsächlich, wenn sich das geräumige Lokal langsam füllt, hat man das Gefühl, inmitten eines italienischen Clans zu sitzen. Auf der Karte stehen Pizzen, hausgemachte Nudelgerichte, Fleisch vom Grill und aus dem Ofen und sogar ein glutenfreies Gericht.

VIA MAZZINI 6, WWW.ILSARACENO.COM, T 0575 27644, GEÖFFNET: DO-DI 12.00-15.30 & 19.00-22.30, PREIS: 12-20 €

LA FORMAGGERIA Lange hat Eliana Spiganti nach der passenden Aufteilung für ihre Kombination aus Weinbar und Feinkostladen gesucht. Hinter der Theke befindet sich eine kleine Küche, die ganztags geöffnet ist, sodass man zu jeder Tageszeit drinnen oder draußen auf der Terrasse etwas essen kann. Und wer will, kann sich hier mit französischem oder italienischem Käse, Wurstwaren und Weinen (selbstverständlich nach entsprechender Verkostung) eindecken. Live-Jazz wird übrigens auch regelmäßig gespielt.

VIA DE' REDI 16, WWW.LAFORMAGGERIA.IT, T 0575 403583, GEÖFFNET: TÄGLICH 10.00-0.00

SHOPPEN

Arezzo ist weltberühmt für seine Antiquitäten und Antiquitätenläden, von denen man einige an und in der Nähe der Piazza Grande findet. Modeboutiquen italienischer Designer und die besseren Schuhgeschäfte gibt es im Corso Italia.

FIERA ANTIQUARIA Rund um die Piazza Grande in der historischen Altstadt findet am ersten Wochenende eines Monats einer der größten und bekanntesten Antikmärkte Italiens statt. Dann präsentieren Dutzende Händler ihre Waren – von Kronleuchtern, antiken Holzmöbeln über alte Bücher bis hin zu Lebensmitteln wie Käse, Trüffel und Olivenöl. Der Markt, der noch auf die Etrusker zurückgeht, weicht im September auf den Domplatz und in den Parco il Prato aus.

PIAZZA GRANDE, PIAZZA SAN FRANCESCO UND IN DEN STRASSEN RINGSHERUM, WWW.FIERAANTIQUARIA.ORG, T 0575 377475, GEÖFFNET: 10.00-20.00

DROGHERIA ADUNI In dieser historischen Drogerie werden auch Köstlichkeiten wie etwa Kaffee, Gewürze, Bonbons, Pfefferminze, Schokolade, Weine und Liköre verkauft. Die prall gefüllten Holzregale hinter der Theke vermitteln ein warmes, wohnliches Ambiente, das zum Kaufen einlädt.

VIA MADONNA DEL PRATO 13, DROGHERIAADUNI.IT, T 0575 295220, GEÖFFNET: TÄGLICH 9.30-17.00 (SA-NACHMITTAG GESCHLOSSEN)

SPAZIO LEBOLE In der Galerie der Künstlerin Nicoletta Lebole stößt man auf die unterschiedlichsten Sachen: von Antiquitäten und Kunst im Art-déco- und Jugendstil bis zu selbst gefertigten Gemälden und Skulpturen. Aus Teilen alter Möbel entstehen bei Lebole neue Möbelstücke, sogar zwei völlig verschiedene Stuhlhälften verschmelzen zu einem neuen Stuhl. Eine Kinderabteilung mit Spielzeug und Kinderbüchern gibt es übrigens auch.

VIA MARGARITONE 27 A/B/C, WWW.SPAZIOLEBOLE.IT, T 0575 370422, GEÖFFNET: MO 15.30-19.30, DO-SA 9.00-13.00 & 15.30-19.30, ERSTER SO IM MONAT UND DEZ. TÄGLICH

100% THERE

Wer Ende Juni oder Anfang September die Toskana bereist, darf die *Giostra del Saracino* in Arezzo nicht verpassen. Und im Gegensatz zum *palio* in Siena besuchen das Ritterturnier fast nur Einheimische.

GIOSTRA DEL SARACINO Bei diesem Ritterturnier, dem wichtigsten Ereignis des Jahres in Arezzo, treten die vier historischen Stadtteile im Lanzenstechen gegeneinander an. An diesem Tag steht die ganze Altstadt im Zeichen von Festivitäten und Ritualen. Dann ziehen Burgfrauen und Ritter samt Lanzen, Schildern und Fahnen zur Piazza, um Zeuge dieses Spektakels zu sein. Nach einer imposanten Fahnenparade treten jeweils zwei Ritter der vier Bezirke an, um mit Lanzen das Schild einer Holzpuppe (Saracino) zu treffen, ohne dabei selbst vom Pferd gestoßen zu werden. Kein Wunder, dass dabei die Emotionen des Publikums aus den vier rivalisierenden Stadtteilen ganz schön hochkochen.

TOURISTENINFORMATION (FÜR PROGRAMM MIT ZEITANGABEN UND VERANSTALTUNGSORTEN): PALAZZO COMUNALE, PIAZZA DELLA LIBERTÀ 1, WWW.APT.AREZZO.IT, T 0575 401945, VORLETZTER SA IM JUNI AB 21.30 & ERSTER SO IM SEPT. UM 17.00, PREIS: STEHPLATZ 5 €

ÜBERNACHTEN

Gute Hotels sind in der Altstadt eher rar; in den meisten Fällen lässt das Preis-Leistungs-Verhältnis zu wünschen übrig. Die Hotels im Umland bieten gute Alternativen. Allerdings brauchen Sie dann ein Auto, denn Busse gibt es hier so gut wie gar nicht.

RELAIS LA TORRE In Chiassa, etwa 15 Autominuten nördlich von Arezzo, liegt im Grünen dieses landgutähnliche Hotel mit Pool und Natursteinfassade. Dahinter verbergen sich fünf im schicken Landhausstil eingerichtete Luxussuiten. Das köstliche Frühstück mit hausgemachten Marmeladen, frischem, selbst gebackenem Brot und süßen toskanischen Teilchen erleichtert das Aufstehen ungemein.

LOCALITÀ CHIASSA SUPERIORE 360, WWW.RELAISLATORRE.IT, T 0575 040067, PREIS: 140-180 €

....

Wer Arezzo während der Giostra del Saracino besuchen will, sollte sich frühzeitig um eine Unterkunft kümmern, denn das Fest ist auch bei Italienern aus der ganzen Region sehr beliebt.

....

BADIA DI POMAIO ist der ideale Ort für Ruhesuchende. Das renovierte, 1645 erbaute Kloster ist von Kastanienwäldern umgeben und gewährt – vor allem auf der Terrasse am Pool – eine herrliche Aussicht auf Arezzo, die man am besten mit einem Glas Wein in der Hand genießt. Die Zimmer sind schlicht, aber mit antiken Möbeln eingerichtet. Das Haus hat ein eigenes Restaurant mit einer Terrasse und drinnen einen offenen Kamin – im Winter die perfekte Umgebung für ein gemütliches Abendessen.

LOCALITÀ POMAIO 4 (VIA DELLE CONSERVE), T 0575 371407/1784067, WWW.BADIADIPOMAIO.IT, PREIS: 75-180 €

RELAIS LA TORRE

LUCCA, PISTOIA, GARFAGNANA,
VERSILIA, MASSA-CARRARA

NORD-TOSKANA

AUTOTOUR NORD-TOSKANA

So können Sie die Nord-Toskana in fünf Tagen erkunden. Diese Route bringt Sie zu allen Orten, die Sie gesehen haben müssen, und hält auch einige Überraschungen bereit. Sie essen zwischen Einheimischen und wohnen ganz besonders.

TAG **1** **PISTOIA** > die Altstadt von Pistoia bewundern > in der Osteria La Bottegaia (S. 149) zu Mittag essen > zur Hängebrücke Ponte Sospeso di Mammiano (S. 154) fahren und auf dem Rückweg nach Pistoia eine Massage in den Thermen von Montecatini (S. 154) genießen > bei Santopalato (S. 149) speisen > bei Frisco (S. 150) etwas trinken > in der Villa de' Fiori (S. 153) übernachten >

TAG **2** **PISTOIA** UND **LUCCA** > erneut Pistoia besichtigen > am späten Vormittag nach Lucca fahren und das Gepäck im B&B La Bohème (S. 143) abgeben > den Stadtspaziergang in Lucca machen (siehe herausnehmbare Karte hinten im Guide) > nach etwas bummeln (S. 141) > im L'Antica Locanda dell'Angelo (S. 138) in einem ehemaligen Kloster tafeln > in La Bohème nächtigen >

TAG **3** **BARGA** UND **CASTELNUOVO DI GARFAGNANA** > nach Barga fahren und den Dom in der Altstadt besuchen (S. 171) > nach Castelnuovo di Garfagnana fahren > in der Bar-Trattoria Marchetti (S. 163) etwas essen > das Dorf und die Fortezza di Mont'Alfonso (S. 163) besichtigen > abends im Ristorante da Lorietta (S. 165) dinieren > im Agriturismo Venturo (S. 165) wohnen >

TAG **4** **CASTELNUOVO DI GARFAGNANA** UND **VERSILIA** > über die herrliche Bergstraße zur Höhle Antro del Corchia (S. 176) fahren > nach Viareggio weiterfahren > am Boulevard shoppen gehen (S. 179) > bei Barcobestia (S. 179) ein Abendessen genießen > danach in Forte dei Marmi (S. 183) tanzen > im Grand Hotel & Riviera (S. 183) die Nacht verbringen >

TAG **5** **CARRARA** UND **FOSDINOVO** > zu den Marmorhöhlen von Carrara (S. 186) fahren > im Zentrum Cibart 08 (S. 185) besuchen, um einen Kaffee oder einen Aperitif zu trinken, zu Mittag zu essen oder Design zu kaufen > nach Fosdinovo fahren, die Burg (S. 187) aufsuchen – Ihre Unterkunft für die Nacht >

REICHE STADT MIT TÜRMEN UND KIRCHEN

Lucca wurde von den Etruskern gegründet, doch Überreste aus dieser Zeit sind nicht mehr zu finden. Der römische Einfluss zeigt sich am deutlichsten im Amphitheater und an der streng symmetrischen Anlage der Gassen im alten Stadtzentrum. Die meisten Gebäude stammen aus dem 10. Jahrhundert oder sind späteren Ursprungs.

Die Stadt Lucca war schon immer eine wichtige Handelsstadt, und die zahlreichen Türme und reich verzierten Kirchen zeugen von Wohlstand. Besonders auffällig sind die schmalen Gassen, die vielen schönen Plätze und die prachtvollen Marmorkirchen, die in der Sonne erstrahlen und einen interessanten Kontrast zu den terrakottafarbenen Häusern bilden.

Einen Stadtspaziergang in Lucca finden Sie auf der herausnehmbaren Karte in der hinteren Buchklappe.

Lucca gehört auch heute noch zu den wohlhabendsten Städten Italiens. Laut einer Umfrage betrachten viele Italiener das alte Zentrum Luccas als beliebteste Stadtwohngegend.

Die charakteristischen Stadtmauern Luccas aus der Zeit von 1504 bis 1645 sind zwölf Meter hoch und ganze 30 Meter breit, und in den darunterliegenden Räumen wurden Waffen und Munition gelagert. Der Herzogin Marie Louise von Bourbon-Parma ist es zu verdanken, dass die Stadtmauern eher einem Park als einer kahlen Befestigungsanlage gleichen. Sie war allerdings nie dem Ansturm von Feinden ausgesetzt, bildete aber einen Schutz vor Überflutungen des Flusses Serchio. Heute finden hier im Sommer Konzerte und Ausstellungen statt.

Lucca ist die Geburtstadt des Komponisten Giacomo Puccini (1858–1924), berühmt für seine Opern La Bohème, Tosca, Madame Butterfly *und andere. In seinem Geburtshaus an der Corte San Lorenzo befindet sich heute ein kleines Museum.*

Nördlich von Lucca liegt die Garfagnana, eine Bergregion mit vielen Wäldern. Der Weg von Lucca aus führt erst durch Marlia. An der Via delle Ville kann man die riesigen Villen der in der Renaissance tonangebenden Familien (unter anderem die Familie Medici) besichtigen. Wenn man hinter Marlia weiter nach Norden in Richtung Garfagnana fährt, sieht man die zunächst hügelige Landschaft langsam in eine bewaldete Berglandschaft übergehen.

LUCCA STADT

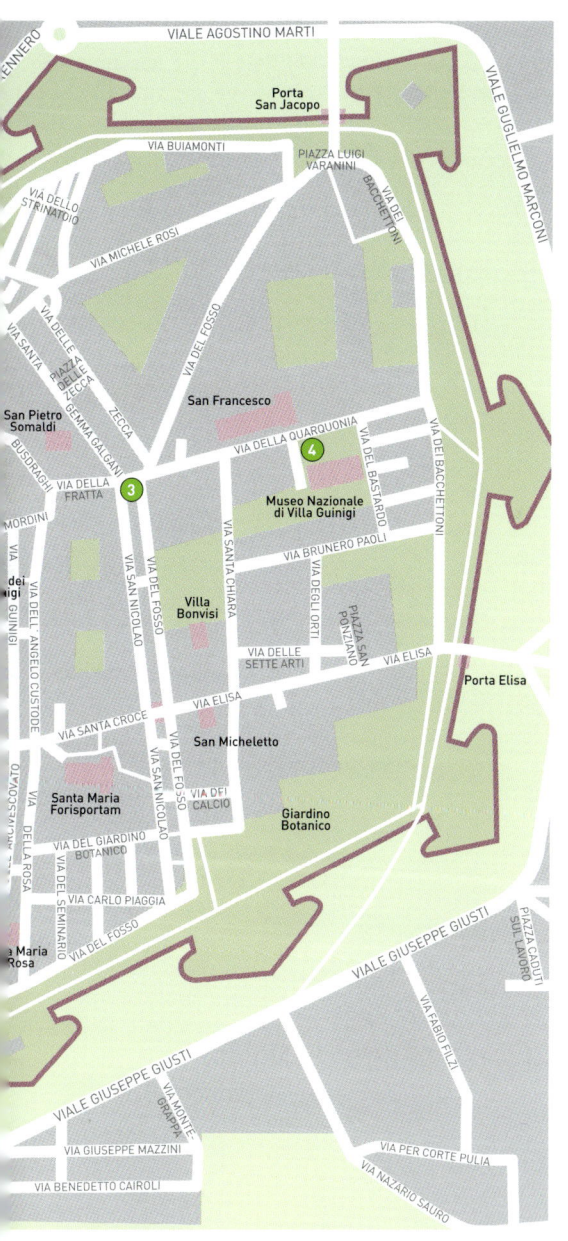

SEHENSWÜRDIGKEITEN

Innerhalb der Mauern des alten Stadtzentrums von Lucca gibt es viel zu entdecken. Jede Straße scheint zu einem wunderschönen Platz zu führen, und überall stehen sehenswerte Kirchen. Die Stadt Lucca investiert viel Geld in die Restaurierung ihrer historischen Gebäude, sodass sie sehr gepflegt wirken und viele Original-details erhalten geblieben sind.

DUOMO DI SAN MARTINO Mit dem Bau dieses grauweißen Marmordoms wurde im Jahr 1060 begonnen. Vom 12. bis zum 14. Jahrhundert wurde die Kathedrale umfassend um- und ausgebaut. Dabei musste der bereits vorher bestehende (Wehr-)Turm mitberücksichtigt werden, sodass die Fassade nicht symmetrisch ist. Berühmt ist der Dom für ein Marmorkunstwerk von Jacopo della Quercia: das Grab der Ilaria del Carretto, der zweiten Frau des Stadtherrn Paolo Guinigi, aus dem Jahr 1408. Sie starb nach der Geburt ihres zweiten Kindes. Angeblich stellt die Figur aber nicht Ilaria, sondern Maria Caterina, die früh verstorbene erste Frau Paolos, dar. Vor einem guten Jahrhundert entdeckte man bei der Reinigung der Säulen Architekturzeichnungen aus dem 14. Jahrhundert. Vermutlich handelt es sich um Entwürfe für diese Kirche. Man kann sie auf der zweiten und dritten Säule auf der linken Seite des Schiffes erkennen (dem länglichen Teil der Kirche). Interessant ist auch das umstrittene *Volto Santo*, das hölzerne Kruzifix von Jesus. Manche sehen Jesus hier als dunkelhäutigen Mann dargestellt.

PIAZZA SAN MARTINO, WWW.MUSEOCATTEDRALELUCCA.IT, T 0583 490530, GEÖFFNET: DUOMO OKT.-APR. TÄGLICH 7.00-18.00, MAI-SEPT. 7.00-17.00, SAKRISTEI NOV.-MÄRZ MO-FR 9.30-17.45, SA 9.30-18.45, SO 9.00-10.00 & 13.00-17.45, APR.-OKT. MO-FR 9.30-16.45, SA 9.30-18.45, SO 9.00-10.00 & 15.00-17.00

TORRE DEI GUINIGI Dieser Turm aus dem 14. Jahrhundert ist Teil der imposanten Wohnstätte der Familie Guinigi und neben dem Torre delle Ore der einzige der einst zahlreichen Türme von Lucca, der heute noch erhalten ist. Nach 225 Treppenstufen steht man oben auf dem Turm, von wo aus man eine schöne Aussicht auf die Stadt hat. Einer Legende zufolge wurde der höchste Baum auf dem Turm von Paolo Guinigi selbst gepflanzt. Als dieser später von Francesco Sforza gefangen genommen wurde, kündigte der Baum durch den Verlust seiner Blätter den Tod Paolos an.

VIA S. ANDREA 45, T 0583 316846, GEÖFFNET: TÄGLICH NOV.-FEBR. 9.30-18.00, MÄRZ & OKT. 9.30-21.00, APR. & MAI 9.30-21.00, JUNI-SEPT. 9.30-0.00, EINTRITT: 4 €, KOMBIKARTE MIT TORRE DELLE ORE 5 €

- -

Je mächtiger die Familie, desto höher der Turm, den sie bauen ließ. Offiziell durfte ein Turm nicht höher als 41 Meter sein. Die Steineichen wurden von der Familie Guinigi angepflanzt, um die zulässige Höhe zu umgehen, denn mit den Eichen ist der Torre dei Guinigi 45 Meter hoch – höher als alle anderen Türme, die es damals in Lucca gab. Tipp: Möchten Sie die Aussicht auf die Stadt genießen, aber auf dem Torre dei Guinigi ist Ihnen zu viel Betrieb? Dann besuchen Sie den Torre delle Ore in der Via Fillungo.

- -

TORRE DEI GUINIGI

SAN MICHELE IN FORO Ⓛ   **PIAZZA DELL'ANFITEATRO** Ⓡ

MUSEO NAZIONALE DI VILLA GUINIGI Dieses Museum ist in der 1418 erbauten Villa von Paolo Guinigi untergebracht. Die Kunstausstellung ist eng mit der Stadt verbunden, die (religiösen) Kunstwerke (unter anderem von Jacopo della Quercia und Matteo Civitali) zeigen die kulturelle Entwicklung Luccas vom Mittelalter bis zum 17. Jahrhundert. Im Erdgeschoss befinden sich etruskische und römische Fundstücke, aber auch romanische und gotische Skulpturen wie *Samson und der Löwe*. Im ersten Stock gibt es römische Reliefs, Goldarbeiten und Gemälde aus dem 12. bis einschließlich 15. Jahrhundert, darunter auch ein Porträt des mächtigen Alessandro de' Medici. Im schönen Garten stehen Figuren aus der Römerzeit, dem Mittelalter und dem 18. Jahrhundert.

VIA DELLA QUARQUONIA, T 0583 496033, GEÖFFNET: DI-SA 8.30-19.30, SO & FEIERTAGE 9.00-13.00, EINTRITT: 4 €

PIAZZA DELL'ANFITEATRO Schlendern Sie einmal durch die engen Gassen oder unter den Bögen der schmalen, pastellfarbenen Häuser hindurch in Richtung des Platzes, auf dem 180 v. Chr. noch ein kleines Theater stand. Unter Kaiser Trajan musste es im 2. Jahrhundert n. Chr. einem riesigen Amphitheater weichen, das unter anderem für Gladiatorenkämpfe genutzt wurde. Das Theater hatte 54 Arkaden (Bögen), deren Überreste noch auf der Nordostseite zu erkennen sind, und bot bis zu 20.000 Zuschauern Platz. Im Mittelalter wurde das Theater in einen Platz umgewandelt. Zu Beginn des

19. Jahrhunderts diente dieser als Marktplatz, eine Funktion, die er bis zur Mitte des 20. Jahrhunderts behalten sollte. Heute befinden sich hier Geschäfte und Straßencafés.

SAN MICHELE IN FORO An der Piazza San Michele prunkt diese aus weißem Kalkstein erbaute Kirche mit ihrer riesigen Fassade. Bereits im 8. Jahrhundert stand hier eine Kirche, die jedoch zerstört wurde. Im Auftrag des Papstes Alexander II. wurde die Kirche im Jahr 1060 in einem viel größeren Maßstab wiederaufgebaut. Die Kirche San Michele wurde jedoch, ebenso wie die Kathedrale, niemals vollendet: Der Bau der Fassade hatte das ganze Geld verschlungen. Die romanische Kirche mit gotischen Einflüssen hat ihren Namen dem Erzengel Michael (Michele) zu verdanken, der hoch oben auf der Frontseite dargestellt ist. Der Zusatz *in foro* deutet an, dass die Kirche an der Stelle des alten römischen Marktes (Forum) gebaut wurde. Nehmen Sie sich die Zeit, sich die bis ins kleinste Detail ausgeschmückte Fassade gut anzusehen: Jede einzelne Säule hat ihre eigene Verzierung und Farbe. Im Inneren der Kirche befinden sich am ersten Seitenaltar rechts ein Gemälde von Andrea della Robbia sowie ein Gemälde aus dem 15. Jahrhundert von Filippo Lippi.

PIAZZA SAN MICHELE, GEÖFFNET: TÄGLICH 7.40-12.00 & 15.00-18.00

BASILICA DI SAN FREDIANO Die älteste Kirche Luccas hieß ursprünglich San Vincenzo. Nach dem Tod des Bischofs Frediano, der die Basilika in der zweiten Hälfte des 6. Jahrhunderts bauen ließ, erhielt sie den Namen San Frediano, und die sterblichen Überreste des Bischofs wurden unter dem Hauptaltar beigesetzt. Das heutige äußere Erscheinungsbild hat die romanische Kirche dem Ausbau und der Renovierung im Jahr 1147 zu verdanken. Die riesige Fassade wurde im 13. Jahrhundert mit einem goldenen Mosaik nach einem Entwurf von Berlinghiero Berlinghieri ausgeschmückt. Es stellt Christi Himmelfahrt dar (Jesus ist in der Mitte abgebildet, die Apostel darunter). Rechts liegt die Kapelle von Santa Zita, wo man noch den mumifizierten Körper der heiligen Zita sehen kann. Besonders schön ist auch das Taufbecken aus dem 12. Jahrhundert mit dem kleinen Tempel darauf, das beim Betreten der Kirche auffällt. Die Abbildungen stellen einige Episoden aus dem Leben von Moses dar.

PIAZZA SAN FREDIANO, GEÖFFNET: TÄGLICH 8.30-12.00 & 15.00-17.00

PINACOTECA NAZIONALE DI PALAZZO MANSI Die steinreiche Familie Mansi wohnte seit dem 11. Jahrhundert in Lucca und bezog 1686 den Palazzo Mansi. Von außen ist er nicht besonders auffällig, aber innen locken zahlreiche Fresken und prachtvolle Wandverzierungen, die ihn zu einem der schönsten Gebäude der Stadt machen. Die Zimmer sind mit Wandteppichen aus Brüssel ausgekleidet. Sehen Sie sich auch den aufwendig gestalteten Ballsaal und die Brautsuite an. Heute ist im Palazzo ein Museum untergebracht, die Pinacoteca Nazionale di Palazzo Mansi, mit einer Ausstellung von Kunstwerken italienischer und internationaler Künstler aus dem 15. bis 18. Jahrhundert. Viele der Arbeiten waren einst Teil der Medici-Sammlung. Im Erdgeschoss finden wechselnde Ausstellungen statt.

VIA GALLITASSI 43, T 0583 55570, GEÖFFNET: DI-SA 8.30-19.30, SO & FEIERTAGE 8.30-13.00, EINTRITT: 4 €

LUCCA CENTER OF CONTEMPORARY ART ist im alten Palazzo Boccella unter-gebracht und zeigt wechselnde Ausstellungen moderner Kunst. Es ist das erste Kunstzentrum in Lucca und Umgebung, in dem moderne Kunstformen wie Video Art Beachtung finden. Ein Teil des Museums, eine kleine Präsentation junger Künstler, ist jederzeit kostenlos zugänglich.

VIA DELLA FRATTA 36, WWW.LUCCAMUSEUM.COM, T 0583 571712, GEÖFFNET: DI-SO 10.00-19.00, EINTRITT: 9 €

ESSEN & TRINKEN

Innerhalb der Stadtmauern von Lucca gibt es zahlreiche Restaurants, in vielen davon finden Sie fast nur Touristen. Im Folgenden haben wir eine Auswahl guter Restaurants zusammengestellt, die auch von Einheimischen besucht werden.

ALL'OLIVO liegt an einem ruhigen Platz im Zentrum. Das Restaurant hat drei schöne Galsträume, und auf der Karte stehen lokale Speisen und Fischgerichte, die sich nach dem Tagesangebot an frischem Fisch richten. Besonders schmackhaft sind die *grigliate miste*: verschiedene Fisch- oder Fleischsorten vom Grill.

PIAZZA S. QUIRICO 1, WWW.RISTORANTEOLIVO.IT, T 0583 496264, GEÖFFNET: APR.-NOV. TÄGLICH 12.00-15.00 & 19.00-23.00, DEZ.-MÄRZ DO-DI 12.00-15.00 & 19.00-23.00, PREIS: MENÜ AB 40 €

L'ANTICA LOCANDA DELL'ANGELO ist in einem ehemaligen Kloster im Zentrum untergebracht. Das Restaurant hat zwei Speisesäle, einen davon im Keller, wo noch die Reste der mittelalterlichen Mauern sichtbar sind, sowie einen Innenhof mit viel Grün. Es bietet ein Tagesmenü zu einem günstigen Festpreis an und darüber hinaus leichte Mittagsgerichte (zum Beispiel Salat mit Käse und Birnen). Man sollte unbedingt vorher reservieren.

VIA PESCHERIA 21, WWW.ANTICALOCANDADELLANGELO.IT, T 0583 467711, GEÖFFNET: DI-SA 12.30-14.30 & 19.30-23.00, IM SOMMER AUCH SO & MO, PREIS: TAGESMENÜ 30 €

BUCA DI SANT'ANTONIO Diese Taverne stammt aus dem Jahr 1782 und ist in ganz Italien ein Begriff: Puccini war hier Stammgast. Schon allein deswegen sollte man sich dieses Restaurant, das in kleinere Räume unterteilt ist, nicht entgehen lassen. An den Deckenbalken hängen zahlreiche Kupfertöpfe und -pfannen, und auf der Speisekarte stehen Gerichte aus der Provinz, darunter *farinata della Garfagnana*, eine kräftige Bohnensuppe, und *pappardelle al ragù di lepre*, lange breite Nudeln mit Hasenragout.

VIA DELLA CERVIA 3, WWW.BUCADISANTANTONIO.COM, T 0583 55881, GEÖFFNET: DI-SA 12.30-14.30 & 19.30-0.00, SO 12.30-0.00, PREIS: 30 €

FUORI DI PIAZZA Wegen der hervorragenden Qualität der Pizzen ist diese Pizzeria bei den Einheimischen der große Favorit. Nicht nur draußen auf der Terrasse, sondern auch drinnen ist es ausgesprochen gemütlich. Die Tische stehen nach italienischer Art kreuz und quer im Raum, sodass man leicht mit den Gästen an den anderen

ALL'OLIVO Ⓛ   AZIENDA AGRICOLA DA CIPOLLA Ⓡ

Tischen ins Gespräch kommt, was die Italiener ausgiebig nutzen. Auf der Speisekarte stehen einige Calzones und 20 traditionelle Pizzen, die, wie es sich für eine echte italienische Pizza gehört, nicht allzu dick belegt sind.

PIAZZA NAPOLEONE 16, T 0583 491322, GEÖFFNET: TÄGLICH 10.30-22.30, PREIS: PIZZA 7,50 €

ANTICO CAFFÈ DI SIMO Dieses berühmte Café besteht schon seit 1880. Hier trafen sich Künstler und Intellektuelle, und auch Puccini, Mascagni und der Dichter Pascoli waren Stammgäste. Noch heute kehren gut situierte Einheimische gerne auf eine Tasse Kaffee und ein köstliches Stück Kuchen ein.

VIA FILLUNGO 58, T 0583 48040, GEÖFFNET: DI-SO 8.00-19.30, SA 8.00-23.00, PREIS: CAPPUCCINO 3 €

EMPORIO DEL SALE ist ein Muss. In dieser Weinbar kann man zu Jazzmusik ein gepflegtes Glas Wein genießen. Auf dem Tresen stehen ab 19 Uhr schmackhafte Häppchen, die ständig nachgefüllt werden. Man trinkt den Wein im Stehen im Laden oder draußen auf der Straße.

VIA DELL'ANFITEATRO 23, GEÖFFNET: DO-DI 17.00-23.00

SHOPPEN

Auch zum Shoppen muss man in Lucca die Altstadt nicht verlassen. Die wichtigste Einkaufsstraße ist die Via Fillungo, in der vor allem viele Schuhgeschäfte und große Ladenketten angesiedelt sind. In den angrenzenden Straßen befinden sich eher die Läden mit regionalen Produkten und Souvenirs sowie originelle Boutiquen.

ANTICA BOTTEGA DI PROSPERO In diesem Geschäft werden Produkte der Region verkauft wie *farro della Garfagnana* (eine Art Dinkel), verschiedene Weine und Nudeln aus Kastanienteig. Besonders schön sind die großen, eingefärbten Säcke, die gegenüber dem Tresen auf dem Boden stehen. Darin werden allerlei *granaglie* (Getreide und Bohnen) aus der Gegend aufbewahrt, die man per 100 Gramm kaufen kann.
VIA S. LUCIA 13, WWW.BOTTEGADIPROSPERO.IT, GEÖFFNET: MO 16.00-19.30, DI-SA 9.00-13.00 & 16.00-19.30

TADDEUCCI Diese Konditorei soll eine der besten der Stadt sein. 1881 wurde hier der *buccellato* erfunden, ein längliches Brot mit Rosinen, das heute eine lokale Spezialität ist.
PIAZZA SAN MICHELE 34, WWW.BUCCELLATOTADDEUCCI.COM, T 0583 494933, GEÖFFNET: MO 16.00-19.30, DI-SA 8.00-20.00

MASSEI UGO In den Regalen lagern (lokale) Weine und Liköre, und auf den Holztischen sind typische regionale Produkte wie Honig und Marmelade ausgelegt. Auch den *buccellato* von Lucca kann man bei Massei Ugo bekommen, während die Sammlung bemalter Kannen, die die Wände des Ladens schmückt, leider unverkäuflich ist.
VIA S. ANDREA 19, T 0583 467656, GEÖFFNET: MO 15.30-19.30, DI-SA 9.00-13.00 & 15.30-19.30

STUDIO BIBLIOGRAFICO PERA Täglich wird bei der Kirche San Giusto ein großer Antiquitäten- und Büchermarkt abgehalten. Noch mehr Bücher gibt es im Bücherladen Pera (gleich neben der Kirche), der sich auf Belletristik und Geschichtsbücher spezialisiert hat und auch eine Abteilung mit englischen und französischen Büchern führt. Die Wände hängen voller wunderschöner nostalgischer Zeichnungen von Lucca. Nehmen Sie sich genug Zeit dafür, denn die Bilder vermitteln einen guten Eindruck vom früheren Aussehen der Stadt.
CORTE DEL BIANCONE 5, WWW.PERA.IT, T 0583 955824, GEÖFFNET: TÄGLICH 10.00-19.30

MIRTA VIGNATTI Die argentinische Malerin Mirta hat in der Toskana Kunstgeschichte studiert und beschlossen, auch ihre Kunstwerke hier zu verkaufen. Der Laden, gleichzeitig auch ihr Atelier, ist ein schmaler Schlauch mit einem Arbeitstisch im hinteren Bereich. An den Wänden hängen Mirtas Weke: kleine Gemälde in fröhlichen Farben.
VIA S. ANDREA 9, WWW.MIRTAVIGNATTI.COM, GEÖFFNET: MO-SA 10.00-13.00 & 15.00-19.00

AZIENDA AGRICOLA DA CIPOLLA An der Nebenstrecke von Lucca nach Camaiore liegt das Dorf Moriano, dessen Bauern an der Straße ihr frisches Obst verkaufen. Der Name des landwirtschaftlichen Betriebes Da Cipolla bedeutet wörtlich "Zur Zwiebel". Hier werden zwar auch Zwiebeln angebaut, aber in erster Linie ist das Ganze

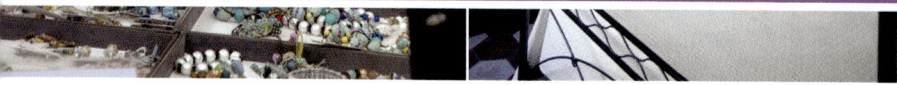

MARKT PIAZZA SAN GIUSTO Ⓛ **LA BOHÈME** Ⓡ

eine Obstplantage. Äpfel, Birnen, Pfirsiche, Aprikosen, Kirschen ... frischer als frisch und dennoch zu einem erstaunlich guten Preis, billiger als im Supermarkt.

VIA DI MORIANO 3520A, PONTE DI MORIANO, T 0583 577629, GEÖFFNET: MO-SA 9.00-12.30 & 15.00-19.30

100% THERE

Die Altstadt von Lucca ist eine Sehenswürdigkeit für sich, schon allein wegen der zahlreichen gemütlichen Märkte. Man kann die Stadt und ihre Umgebung ausgezeichnet mit dem Fahrrad erkunden.

RAD FAHREN Die gut erhaltene Stadtmauer wirkt mit ihren Bäumen und Sträuchern eher wie ein Park als wie eine Mauer. Hier tummeln sich zahlreiche Wanderer, Inlineskater und Radfahrer. Man kann die gesamte Mauer mit insgesamt 4,5 Kilometer Länge gut zu Fuß ablaufen, aber noch schöner ist es, mit Fahrrädern loszuziehen, die an verschiedenen Stellen an der Stadtmauer vermietet werden, zum Beispiel bei Cicli Bizzarri.

CICLI BIZZARRI, PIAZZA S. MARIA 32, WWW.CICLIBIZZARRI.NET, T 0583 496031, GEÖFFNET: MO-SA 8.30-13.00 & 14.30-19.30, MÄRZ-SEPT. AUCH SO, PREIS: FAHRRAD 3 €/STD.

HANDWERKERMARKT An jedem vierten Wochenende im Monat wird auf der Piazza San Giusto der Handwerkermarkt abgehalten. Hier bieten kleine (regionale) Betriebe und *agriturismi* ihre Waren an Ständen an: Käse, Wurst, Wein, Olivenöl, Kastanien, Pilze, Bohnen (aus Sorano) und Honig.

PIAZZA SAN GIUSTO, GEÖFFNET: JEDES VIERTE WOCHENENDE IM MONAT 9.00-16.00

PALAZZO PFANNER stammt aus dem Jahr 1660 und ist Eigentum der Ärztefamilie Pfanner. Seit den 1990er-Jahren ist das Gebäude mit dazugehörigem Garten für Besucher zugänglich. Besichtigen Sie die Villa mit den bezaubernden Fresken aus dem Jahr 1720, oder wandern Sie durch den wunderschön angelegten Garten. Hier stehen unter anderem 14 Statuen aus Carraramarmor aus dem 17. und 18. Jahrhundert.

VIA DEGLI ASILI 33, WWW.PALAZZOPFANNER.IT, T 0583 491243, GEÖFFNET: APR.-OKT. 10.00-18.00, NOV. 11.00-16.00,
EINTRITT: GARTEN ODER VILLA 4,50 €, BEIDES 6 €

ÜBERNACHTEN

Wenn man in Lucca ist, kann man sehr gut innerhalb der Stadtmauern übernachten, denn es gibt zahlreiche Hotels.

PALAZZO ALEXANDER stammt aus dem 12. Jahrhundert und beherbergte früher ein Mädcheninternat. Im Jahr 2006 wurde das Gebäude renoviert und in ein elegantes Viersternehotel umgewandelt, dessen Einrichtung ganz im Zeichen des aristokratischen Stils von Lucca steht – mit antiken Holzfußböden in allen Zimmern und feinstem Marmor in den Bädern.

VIA S. GIUSTINA 48, WWW.HOTELPALAZZOALEXANDER.IT, T 0583 583571, PREIS: EINZELZIMMER AB 80 €

LA BOHÈME Dieses B&B liegt mitten im Zentrum, im ersten Stock eines alten Gebaudes an der Piazza San Michele. Jedes Zimmer ist in einer anderen Farbe gehalten und mit Antiquitäten im klassischen toskanischen Stil eingerichtet. Alle Zimmer sind mit Doppelbett, Badezimmer mit Dusche, Klimaanlage, Fernseher, Telefon und drahtlosem Internet ausgestattet. Bitte beachten: Es ist kein Fahrstuhl vorhanden.

VIA DEL MORO 2, WWW.BOHEME.IT, T 0583 462404, PREIS: AB 90 €

HOTEL LA LUNA Es gibt keine zentralere Unterkunft. Das elegante Dreisternehotel La Luna liegt nämlich an der wichtigsten Einkaufsstraße Luccas, der Via Fillungo. Die Zimmer sind hervorragend: relativ geräumig, mit Klimaanlage und Badezimmern mit Dusche und Toilette. Einige haben sogar eine Badewanne mit Hydromassage und mit Fresken verzierte Decken. Das Hotel verfügt über einen Privatparkplatz.

VIA FILLUNGO, CORTE COMPAGNI 12, WWW.HOTELLALUNA.COM, T 0583 493634, PREIS: ZIMMER AB 105 €, FRÜH-
STÜCKSBUFFET 15 €

HISTORISCHE ALTSTADT UND ETRUSKERGRÄBER

Die Stadt Pistoia befindet sich am Fuß der Apenninen, 40 Kilometer von Lucca entfernt. Touristen fahren oft an Pistoia vorbei, da es an der Route zu den größeren Städten Florenz und Lucca liegt. Die Außenviertel der Stadt sind auch nicht besonders sehenswert, aber das mittelalterliche Zentrum lohnt einen Besuch.

Aufgrund der Entdeckung zweier Etruskergräber vor einigen Jahren vermutet man, dass Pistoia ursprünglich eine Etruskerstadt war. Später wurde es eine römische Kolonie, auch wenn heute nicht mehr viel davon zu sehen ist. Mittelalterliche und gotische Einflüsse finden sich in den Kirchen und Gebäuden innerhalb der (dritten) Stadtmauern.

Da Pistoia nicht besonders touristisch ist, begegnet man in den Restaurants und Geschäften hauptsächlich Einheimischen. In der Stadt gibt es immer etwas zu erleben, auch nach Ladenschluss, denn dann brechen die Einwohner zu einem Spaziergang durchs Zentrum auf, insbesondere rund um La Sala, einen prächtigen Platz mit einem Brunnen aus dem 4. Jahrhundert. Auf diesem Platz werden Märkte abgehalten, auf denen frische Produkte angeboten werden, und es gibt hier zahlreiche Essensstände.

Die Provinz Pistoia erstreckt sich bis zu der sogenannten Montagna Pistoiese, Ausläufern der Apenninen, in denen sich unter anderem die Skigebiete Abetone, San Marcello Pistoiese und Cutigliano befinden. Die Natur ist überwältigend und im Sommer ist es kühler als in den Städten. Die Berge von Abetone erreichen eine Höhe von etwa 1400 Metern. Westlich von Pistoia liegen zwei bekannte Kurorte: Montecatini Terme mit dem prächtigen Platz Montecatini Alto und Monsummano Terme. Von Montecatini aus ist man im Handumdrehen in Pescia, das vom gleichnamigen Fluss in zwei Teile geteilt wird. Pescia ist im ganzen Land wegen seiner Blumen bekannt. Auch der Pinocchiopark (siehe Seite 158) liegt in der Nähe.

SEHENSWÜRDIGKEITEN

Obwohl diese Stadt oft übergangen wird, gibt es in Pistoia mit seinem mittelalterlichen Zentrum genug zu sehen. Das Leben spielt sich um den Platz La Sala herum ab, und auch alle Sehenswürdigkeiten liegen nicht weit davon entfernt.

OSPEDALE DEL CEPPO aus dem ausgehenden 13. Jahrhundert ist eines der ältesten Krankenhäuser der Toskana. Einer Legende zufolge wurde es errichtet, weil Maria hier einen Baumstumpf (*ceppo*) wachsen ließ. In den hohlen Stumpf legte man Almosen für die Kranken und Armen. Ein Jahrhundert später, als nach der Pest eine Erweiterung des Krankenhauses nötig war, wurde die Loggia mit der heute berühmten Fassade errichtet. Der terrakottafarbene Fries wurde von Giovanni della Robbia entworfen und stellt die sieben Werke der Barmherzigkeit dar. Es ist schon erstaunlich, wie der

Künstler die Farben gemischt hat, insbesondere das Blau. Es geht das Gerücht um, dass das Geheimnis der Farben unter einem der abgebildeten Körper verborgen ist. Im Museum Ferri Chirurgici kann man in einem der früheren Operationssäle chirurgische Instrumente aus dem 17. und 18. Jahrhundert bestaunen. Das Museum ist nur im Rahmen einer Führung (etwa eine Stunde) zugänglich.

PIAZZA PAPA GIOVANNI XXIII, GEÖFFNET: TÄGLICH 10.00-17.00, EINTRITT/FÜHRUNG: 8 €

BATTISTERO (KIRCHE VON SAN GIOVANNI BATTISTA IN CORTE) Gegenüber

dem Dom steht diese 40 Meter hohe Taufkapelle, die vor allem durch ihre achteckige Form auffällt. Im Jahr 1301 wurde der erste Marmorstein gelegt und 1361 war der Bau vollendet. Das Baptisterium wurde auf dem Fundament einer alten Kirche errichtet, die zerstört wurde, um Platz für die jetzige Konstruktion zu schaffen. Das Taufbecken von Lanfranco da Como stammt aus dem Jahr 1226. Um das Baptisterium vor dem Einstürzen zu bewahren, wurde es zwischen 1975 und 2000 gründlich renoviert. Dabei spielten neben der Sicherheit auch ästhetische Aspekte eine Rolle: Fehlender Marmor wurde ergänzt und eine Außenbeleuchtung installiert. Die Kirche kann jetzt auch im Rollstuhl und mit Kinderwagen besucht werden.

PIAZZA DEL DUOMO 1, T 329 6677474, GEÖFFNET: DI-FR 10.00-13.00 & 16.00-19.00, SA-SO 10.00-13.00 & 15.30-19.30

CATTEDRALE DI SAN ZENO (DUOMO) Die erste Aufzeichnung über das Bestehen

dieses Doms mit seiner Marmorfassade stammt aus dem Jahr 923. Die heutige, in zwei Teile geteilte Apsis datiert jedoch aus dem 16. Jahrhundert. In dieser Periode wurde auch der 67 Meter hohe Glockenturm gebaut. Der hohe Mittelbogen wölbt sich über ein Tonnengewölbe mit Majolika-Kassetten von Andrea della Robbia. Auch das aus dem Jahr 1505 stammende Relief der Madonna mit Kind und zwei Engeln im Tympanon des Mittelportals wurde von ihm entworfen. Im Dom sind einige Gegenstände zu sehen, die dem Schutzheiligen der Stadt, San Jacopo, gewidmet sind, darunter der Silberschrein von 1287 und die aus dem 18. Jahrhundert stammende Statue des Heiligen auf dem Spitzgiebel rechts. Die Statue wird jährlich zum 25. Juli (San Jacopos Namenstag) geschmückt. Auf dem Spitzgiebel befindet sich links eine Figur des Namensgebers San Zeno, Bischof von Verona und als Schutzpatron Vorgänger von San Jacopo.

PIAZZA DEL DUOMO 1, T 0573 25095, GEÖFFNET: TÄGLICH 8.30-12.30 & 15.30-19.00, EINTRITT: 2 €

ANTICO PALAZZO DEI VESCOVI Der Bischofspalast stammt aus dem 10. Jahrhun-

dert. Im Jahr 1143 bekam Alto, damals Bischof von Pistoia, einige kostbare Reliquien des Apostels Jakobus des Älteren aus dessen Grab in Santiago de Compostella in seinen Besitz. So wurde Pistoia eine wichtige Zwischenstation auf dem Pilgerweg der Jakobspilger. Die Reliquien wurden – bis zu ihrer Verlegung in den Dom – in der Capella di San Jacopo im Palast aufbewahrt. Heute kommt man über den Palast zu einem unterirdischen Lehrpfad, der entlang der (relativ jungen) archäologischen Ausgrabungen von frühchristlichen römischen Anlagen durch immer tiefer liegende Schichten schließlich zu etruskischen Gräbern führt.

PIAZZA DEL DUOMO 3, T 0573 369272, GEÖFFNET: DI & DO-FR 10.00-13.00 & 15.30-17.00, FÜHRUNG: 10.00, 11.30 & 15.00

CATTEDRALE DI SAN ZENO (DUOMO)

SAN GIOVANNI FUORCIVITAS *Fuorcivitas* bedeutet "außerhalb der Stadt". Die Kirche erhielt diesen Namen, da sie zur Zeit ihrer Erbauung nicht innerhalb der (ersten) Stadtmauern lag. Das ursprüngliche Bauwerk stammt aus dem 8. Jahrhundert, es gibt jedoch Belege dafür, dass mit dem Bau schon im 5. Jahrhundert begonnen wurde. Im Jahr 1119 wurde die Kirche zerstört, und der Wiederaufbau zog sich bis zum Ende des 13. Jahrhunderts hin. Allerdings ist die Seite, an der der Haupteingang liegt, bis heute noch nicht fertig. Es ist jedoch die an der Via Cavour gelegene Kirchenfassade mit dem grün- weißen Mamor, die die Aufmerksamkeit auf sich zieht. Die Reihe von Blind- arkaden, verziert mit Karos und gekrönt von zwei Zwerggalerien, zeigt pisanischen Einfluss, die farbenreiche Verzierung und die Verwendung von weißem und grünem Marmor sind jedoch typisch für Pistoia. In den Architrav über der Tür ist eine Darstel- lung des *Letzten Abendmahls* gemeißelt. In der Kirche kann man eine Figurengruppe (*die Heimsuchung*) von Luca della Robbia besichtigen.
VIA CAVOUR, T 0573 3711, GEÖFFNET: TÄGLICH 8.00-12.30 & 15.30-19.00

ESSEN & TRINKEN

Da Pistoia nicht sehr touristisch ist, sind die Restaurants auf einheimische Kunden angewiesen. Daher kann man überall in der Stadt gut und zu fairen Preisen essen. Im Zentrum gibt es zahlreiche Restaurants, Cafés und *enotecas*. Nachfolgend finden Sie eine von den Einwohnern Pistoias zusammengestellte Auswahl sowie Tipps von einem Koch.

OSTERIA LA BOTTEGAIA liegt schräg gegenüber dem mittelalterlichen Platz La Sala. Sie ist klein und gemütlich und bietet nicht mehr als 15 Tische in zwei Speise- sälen. La Bottegaia ähnelt eigentlich eher einer *enoteca* (Vinothek) – wegen der großen Auswahl an Weinen und der angebotenen Gerichte, insbesondere zur Mittagszeit (Käse oder Wurstplatten und Bruschetta). Zum Abendessen empfehlen wir die köst- lichen Artischockenherzen.
VIA DEL LASTRONE 17, WWW.LABOTTEGAIA.IT, T 0573 365602, GEÖFFNET: DI-SO 12.00-15.00 & 19.00-23.00,
PREIS: 14 €

SANTOPALATO Dieses Restaurant ist inzwischen so beliebt, dass man dort T-Shirts mit dem Logo des Hauses kaufen kann. Durch den schmalen Eingangsbereich mit der hohen Bogendecke geht man an der Bar vorbei in den Speisesaal oder in den Garten. Man hat die Wahl zwischen verschiedenen Menüs in unterschiedlichen Preisklassen. Es gibt hier typisch toskanische Gerichte wie *pappa al pomodoro*, ein altes Rezept für arme Leute: eine Suppe aus eingeweichtem Brot, angereichert mit Knoblauch, Tomaten und den Resten der letzten Tage).
VIA DEL DUCA 7, WWW.SANTOPALATO.IT, T 0573 31144, GEÖFFNET: TÄGLICH 12.30-15.00 & 19.00-23.00, PREIS:
MENÜ AB 18 €

IL FRANTOIO befindet sich in einer wunderschön restaurierten Ölmühle. Das Restaurant gibt es noch nicht sehr lange, es ist aber schon jetzt ein großer Erfolg. Das historische Gebäude, die geschmackvollen Gerichte der Saison (zum Beispiel mit Steinpilzen oder Trüffeln) und der Preis locken – trotz der Lage abseits des Zentrums – viele Einwohner Pistoias hierher.

VIA DI VALDIBRANA 66, WWW.FRANTOIO.EU, T 0573 480040, GEÖFFNET: DI-SO 18.30-0.00 (IM WINTER AUCH SO ZUR MITTAGSZEIT GEÖFFNET), PREIS: MENÜ 25 €

FRISCO Seit Eröffnung dieser Bar (ein kleiner gläserner Stand, der zu allen Seiten hin offen ist) an der Piazza San Francesco herrscht großer Andrang, und so manches Café am Platz musste schon schließen. Es ist eine echte *aperitivo*-Bar, in der es bis in die frühen Morgenstunden lebhaft zugeht. Das Frisco hat drinnen keine Sitzplätze, aber dafür eine große Terrasse.

PIAZZA SAN FRANCESCO 58A, T 0573 977513, GEÖFFNET: TÄGLICH 17.00-2.00, PREIS: APERITIF 6 €

SHOPPEN

Die Einwohner Pistoias shoppen am liebsten in Florenz, das bedeutet jedoch nicht, dass es in der Stadt selbst keine netten Geschäfte gibt. Im Gegenteil, im Zentrum befindet sich sogar eine ganze Reihe der bekannten Modeläden. Die etwas schickeren Boutiquen liegen in den Seitenstraßen, allen voran in der Via Carratica. Im Sommer sind alle Geschäfte am Samstagnachmittag geschlossen.

BRUNO CORSINI Hier kann man die unverfälschte italienische Tradition kennenlernen. Dieses Geschäft ist in ganz Italien wegen seines Hochzeitskonfekts bekannt. Bei Corsini wird es hergestellt und dann im ganzen Land ausgeliefert. In Italien werden diese Süßigkeiten außer bei Hochzeiten auch bei Kommunionen, Firmungen und Studienabschlüssen verteilt. Es gibt für jede Gelegenheit eine andere Farbe.

PIAZZA SAN FRANCESCO 42, WWW.BRUNOCORSINI.COM, T 0573 20138, GEÖFFNET: MO-SA 9.30-13.00 & 15.30-19.00

SPACCIO DEL PARMIGIANO Dieser winzige Käseladen liegt an einem schönen Platz in der Stadt. Hier werden typische lokale Produkte verkauft wie Rohmilch-Schafskäse (*pecorini di latte crudo*) aus der Montagna Pistoiese sowie Ricotta. Man bekommt auch toskanisches (salzfreies) Brot und Weißwein aus der Region.

PIAZZA DELLA SALA 19, T 0573 20225, GEÖFFNET: IM SOMMER MO-SA 7.00-13.30 & 17.00-20.00, SEPT.-JUNI MO-SA 7.00-13.15 & 16.30-19.30

Samstags wird auf La Sala ein Markt abgehalten, und auch an Werktagen gibt es hier ein paar Stände mit frischem Obst und Gemüse.

VILLA DE' FIORI

100% THERE

Im schönen Zentrum, insbesondere auf der Piazza del Duomo, finden regelmäßig Veranstaltungen und Aufführungen statt.

Das **PISTOIA BLUES FESTIVAL** wird im Juli mit wechselnden Musikern und Bands veranstaltet. Die Auftritte finden am Wochenende auf der Piazza del Duomo statt, aber auch an anderen Tagen wird gefeiert: Alle Bars und Restaurants sind bis spät in die Nacht geöffnet.

PIAZZA DEL DUOMO, WWW.PISTOIABLUES.COM, KONZERTKARTE 15-100 € (JE NACH KÜNSTLER)

GIOSTRA DELL'ORSO Schon seit dem 13. Jahrhundert wird jedes Jahr am 25. Juli auf dem Domplatz das *Giostra dell'Orso*, der *palio* (Pferderennen), abgehalten. Dieses Turnier mit Reitern in mittelalterlichen Kostümen wird zu Ehren von San Jacopo ausgetragen, dem Schutzheiligen der Stadt.

PIAZZA DEL DUOMO, WWW.GIOSTRADELLORSO.IT, SITZPLATZ 22 €, STEHPLATZ 8 €

ÜBERNACHTEN

Es ist nicht schwer, in Pistoia ein Hotel zu finden. Die meisten liegen in der Nähe des Bahnhofs und sind vor allem für *tocca e fuga* ("berühren und verschwinden") – also Kurzaufenthalte – gedacht. Sie sind teuer, langweilig und oft ungepflegt. Einige etwas bessere Hotels sind im Folgenden aufgeführt, ansonsten sollte man sein Glück außerhalb der Stadt versuchen.

VILLA DE' FIORI Diese prachtvolle Villa aus dem 17. Jahrhundert liegt in einem großen Garten in den toskanischen Hügeln und bietet eine schöne Aussicht bis nach Pistoia. Die Stille, die geräumigen Zimmer, der Pool, die Olivenbäume und die gute toskanische Küche sorgen dafür, dass man seinen Urlaub optimal genießen kann. Wenn Ihnen der Sinn nach etwas Luxus steht: Gegen Aufpreis wird bei schönem Wetter eine Massage unter Olivenbäumen angeboten. Die Villa hat sieben Schlafzimmer und zwei Appartements für drei bis fünf Personen.

VIA DI BIGIANO E CASTEL BOVANI 39, WWW.VILLADEFIORI.IT, T 0573 450351, PREIS: AB 100 € (HALBPENSION)

REBECCA'S HOUSE Der erste Stock eines alten Palazzos mitten im Zentrum beherbergt das Hotel Rebecca's House. Die großzügigen Zimmer sind sauber und in fröhlichen Farben gehalten. Es gibt vier Zimmer mit zwei gemeinsamen Badezimmern und zwei mit eigenem Bad. Geben Sie bei der Reservierung genau an, welches Zimmer Sie möchten und ob Sie mit dem Auto anreisen, sodass Sie in der Nähe im Zentrum parken können. Da ein Aufzug fehlt, ist das Hotel nicht für Rollstuhlfahrer und Reisende mit Kinderwagen zugänglich.

VIA DEGLI ORAFI 29, T 0573 23131, PREIS: 35 €

RUND UM PISTOIA

SAN MARCELLO PISTOIESE

Dieses Dorf auf dem Weg nach Abetone hat ein kleines Zentrum mit engen Gassen. Im Sommer lockt es viele Wanderer an, die die Ponte Sospeso di Mammiano überqueren möchten.

PONTE SOSPESO DI MAMMIANO Die 220 Meter lange Hängebrücke über den Fluss Lima wurde 1922 als Abkürzung für die Fabrikarbeiter der Metallfabrik von Mammiano gebaut. Die Brücke besteht aus Stahl, die maximale Tiefe beträgt 40 Meter. Sie ist so schmal, dass man hintereinander gehen muss. Die Aussicht von der Brücke lohnt sich auf jeden Fall. Nicht geeignet für Menschen mit Höhenangst.
VIA MARLIANESE, LOCALITÀ MAMMIANO

MONTECATINI TERME

Montecatini Terme ist ein berühmter Kurort mit hohen Preisen und schicken Läden.

GIOVANNINI Diese *pasticceria* gibt es schon seit 1928 und sie ist seitdem immer gut besucht. Kein Wunder, denn das Gebäck und die Kekse sind wirklich vorzüglich. Von Februar bis Oktober gibt es auch hausgemachtes Eis.
CORSO GIACOMO MATTEOTTI 4, T 0572 78948, GEÖFFNET: DI-SO 7.00-23.00

MONTECATINI GOLF Dieser 18-Loch-Golfplatz gehört zu den renommiertesten Plätzen Italiens. Das Gelände ist schön angelegt: Die ersten neun Löcher liegen an einem Olivenhain, und um die nächsten neun Löcher herum wachsen Lorbeer, Heidekraut und Ginster. Durch die zwei natürlichen Teiche und den Hügel ist der Platz nicht einfach zu bespielen. Im luxuriösen Clubhaus, das auf etruskischen Fundamenten errichtet wurde, kann man sehr gut essen und sogar eine Suite für eine Übernachtung mieten.
VIA DEI BROGI 32, LOCALITÀ PIEVACCIA, WWW.MONTECATINIGOLF.COM, T 0572 62218, GEÖFFNET: IM SOMMER TÄGLICH 8.30-18.30, IM WINTER MI-MO 9.00-17.00, PREIS: 18 LÖCHER 80 €

THERMEN MONTECATINI Montecatini Terme ist wegen seiner Thermen international bekannt. Das Wasser aus diesen Thermalbädern enthält Salze, die sich wohltuend auf die Leber und das Verdauungssystem auswirken. Das Städtchen hat neun Kurbetriebe, in denen neben Wasserkuren auch Massagen, Schlammbäder und Schönheitsbehandlungen angeboten werden. Weitere Informationen zu den Kuren und Kureinrichtungen gibt es auf der Website.
VIALE GIUSEPPE VERDI 41, WWW.TERMEMONTECATINI.IT, T 0572 7781, PREIS: AB 18 €

L'INFANZIA

MONSUMMANO TERME

Monsummano Terme ist für seine außergewöhnlichen Grotten mit Thermalbädern bekannt.

SLITTI CIOCCOLATO E CAFFÉ Ein Paradies für Schokofans, denn alle Schokoladenprodukte stammen aus eigener Herstellung. Schon im Eingangsbereich begrüßt Sie eine Fontäne aus geschmolzener Schokolade. Im ersten Stockwerk befindet sich ein Ausstellungsraum, in dem Sie für Ihre Schokoladenpralinen eine schöne Verpackung auswählen oder in der Osterzeit riesige Schokoladeneier kaufen können. In der kleinen Kaffeeecke kann man (gegen Gebühr) Schokolade und – nicht zu vergessen – Slittis selbst gerösteten Kaffee probieren oder sich mit einem Schokoladenfondue verwöhnen lassen.
VIA FRANCESCA SUD 1268, WWW.SLITTI.IT, T 0572 640240, GEÖFFNET: MO-SA 7.00-13.00 & 15.00-20.00 (AUG. GESCHLOSSEN)

THERMEN MONSUMMANO Während Montecatini wegen seines Wassers bekannt ist, beruht der Ruf Monsummanos auf seinen warmen, natürlichen und heilkräftigen Grotten. In der Grotta Giusti vertreibt ein Dampfbad in 50 Minuten jeglichen Stress. Währenddessen hat man ausreichend Zeit, sich die Stalaktiten und Stalagmiten ausgiebig anzusehen. Es werden auch Massagen, Schlammbäder und Schönheitsbehandlungen angeboten.
VIA GROTTA GIUSTI 1411, WWW.GROTTAGIUSTISPA.COM, T 0572 90771, GEÖFFNET: TÄGLICH 9.00-19.00, PREIS: DAMPFBAD 40 €

PESCIA

Pescia liegt 25 Kilometer nördlich von Pistoia an dem gleichnamigen Fluss, der die Stadt in zwei Bereiche teilt. Früher lebte die Stadt von der Papierindustrie und den Druckereien, heute kommen die meisten Einnahmen aus dem Blumenhandel.

SAN-FRANCESCO-KIRCHE Das Äußere dieser Kirche, die zwischen rosafarbenen und gelben Häusern steht, stammt aus dem Jahr 1211 und ist recht unscheinbar. Aber im Inneren beeindruckt das große Altarbild mit der Darstellung des Franz von Assisi, das von Bonaventura Berlinghieri stammt. Das Besondere daran ist die Tatsache, dass es nur neun Jahre nach dem Tod des Heiligen entstand (am 4. Oktober 1226) und somit das älteste Altarstück seiner Art ist. Außerdem befindet sich auf der Mittelachse der Kirche ein großes Gemälde des Heiligen mit sechs kleinen Darstellungen von Szenen aus seinem Leben. Da dieses Kunstwerk so kurz nach dem Tod des Heiligen geschaffen wurde, geht man davon aus, dass es ihn ziemlich naturgetreu abbildet.
VIA BATTISTI, GEÖFFNET: TÄGLICH 9.00-17.00

MA.MI Dieses Geschäft verkauft frische, selbstgemachte Nudeln. Besonders gern werden *pesciatini* (eine Art Ravioli) gekauft, auch von Restaurants aus der Region. Wenn man gegen Geschäftsschluss kommt, gibt es eine Ermäßigung, denn die Nudeln können am nächsten Tag nicht mehr verkauft werden. Leider sind viele Schüsseln zu dieser Zeit fast leer und man muss sich mit dem begnügen, was übrig ist. Wenn Sie eine größere Menge brauchen, sollten Sie vorbestellen.

BORGO DELLA VITTORIA 26, WWW.LAPASTAFRESCAMAMI.IT, T 0572 476217, GEÖFFNET: DI-SA 7.45-13.30 & 16.30-19.30, SO-MO 7.45-13.00

PINOCCHIOPARK/GARZONI-GARTEN/SCHMETTERLINGSHAUS Da sich der Autor von *Pinocchio* das Pseudonym Collodi gab – eigentlich der Name einer *frazione* (kleiner Stadtbezirk) von Pescia – wurde ihm zu Ehren im Jahr 1956 ein Park mit Figuren aus seinem Märchen angelegt. Es ist jedoch vor allem der Garzoni-Garten, der diesen Ort so sehenswert macht, denn er gilt als einer der schönsten Gärten Italiens. Prächtig angelegte Wege und Barocktreppen führen an Blumen, Grotten, Figuren und einem Bambuswald vorbei. In dem exotischen Schmetterlingshaus leben über 1000 verschiedene Schmetterlingsarten.

VIA SAN GENNARO, WWW.PINOCCHIO.IT, T 0572 429342, GEÖFFNET: MÄRZ-OKT. TÄGLICH 8.30-SONNENUNTERGANG, NOV.-FEBR. SO UND FEIERTAGE 10.00-SONNENUNTERGANG, EINTRITT: 11 €

OSCAR-TINTORI-HESPERIDARIUM In den Treibhäusern und im Park des Familienbetriebes Tintori gibt es über 200 verschiedene Zitrusfruchtarten aus der ganzen Welt. Hier wächst sogar eine Sorte aus dem Jahr 1500, die aus dem Garten der Medici stammt. Bemerkenswert ist, dass die Zitruspflanzen geschmückt oder in allerlei verschiedene Formen getrimmt sind – nach Vorbildern der Figuren aus *Pinocchio*. In dem kleinen Laden kann man neben Zitruspflanzen auch Zitrushonig und -marmelade kaufen.

VIA TIRO A SEGNO 55, WWW.GIARDINODEGLIAGRUMI.IT, T 0572 429191, ÖFFNUNGSZEITEN SIEHE WEBSITE, EINTRITT: 4,50 €

AGRITURISMO LA VALLE DEI CASTAGNI Dieser *agriturismo* ist einer der wenigen, in dem tatsächlich noch Wildtiere frei herumlaufen (unter anderem Wildschweine). Auf dem Gelände stehen zwei Häuser mit Appartements für zwei bis sechs Personen. Die Eigentümerin Lisa kümmert sich darum, dass bei Ankunft die wichtigsten Utensilien und Vorräte bereits vorhanden sind (Topfschwamm, Spülmittel, Seife, Milch und Frühstückskekse). Diese Unterkunft eignet sich hervorragend für Familien mit Kindern, denn die Kleinen dürfen mit den Tieren spielen. Spielzeug ist ebenfalls vorhanden, zudem kann man sich mit Tischtennis und Tischfußball die Zeit vertreiben oder sich im Bogenschießen üben. Wer hier im September übernachtet, darf bei der Ernte der Sorano-Bohnen mithelfen.

VAL DI FORFORA 74, FRAZIONE SORANO, WWW.LAVALLEDEICASTAGNI.IT, T 0572 409262, PREIS: AB 80 €

GARZONI-GARTEN

GARFAGNANA REGION

WILDE NATUR

Dieses Gebiet ist vielleicht das bestgehütete Geheimnis der Toskana. Es ist relativ unbekannt und vom Tourismus kaum entdeckt. Die Landschaft ist abwechslungsreich: Berge mit wunderschönen Ausblicken, (Kastanien-)Wälder und wilde Felsformationen lassen keine Langeweile aufkommen.

Das Gebiet wird von einem Fluss, dem Serchio, in zwei Teile geteilt. Die gut befahrbare, kurvenreiche Straße folgt dem Fluss und bringt Sie an vielen kleinen Dörfern, meist bestehend aus einer Kirche und ein paar Häusern, vorbei. Mehrere Wanderwege führen von den Dörfern aus in die Natur. Man kann die Garfagnana auch über eine der zahlreichen (Berg-)Straßen mit dem Auto erkunden. Im Sommer feiert jedes Dorf seine eigene *sagra* (Volksfest). Mit etwas Glück findet man sich auf einmal an einem langen Tisch zwischen Italienern wieder, vor sich einen Teller voller köstlicher Speisen der Region.

In der Garfagnana verwendet man zum Kochen fast immer nur Produkte der Saison, die oft im Wald gesammelt oder bei einem Bauern im Ort gekauft wurden. Bekannte Zutaten sind Kastanien, funghi porcini *(Steinpilze) und* farro *(eine Art Dinkel).*

CASTELNUOVO DI GARFAGNANA

Castelnuovo gilt als das (wirtschaftliche) Herz der Garfagnana. Die erste urkundliche Erwähnung der Stadt stammt aus dem 7. Jahrhundert. Im 13. Jahrhundert entwickelte sich der Ort zu einer wichtigen Handelsstadt, unter anderem wegen der einzigartigen, für den Handel idealen Lage zwischen Flüssen.

SEHENSWÜRDIGKEITEN

Castelnuovo di Garfagnana wuchs dank der günstigen Lage an der Handelsroute nach Norditalien zu einer einflussreichen Stadt mit Stadtmauern und Burgen heran. Während des Zweiten Weltkrieges wurde Castelnuovo teilweise zerstört.

DUOMO SAN PIETRO E SAN PAOLO Erbaut wurde der Dom im 10. Jahrhundert, das heutige Gebäude ist jedoch das Ergebnis einer Modernisierung im 16. Jahrhundert. Während des Zweiten Weltkrieges wurde der Dom schwer beschädigt. So hatten die Restauratoren jedoch die Gelegenheit, die ursprüngliche Struktur wieder herauszuarbeiten. In der Kirche befinden sich einige wichtige Kunstwerke, darunter ein hölzernes Kruzifix, das auch "Der schwarze Christus" genannt wird.
PIAZZA DEL DUOMO 7, GEÖFFNET: TÄGLICH 9.00-19.00

GARFAGNANA REGION

🟢 **SEHENSWÜRDIGKEITEN**

1. DUOMO SAN CRISTOFANO
2. DUOMO SAN PIETRO E SAN
   PAOLO
3. FORTEZZA DELLE
   VERRUCOLE
4. FORTEZZA DI MONT'ALFONSO

5. LA CHIESA DI SAN PIETRO
6. LAGO DI VAGLI
7. MUSEO ETNOGRAFICO "DON
   LUIGI PELLEGRINI"
8. PONTE DELLA MADDALENA
9. PONTE MEDIEVALE DEL
   MOLINO

🟡 **ESSEN & TRINKEN**

10. ANTICA PASTICCERIA AL
    FRONTE DELLA ROCCA
11. GELATERIA FUORI DAL
    CENTRO
12. IL VECCHIO MULINO
13. L'ALTANA

FORTEZZA DI MONT'ALFONSO Dieses etwas außerhalb des Zentrums von Castelnuovo di Garfagnana gelegene Fort wurde gegen Ende des 16. Jahrhunderts von Herzog Alfonso II. als Zufluchtsort für die Einwohner von Castelnuovo, im Fall eines Angriffs oder einer Belagerung der Stadt, gebaut. Es war zu einer Ruine verfallen, wurde jedoch im Lauf der Jahre teilweise wiederaufgebaut. Rings um den Festungshügel wurde ein Gehweg angelegt, der dem Verlauf der früheren Schutzmauern folgt. Die Wanderung dauert etwa eine Stunde und bietet wunderschöne Ausblicke auf Castelnuovo di Garfagnana und die umliegende Landschaft. Im Sommer finden auf dem Gelände des Forts wöchentlich Veranstaltungen statt.

FABBRICA DELLA FORTEZZA DI MONT'ALFONSO, WWW.MONTALFONSO.IT, T 0583 643201, GEÖFFNET: TÄGLICH SONNENAUF- BIS SONNENUNTERGANG (VERANSTALTUNGEN SIEHE WEBSITE), EINTRITT: FREI

ESSEN & TRINKEN

Castelnuovo ist ein lebendiges Städtchen, sogar während der Siesta sieht man hier noch Leute auf der Straße. Es gibt eine große Auswahl an Eisdielen, Bars und Restaurants, in Letzteren werden hauptsächlich auf traditionelle Weise zubereitete Gerichte der Region serviert.

MARCHETTI Lassen Sie sich von der Einrichtung dieser Bar-Trattoria (braun und altmodisch) nicht abschrecken, denn die Atmosphäre und das gute Essen lohnen einen Besuch. Die typisch toskanischen Gerichte sind einfach, aber köstlich. Probieren Sie zum Beispiel *minestrone di farro* (Getreidesuppe) oder *trippa* (Pansen). Am Donnerstag (Markttag) gegen zwölf Uhr sind die Chancen auf einen freien Tisch am größten, und man sitzt beinahe zwischen den Marktständen. Reservierung wird empfohlen.

VIA TESTI FULVIO 10, T 0583 639157, GEÖFFNET: MO-SA 7.00-17.00, FEIERTAGE & VERANSTALTUNGEN BIS 23.00, PREIS: ZWEI-GÄNGE-MITTAGSTISCH 10 €

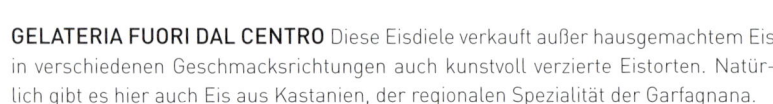

LA CHIESA DI SAN PIETRO Ⓛ   DUOMO SAN PIETRO E SAN PAOLO Ⓡ

GELATERIA FUORI DAL CENTRO Diese Eisdiele verkauft außer hausgemachtem Eis in verschiedenen Geschmacksrichtungen auch kunstvoll verzierte Eistorten. Natürlich gibt es hier auch Eis aus Kastanien, der regionalen Spezialität der Garfagnana.

PIAZZA OLINTO DINO 1F, WWW.FUORIDALCENTRO.COM, T 347 5971100, GEÖFFNET: TÄGLICH 11.00-23.00, PREIS: KUGEL 1 €

IL VECCHIO MULINO Diese *enoteca* ist nur zur Mittagszeit geöffnet, aber dann kann man schmackhafte kalte Gerichte mit Zutaten aus der Region essen. Die Mortadella mit Pistazien ist schwer zu übersehen, sie ist nicht nur mitten im Lokal ausgestellt, sondern auch noch riesengroß! Im Herbst sollte man auf jeden Fall die verschiedenen Salamis probieren und zum Nachtisch natürlich den Kastanienkuchen.

VIA VITTORIA EMANUELE 12, WWW.VECCHIOMULINO.INFO, T 0583 62192, GEÖFFNET: DI-SO 10.00-20.00, PREIS: AB 15 €

ANTICA PASTICCERIA AL FRONTE DELLA ROCCA Diese *pasticceria* ist Geschäft und Bar in einem. Man bekommt hier eine gute Tasse Kaffee oder eine Brioche, den größten Reiz übt jedoch die köstliche Schokolade in verschiedensten Formen aus: vom Werkzeug bis hin zu Kühen und Teelöffeln, die schmelzen, wenn man damit in warmer Milch herumrührt. Auch den Schokoladenlikör sollte man unbedingt probieren.

PIAZZETTA ARIOSTO 1, T 0583 62190, GEÖFFNET: DI-SO 8.00-13.00 & 15.00-19.30

RISTORANTE DA LORIETTA liegt im Dorf Cerretoli, einige Kilometer außerhalb von Castelnuovo di Garfagnana. Die zwei großen Speiseräume sind sowohl zur Mittags- als auch zur Abendzeit häufig bis auf den letzten Platz besetzt. Das Lokal lockt Besucher aus der ganzen Region an, hauptsächlich wegen der hausgemachten Nudeln und der auf traditionelle Art zubereiteten Gerichte. Eine Speisekarte gibt es nicht, das Angebot richtet sich nach der Saison und wird am Tisch vorgelesen. Das Essen ist einfach und hervorragend zubereitet, die Teller sind gut gefüllt, und auch die Preise sind durchaus akzeptabel. Stellen Sie Ihr Auto am besten auf dem Parkplatz neben dem Brunnen ab, das Restaurant liegt ganz in der Nähe.

VIA DELLA FONTANA 6, CERRETOLI, WWW.DALORIETTA.IT, T 0583 62191, GEÖFFNET: DO-DI 12.00-15.00 & 19.30-22.30, PREIS: 10 €

In der Altstadt gibt es reichlich Gelegenheit zum Shoppen – von den Ladenketten Original Marines und Terra Nova bis hin zu Geschäften mit Luxusmarken.

100% THERE

Insbesondere in den Sommermonaten ist in der Garfagnana einiges los: In jedem Dorf feiert man eine oder mehrere *sagre* (Dorffeste), so auch in Castelnuovo.

SETTIMANA DEL COMMERCIO: zehn Tage im August voller Aktivitäten für Jung und Alt. Dann gibt es Verkostungen, ein Straßenkünstlerfestival, Talentsuche, Live-Musik und ein Kinderprogramm mit Sechskampf, Kletterwand und Malwettbewerben.

CENTRO STORICO, WWW.SETTIMANADELCOMMERCIO.COM/EN, ERSTE AUGUSTHÄLFTE,

AUTOFAHRT ÜBER DIE BERGSTRASSE Fahren Sie von Castelnuovo di Garfagnana durch die Berge zum Badeort Forte dei Marmi. Die kurvenreiche Fahrt dauert eine gute Stunde und führt an alten Marmorsteinbrüchen und schroffen Felsgruppen vorbei.

CASTELNUOVO DI GARFAGNANA-FORTE DEI MARMI

ÜBERNACHTEN

Die Garfagnana ist nicht sehr touristisch. Es gibt einige *agriturismi* und B&Bs und fast jedes Dorf hat ein oder mehrere Hotels. Eine Übersicht über Unterkünfte in der Umgebung finden Sie auf *www.turismo.garfagnana.eu/de/dormire*.

AGRITURISMO VENTURO Das ein wenig außerhalb von Castelnuovo gelegene, stimmungsvolle B&B ist der ideale Ausgangspunkt für Ausflüge in die Umgebung.

LOCALITÁ MURELLA DI SOTTO 338A, WWW.AGRITURISMOVENTURO.COM, T 0583 65605, PREIS: AB 35 € P. P.

PARCO AVVENTURA SELVA DEL BUFFARDELLO

CASTIGLIONE DI GARFAGNANA

Castiglione di Garfagnana ist eine der ältesten Kommunen der Gegend, und die Stadtmauer ist fast vollständig erhalten. Aufgrund der strategischen Lage (an einer Durchgangsstraße im Tal) wurde das Dorf einige Male belagert: erstmals im Jahr 1170 bis zu einer ganzen Serie an Kämpfen zwischen 1603 und 1613. Heute ist es ein ruhiger Ort, in dem die Einflüsse früherer Zeiten noch immer sichtbar sind.

LA CHIESA DI SAN PIETRO wurde um 723 von den Brüdern Aurinand und Gudifrid erbaut. Erst kürzlich wurde bei der Restaurierung der Kirche ein einzigartiges Objekt aus dem 17. Jahrhundert entdeckt: eine verzierte Tafel, die Teil des Kirchenaltars ist. *VIA SAN PIETRO, GEÖFFNET: TÄGLICH 8.00-19.00*

PONTE MEDIEVALE DEL MOLINO Diese Brücke in Form eines Eselsattels hat nur einen einzigen Bogen. Aufgrund architektonischer Merkmale hat man den Bau auf das frühe 14. Jahrhundert datiert. Wahrscheinlich wurde sie von den damaligen Dorfbewohnern genutzt, um mit Eseln den höher gelegenen Ort Chiozza zu erreichen. *AM ORTSRAND VON CASTIGLIONE DI GARFAGNANA*

HOTEL IL CASONE Dieses gemütliche Hotel liegt in den Bergen über Castiglione di Garfagnana in dem kleinen Dorf Casone di Profecchia. Die Zimmer sind sehr einfach, aber dafür entschädigt das Restaurant reichlich. Hier kocht man ausschließlich mit frischen regionalen Produkten der Saison wie *funghi porcini* und anderen Pilzen, Kastanien, Waldbeeren und dergleichen. Im Winter kann man auf den schneesicheren Pisten Ski fahren. Im Sommer werden allerlei Outdooraktivitäten wie Mountainbiken, Grasskifahren und eine Wanderung über einen Baumwipfelpfad angeboten.

LOCALITÀ CASONE DI PROFECCHIA, WWW.HOTELILCASONE.IT, T 0583 649028, PREIS: AB 50 €

SAN PELLEGRINO IN ALPE

Dieses Dorf auf 1525 Meter Höhe, an der wichtigsten Durchgangsstraße von Lucca in die Provinz Emilia Romagna gelegen, ist nur über steile Bergstraßen erreichbar. Früher wurde es vor allem von Pilgern und Kaufleuten besucht. Wegen des sehr anstrengenden Fußmarsches, des Klimas und der ständigen Bedrohung durch Räuber errichteten die frommen Bewohner bereits um 900 ein Krankenhaus. Heute ist das Dorf dünn besiedelt, es lockt jedoch viele Outdoorsportler und Leute an, die den schönen Ausblick genießen möchten.

MUSEO ETNOGRAFICO "DON LUIGI PELLEGRINI" In den 14 Räumen dieses Museums ist eine der wichtigsten Sammlungen aus Mittelitalien mit historischer Kleidung, Werkzeugen, Schalen und ähnlichen Objekten untergebracht. Man bekommt einen guten Eindruck vom (einsamen) Leben der Bauern und Hirten der Umgebung. Im Winter sollte man sich warm anziehen, denn das Museum ist nicht beheizt.

VIA DEL VOLTONE 4, WWW.SANPELLEGRINOINALPE.IT, T 0583 649072, GEÖFFNET: OKT.-MÄRZ DI-SO 9.30-13.00 & 14.00-16.30, JUNI-SEPT. DI-SO 10.00-13.00 & 14.00-18.30 (IM JULI & AUG. TÄGLICH), EINTRITT: 2,50 €

SAN ROMANO IN GARFAGNANA

Das ursprünglich römische San Romano liegt auf einem Hügel. Das kleine, typische Bergdorf ist vor allem wegen seiner Festung sehenswert.

FORTEZZA DELLE VERRUCOLE Lassen Sie Ihr Auto in San Romano stehen und wandern Sie (in etwa einer halben Stunde) durch den Wald zur Festungsanlage. Wegen der strategisch guten Lage und der Aussicht auf zahlreiche Dörfer in der Umgebung gilt sie als eine der wichtigsten mittelalterlichen Festungen der Garfagnana. Von hier aus hat man eine wunderschöne Aussicht auf die Gipfel der Apuanischen Alpen. Mitte der 1980er-Jahre drohte die verlassene Fortezza delle Verrucole einzustürzen. Sie wurde für 15 Millionen Euro von der Gemeinde San Romano erworben, danach restauriert und für Besucher zugänglich gemacht.

LOCALITÀ VERRUCOLE, T 0583 613427, GEÖFFNET: TÄGLICH 9.00-20.00, EINTRITT: FREI, MUSEUM 3 €

PARCO AVVENTURA SELVA DEL BUFFARDELLO Lieben Sie die Herausforderung? Dieser Park verfügt über mehrere Baumwipfelpfade. Es gibt sieben verschiedene Schwierigkeitsstufen, davon drei für Kinder. Die Pfade für Erwachsene auf etwa 13 Meter Höhe dürfen nur mit Sicherung zurückgelegt werden. Der Park ist auch ideal für ein Picknick, es gibt Tische und Grills.

LOCALITÀ PRÀ DI LAGO, WWW.SELVADELBUFFARDELLO.IT, T 329 7715429 (HANDY; ERST ANRUFEN, DA DER PARK NUR BEI SCHÖNEM WETTER GEÖFFNET IST), EINTRITT: PARK FREI, BAUMWIPFELPFAD 17 €, KINDER 10 €

VAGLI SOTTO

Die Gemeinde Vagli Sotto hat ihre Bekanntheit dem Lago di Vagli zu verdanken.

LAGO DI VAGLI Der Vagli-See ist einer der größten Stauseen der Welt. Im Jahr 1941 ließ man das Gebiet zwischen den Bergen der Garfagnana mit Wasser volllaufen, wobei das Dorf Fabbriche di Careggine völlig überflutet wurde (natürlich nachdem die Einwohner weggezogen waren). Bei niedrigem Wasserstand kann man das Dorf und die Kirche sehen. Wenn der Stausee ab und zu für Wartungszwecke trockengelegt wird, zeigt sich, dass das Dorf noch ziemlich intakt geblieben ist. Dieser spektakuläre Anblick lockt Tausende von Besuchern, die dann durch das "Geisterdorf" spazieren.

VAGLI SOTTO

VERGEMOLI

Das kleine Bergdorf Vergemoli ist vor allem wegen seiner fantastischen Höhlen bekannt.

GROTTA DEL VENTO Im Herzen des Naturparks der Apuanischen Alpen liegt diese "Windhöhle". Aufgrund ihrer außergewöhnlichen Vielseitigkeit ist sie eine der spektakulärsten Höhlen Europas. Bei einer Führung durch das vier Kilometer lange Höhlensystem mit gut begehbaren Wegen kann man aktive Stalagmiten und Stalaktiten, unterirdische Bäche und Seen voller Kristalle bewundern. Studien zufolge soll der Besuch der Höhle eine heilende Wirkung auf Asthmakranke haben. Es werden drei verschiedene Führungen angeboten: Die erste dauert eine Stunde und bringt Sie zu wunderschönen Kalkablagerungen, die zweite ist etwa zwei Stunden lang und dabei bekommen Sie unter anderem einen unterirdischen Fluss zu sehen, und im Rahmen der dritten Führung von gut drei Stunden Dauer kann man das gesamte Höhlensystem besichtigen. Denken Sie an wasserdichte Schuhe und einen warmen Pullover, denn es wird hier nicht wärmer als 11 Grad Celsius.

GROTTA DEL VENTO, WWW.GROTTADELVENTO.COM, T 0583 722024, FÜHRUNGEN: TÄGLICH (ZEITEN SIEHE WEBSITE), EINTRITT/FÜHRUNGEN: 9 €/14 €/20 €

LAGO DI VAGLI

TRATTORIA DA RICCARDO

MONTE FORATO Durch Wasser- und Wind-Erosion hat sich aus dem Felsgestein dieses Berges ein natürlicher Bogen gebildet. Er ist 25 Meter hoch und 32 Meter lang und verbindet die Garfagnana und die Versilia miteinander. Mit einer Breite von acht Metern ist er einer der größten natürlichen Bögen Italiens. Während der vierstündigen Wanderung ab Fornovolasco (Gemeinde Vergemoli) erleben Sie die bezaubernde Natur der Versilia und der Garfagnana.

Eine Wanderung zum Monte Forato finden Sie auf der herausnehmbaren Karte in der hinteren Buchklappe.

BARGA

Barga liegt in der Media Valle del Serchio (dem Serchiotal), 40 Kilometer nördlich von Lucca. Das historische Zentrum mit mittelalterlichen Gebäuden, schmalen Gassen und schönen Plätzen ist noch gut erhalten.

DUOMO SAN CRISTOFANO Der Dom von Barga aus dem 9. Jahrhundert bietet dank seiner erhöhten Lage eine schöne Aussicht auf die Stadt. Im 14. Jahrhundert erhielt die Kirche durch den Anbau einer Vorhalle ihren heutigen Umfang, im 16. und 18. Jahrhundert kamen einige Kapellen hinzu. Der Baustil ist lombardisch, wie sich an den gemeißelten Menschenfiguren und Fabeltieren erkennen lässt. In der Sakramentskapelle hängen Arbeiten der Familie della Robbia. Von den Schäden infolge eines Erdbebens im Jahr 1920 ist dank der Restaurierung nichts mehr zu sehen.
VIA DEL PRETORIO, T 0583 724743, GEÖFFNET: TÄGLICH 9.00-13.00 & 15.00-18.00

L'ALTANA Wer in Barga wohnt und gut essen möchte, kehrt im L'Altana ein. Die Küche ist regional, die Einrichtung gemütlich, und insbesondere die hausgemachten Nudeln sind absolut empfehlenswert. Ein weiterer Vorteil: Man kann sein Auto leicht parken, und das ist in Barga nicht immer der Fall.
VIA DI MEZZO 1, T 0583 723192, GEÖFFNET: DO-DI 19.30-22.30, PREIS: MENÜ 18 €

TRATTORIA DA RICCARDO Nachdem Riccardo einige Jahre lang im Ausland und in anderen Regionen Italiens als Koch gearbeitet hat, kehrte er an seinen Geburtsort zurück, wo er seinen Gästen typische Gerichte der Toskana vorsetzt. Da er jahrelang im Küstenort Lido di Camaiore beschäftigt war, kennt er sich mit Fischgerichten besonders aus. Am Freitag ist Jazzabend mit Live-Auftritten; rechtzeitiges Reservieren ist ratsam.
VIA MARCONI 8, WWW.TRATTORIADARICCARDO.IT, T 0583 722345, GEÖFFNET: MO-SA 12.30-15.00 & MO, MI-SO 19.30-22.30 (DI-ABEND GESCHLOSSEN), PREIS: MITTAGESSEN 10 €, HAUPTGERICHT 8,50 €

ALBERGO ALPINO Dieses Hotel im Zentrum von Barga ist in einem prachtvollen Gebäude mit auffälligen Farben untergebracht und ein ausgezeichneter Ausgangspunkt für die Erkundung der Stadt. Albergo Alpino wurde im 18. Jahrhundert eröffnet und ist immer noch im Besitz der gleichen Familie. Alle Schlafzimmer haben drahtlosen Internetzugang, und zum Hotel gehört ein Restaurant mit eigenem Weinkeller.
VIA PASCOLI 41, INDICAZIONI STRADALI, WWW.BARGAHOLIDAY.COM, T 0583 723336, PREIS: AB 58 €

BAGNI DI LUCCA

Am Rand der Garfagnana, an der Grenze zum Serchiotal, liegt Bagni di Lucca. Das Städtchen verdankt seinen Namen der Tatsache, dass die Kurorte schon zu Römer- und Etruskerzeiten Heilbäder waren. Im 19. Jahrhundert verfielen die Badeanlagen, wurden jedoch später im Originalzustand wiederhergestellt.

TERME E GROTTE BAGNI DI LUCCA In diesen Thermen kommt man völlig zur Ruhe. Es gibt zwei Grotten mit natürlichem, warmem Dampf – ideal für Menschen mit Hautproblemen. Das Schwimmbad und die Schlammbäder bieten herrliche Entspannung, und für einen besonders erholsamen Tag kann man eine Schönheitsbehandlung oder Massage dazubuchen. Zu den Thermen gehört auch ein eigenes Hotel.

PIAZZA SAN MARTINO 11, WWW.TERMEBAGNIDILUCCA.IT, T 0583 87221, PREIS: THERMEN JE NACH ANWENDUNG, PREIS: HOTELZIMMER AB 49 €

TEREGLIO

Das mittelalterliche Dorf Tereglio liegt auf einem Hügel und gehört zur Gemeinde Bagni di Lucca. Am Fuß des Dorfes liegt die Brücke Ponte a Gaio, wo auch die Wanderung entlang der Schlucht Orrido di Botri beginnt.

ORRIDO DI BOTRI Diese Wildnis mit schmalen Pfaden, tiefen Wasserlöchern und Wasserfällen bietet ein einzigartiges Wandererlebnis. Hier hatte der Mensch (noch) nicht die Gelegenheit, die Natur zu zerstören. Die Felsen sind immer nass, und man muss manchmal durch etwas tieferes Wasser waten, weshalb man gute Schuhe anhaben sollte. Das Tragen eines Helms ist Pflicht, man bekommt ihn im Besucherzentrum. Der beste Zeitpunkt für eine Wanderung ist der Sommer, dann ist der Wasserstand niedriger und die Wassertemperatur angenehmer. Nehmen Sie ein Handtuch und trockene Kleidung mit.

PONTE A GAIO, WWW.ORRIDODIBOTRI.COM, T 0583 955525/26, EINTRITT: PARK (INKL. HELM) 4 €

BORGO A MOZZANO

Das Dorf Borgo a Mozzano, nördlich von Lucca am Weg nach Barga gelegen, hat eine sehenswerte Brücke.

PONTE DELLA MADDALENA Diese aus dem Mittelalter stammende Brücke, benannt nach der Statue der Maria Magdalena, die hier früher stand, heißt auch Ponte del Diavolo ("Teufelsbrücke"). Dazu gibt es folgende Legende: Ein Arbeiter konnte die Brücke nicht zum verabredeten Zeitpunkt fertigstellen und bat den Teufel um Hilfe. Er bekam die Unterstützung, allerdings im Tausch gegen ein Opfer: Der Erste, der über die Brücke gehen würde, sollte dem Teufel gehören. Die Brücke wurde rechtzeitig fertig, und wen ließ der Arbeiter als Erstes über die Brücke ziehen? Ein Schwein! Besonders auffällig sind die asymmetrischen Bögen.

BORGO A MOZZANO, AN DER DURCHGANGSSTRASSE

PONTE DELLA MADDALENA

VERSILIA REGION

BERGE, STRAND UND NACHTLEBEN

Die Provinz Lucca bietet nicht nur Berge, sondern auch kilometerlange Strände. Etwa 15 Kilometer westlich der Stadt Lucca liegt die Landschaft Versilia. Die Badeorte dieser Region haben ihr Entstehen zwei Frauen zu verdanken: Maria Louisa de Bourbon, die in Viareggio den ersten Hafen bauen ließ, und keiner Geringeren als Paolina Bonaparte, der Schwester Napoleons, die hier eine Villa mit Meeresblick wollte.

Der 30 Kilometer lange Sandstrand der Versilia liegt ideal: Auf der einen Seite sieht man das Meer, auf der anderen die Apuanischen Alpen und die Marmorberge. Außer Strand und Bergen gibt es in den Badeorten auch viel Grün mit großen, schattenspendenden Pinien.

Die Versilia "beginnt" bei Forte dei Marmi, dem teuersten Ferienort Italiens, der im Sommer viele Berühmtheiten anzieht. Das Leben spielt sich vor allem im Zentrum ab, das nur aus einem Platz und einigen sündhaft teuren Geschäftsstraßen besteht. Am Abend ist viel los, und auf dem schön beleuchteten Pier und in den zahlreichen Diskotheken lautet das Motto: sehen und gesehen werden. Doch um überhaupt ins Dorf hineinzukommen, steht man erst einmal im Stau.

Die Badeorte Lido di Camaiore und Viareggio sind bekannt für ihre kilometerlangen Boulevards mit Geschäften und Strandlokalen. Doch Viareggio macht auch wegen seines Karnevals von sich reden: Jedes Jahr findet hier der größte Karnevalsumzug Italiens statt. Torre del Lago ist das südlichste Dorf der Versilia. Es liegt am Lago di Massaciuccoli (Massaciuccoli-See), der von den Toskanern der "See von Puccini" genannt wird, da der berühmte Komponist hier viele Jahre wohnte. Jedes Jahr feiern die Einwohner von Torre del Lago das Puccini-Festival, bei dem seine Opern in einem Freilufttheater aufgeführt werden. In den Bergen sind die ehemalige Hauptstadt Pietrasanta und Orte wie Seravezza und Stazzema gelegen. Pietrasanta ist ein mondäner Ort, im Sommer werden hier zahlreiche Ausstellungen mit zeitgenössischer Kunst abgehalten.

SEHENSWÜRDIGKEITEN

Die Versilia besucht man vor allem, um am Strand zu liegen, zu shoppen und das Nachtleben zu genießen, weniger wegen der Kultur. Wenn Sie dennoch etwas besichtigen möchten, gibt es im Landesinneren einige lohnenswerte Ausflugsziele.

IL PARCO NAZIONALE DELLA PACE (Nationalpark des Friedens) Am 12. August 1944 wurde das Dorf Sant'Anna durch den Lärm von eindringenden SS-Truppen aufgeschreckt. Die Männer flüchteten in den Wald und ließen die Frauen und Kinder zurück in der Annahme, ihnen würde schon nichts passieren. Leider war das ein Trugschluss.

Fast 560 unschuldige Menschen fanden bei dieser terroristischen Aktion den Tod, das Dorf wurde niedergebrannt. 1948 wurde ein Park angelegt und darin ein Denkmal für die Opfer errichtet: eine Frauenfigur, die in ihren Armen ein Kind hält. Sie sollen dieses Drama in lebendiger Erinnerung halten und jüngeren und kommenden Generationen deutlich machen, wie wichtig Frieden ist.

PIAZZA DELLA CHIESA 1, SANT'ANNA DI STAZZEMA, WWW.SANTANNADISTAZZEMA.ORG, T 0584 772286, GEÖFFNET: JUNI-SEPT. DI-SA 9.00-19.00, OKT.-MAI DI-SA 9.00-17.00

ANTRO DEL CORCHIA Diese Höhle ist mit 1210 Metern die tiefste Höhle Italiens und steht auf Platz zehn der Weltrangliste. Man kann an einer zweistündigen Führung teilnehmen, bei der man über schmale Pfade, Tunnel und stählerne Hängebrücken an bis zu 30 Meter hohen Stalagmiten vorbeikommt. Ein tolles Erlebnis ist die Galerie der aktiven Stalaktiten, die umschrieben wird als eine "Oase von seltener Schönheit inmitten einer Welt von Stein, Schlamm und Wasser". Die Antro del Corchia hat viele verschiedene Ebenen und eine konstant niedrige Temperatur von 8 Grad Celsius. Tragen Sie deshalb warme Kleidung und feste Schuhe mit Gummisohle, mit Rollstühlen und Kinderwagen ist die Höhle leider nicht zugänglich. Neben der Höhle kann man auch eine Silbermine besichtigen, weitere Informationen stehen auf der Website.

VIA IV NOVEMBRE 70, LEVIGLIANI DI STAZZEMA, WWW.ANTROCORCHIA.IT, T 0584 778405, FÜHRUNGEN: JULI & AUG. 10.00-17.00 JEDE GANZE STUNDE (ANDERE MONATE SIEHE WEBSITE), EINTRITT: HÖHLE 13 €, HÖHLE & MINE 16 €

MUSEO DEL CARNEVALE Viareggio ist berühmt wegen seines Karnevals, inzwischen wurde ihm sogar ein ganzes Museum gewidmet. Das Museum bietet nicht nur eine Übersicht über die Geschichte des Karnevals, man kann hier auch einige Karnevalswagen aus verschiedenen Umzügen besichtigen und lernen, wie man einen Wagen aus Pappmaschee baut. Das Museo del Carnevale befindet sich in der Cittadella del Carnevale (dem Gelände rings um das Museum), auf dem die verschiedenen Teilnehmer jedes Jahr ihre Wagen aufbauen.

VIA S. MARIA GORETTI, VIAREGGIO, VIAREGGIO.ILCARNEVALE.COM, T 0584 53048, GEÖFFNET: OKT.-MAI MO, MI, FR 10.00-12.00, DO-SA 16.00-19.00, JUNI-AUG. MO, FR 10.00-12.00, DO-SA 17.00-20.00, EINTRITT: FREI

ESSEN & TRINKEN

Die Versilia sprudelt nur so von Leben, und jeder Küstenort lockt mit zahlreichen Cafés und Restaurants. Im Folgenden ist eine Auswahl von Gaststätten aufgeführt, in denen man in angenehmer Atmosphäre zu Abend essen kann.

Viele Restaurants "arbeiten" in zwei Schichten: einer für Touristen und einer für Italiener. Die Touristen der ersten Schicht müssen im Eiltempo essen, denn ab halb neun kommen die Italiener.

ANTRO DEL CORCHIA

MASSIMO REBECCHI OUTLET

Die **ENOTECA GIULIA** liegt etwas außerhalb des lebhaften Zentrums, weshalb man dort weniger Touristen findet. Die Einheimischen kehren hier gerne auf ein Gläschen Wein ein. Da einer der Eigentümer Spanier ist, hat die *enoteca* ein großes Angebot an sowohl italienischen als auch spanischen Weinen, und zum *aperitivo* bekommt man Tapas.

VIA RISORGIMENTO 27, FORTE DEI MARMI, WWW.ENOTECAGIULIA.COM, T 0584 80334, GEÖFFNET: VINOTHEK JULI-AUG. TÄGLICH 10.30-13.00 & 17.30-0.00, SEPT.-JUNI DI-SO 10.30-13.00 & 17.30-0.00, RESTAURANT 20.00-0.00, PREIS: 15 €

BOOT MIT FRITTIERTEM FISCH Jeden Tag kommt das kleine Boot "La barchina fish and chips" und legt auf dem schmalen Kanal unter der Brücke am Ende des Boulevards an. Dann warten schon viele ungeduldig auf frittierte Anchovis und *fritto misto* (eine Mischung aus Anchovis, kleinen Tintenfischen und Garnelen). Der Fisch ist absolut frisch und die Qualität hervorragend. Man kann auch Pommes und ein Erfrischungsgetränk dazu bekommen.

LUNGO MOLO CORRADO DEL GRECO ECKE VIALE REGINA MARGHERITA, VIAREGGIO, T 347 7212949 (HANDY), GEÖFFNET: DI-DO 12.00-15.00, FR-SO 12.00-SPÄTNACHTS, PREIS: PORTION FRITTIERTER FISCH 4,50 €

BARCOBESTIA Die unauffällige Lage an einer viel befahrenen, ungepflegten Straße lässt nicht erahnen, dass dieses Restaurant ein heißer Tipp ist. Und dennoch ist es so. Sowohl alte Seebären als auch Jachtbesitzer kehren hier ein, und das aus gutem Grund: Der Fisch ist einfach perfekt. Hier kommt man nicht mit einem Teller Nudeln davon, denn der Besitzer redet so lange auf einen ein, bis man am Ende die halbe Speisekarte probiert hat.

VIA COPPINO 201, VIAREGGIO, WWW.RISTORANTEBARCOBESTIA.COM, T 0584 384416, GEÖFFNET: DI-SO 12.00-15.00 & 20.00-23.30, PREIS: 20 € (IMMER RESERVIEREN)

SHOPPEN

An den kilometerlangen Boulevards von Viareggio und Lido di Camaiore gibt es eigentlich nur Geschäfte, vor allem Kleider- und Schuhläden. In Forte dei Marmi laden Shops von Armani, Versace und D&G zum Shopping ein, während die Feinkostläden abseits der belebten Einkaufsstraßen liegen. Im Sommer sind die Geschäfte am Boulevard und im Zentrum von Forte dei Marmi nach einer langen Mittagspause von 17.30 Uhr bis Mitternacht geöffnet.

MASSIMO REBECCHI OUTLET Dieser Modedesigner wurde in Viareggio geboren, und daher darf ein Outlet mit seinen Entwürfen natürlich nicht fehlen. Die Kollektion stammt aus der aktuellen und teilweise auch aus der letzten Saison, der Stil ist schick bis casual. Außer Kleidung kann man auch Schuhe und Taschen kaufen, nicht nur mit dem eigenen Label. Da es nur wenige Ankleidekabinen gibt und oft viel los ist, sollte man am besten gleich nach Ladenöffnung vorbeischauen.

PIAZZA D'AZEGLIO 50, VIAREGGIO, WWW.MASSIMOREBECCHI.IT, T 0584 960159, GEÖFFNET: MO 16.30-20.00, DI-SA 9.00-13.00 & 16.30-20.00, JUNI-AUG. TÄGLICH 9.00-13.00 & 16.30-0.00

ARCOBALENO DEI FUNGHI Der Name dieses Geschäfts bedeutet auf Deutsch "Pilzregenbogen". Je nach Saison werden hier verschiedene frische und getrocknete Pilze verkauft. Aber das ist nicht alles: Wegen des gewaltigen Erfolges wurde das Angebot um Käse- und Wurstwaren erweitert, oft mit Trüffeln oder Pilzen als Zutat. Die Köstlichkeiten sind außer in der festen Verkaufsstelle auch auf Märkten oder lokalen Festen zu bekommen.

VIA VICO GIOVAN BATTISTA 66, FORTE DEI MARMI, T 0584 82237, GEÖFFNET: DI-SA 9.30-12.30 & 16.00-19.00

MARKT IN FORTE DEI MARMI Jeden Mittwochvormittag, im Sommer auch jeden Sonntagvormittag, herrscht auf der Piazza Marconi reges Treiben. An den 30 Ständen werden Kleidung, Schuhe und Accessoires von bekannten, teuren Labels verkauft. Die Kollektion ist aktuell oder sogar schon von der nächsten Saison. Wenn Sie diesen Markt besuchen möchten, brechen Sie am besten – wie die Einheimischen – früh auf. Vielleicht gelingt Ihnen dann ein echtes Markenschnäppchen.

PIAZZA MARCONI, FORTE DEI MARMI, GEÖFFNET: MI 8.00-14.00 (JUNI-AUG. AUCH SO)

100% THERE

Was tut man in Versilia tagsüber? Genau, am Strand liegen. Abends gibt es oft Freiluftkonzerte, und man kann sich auf einem der Straßenmärkte am Boulevard amüsieren.

PRINCIPE AZZURRO Diese sehr gepflegte Badeanlage ist ein heißer Tipp. Das Schwimmbecken mit Hydromassage und das Planschbecken daneben sind nicht mit gechlortem Wasser, sondern mit Meerwasser gefüllt. Es wird auch Schwimmunterricht für Kinder angeboten. Der Strand ist sauber, und die komfortablen Liegestühle stehen bereit. Zudem gibt es belegte Brötchen oder Pasta mit Fisch und am Abend auch einen Aperitif.

TERRAZZA DELLE REPUBBLICA 4, CITTÀ GIARDINO, VIAREGGIO, WWW.BAGNOPRINCIPEAZZURRO.IT, T 0584 50021, GEÖFFNET: TÄGLICH 8.30-20.00, PREIS: SONNENSCHIRM, 2 LIEGEN & 2 STÜHLE 40 €

PUCCINI-FESTIVAL Der Komponist Puccini wohnte 30 Jahre lang am Lago di Massaciuccoli, daher wird hier jährlich von Juni bis August das Puccini-Festival gefeiert. Im Freilufttheater am See kann man bei seinen Opern ins Träumen geraten. Weitere Informationen gibt es auf der Website oder bei der lokalen Touristeninformation (*Ufficio del Turismo*).

PIAZZALE BELVEDERE, TORRE DEL LAGO, WWW.PUCCINIFESTIVAL.IT, T 0584 341570, JUNI-AUG.

AUSGEHEN

Die Versilia – das bedeutet Ausgehen ohne Ende. Insbesondere in Marina di Pietrasanta und Forte dei Marmi liegt eine Disco neben der anderen. Oft sind hier junge Italiener anzutreffen, die noch zur Schule gehen und im Sommer ordentlich einen draufmachen wollen. In den im Folgenden aufgeführten Lokalen sind die Besucher durchschnittlich 30 bis 35 Jahre alt.

TWIGA BEACH CLUB verwandelt sich abends in eine Tanzbar, in der Discomusik gespielt wird. Aber auch tagsüber dreht sich alles um Musik und Vergnügen. Das Twiga sieht mit seinen cremefarbenen Sonnenschirmen und Liegestühlen sehr schick aus, und alles ist tadellos gepflegt. Wenn Sie mit einer Gruppe unterwegs sind und sich etwas Luxus gönnen möchten, können Sie eine Art arabisches, viereckiges Strandzelt mieten.

VIALE ROMA 2, MARINA DI PIETRASANTA, WWW.TWIGABEACHCLUB.COM, T 0584 21518, GEÖFFNET: TÄGLICH 8.30-SONNENUNTERGANG, MIETE STEILWANDZELT 250 €, TISCH IN DISKOTHEK 270 €

PRINCIPE AZZURRO

VILLA LA BIANCA

COSTES Seit seiner Renovierung ist das Costes überaus beliebt. Man nennt es auch einen "Preclub", denn hier kehrt man meistens vor dem Discobesuch ein und trinkt einen Cocktail auf der Terrasse am Strand mit Blick aufs Meer. Auf dem Tresen stehen allerlei warme und kalte Pastagerichte, die im Getränkepreis inbegriffen sind. Gut zu wissen: Die meisten Gäste sind über 25 Jahre alt.

VIALE ACHILLE FRANCESCHI 6, FORTE DEI MARMI, WWW.COSTESFORTEDEIMARMI.IT, T 335 8082269 (HANDY), GEÖFFNET: DI-SO 19.00-3.00, PREIS: COCKTAIL 8 €

LA CAPANNINA DI FRANCESCHI Im Jahr 1929 wurde diese ehemalige Scheune zu einer Diskothek umgebaut. Nach all den Jahren ist sie bei den über 25-Jährigen immer noch eine der beliebtesten Discos der Versilia. Das Gebäude hat zwei Stockwerke: Oben kann man auf einem der Sofas relaxen und von der Balustrade aus den Tänzern unten zusehen. Gegen Mitternacht legt ein DJ auf, ab 2.30 Uhr treten Bands auf.

VIA DELLA REPUBBLICA 16, FORTE DEI MARMI, WWW.LACAPANNINADIFRANCESCHI.IT, T 0584 80169, GEÖFFNET: SA & FEIERTAGE 21.00-5.00, PREIS: AB 20 € (WER KEINEN TISCH RESERVIERT, MUSS EINE FLASCHE GETRÄNK IM WERT VON ETWA 100 € KAUFEN)

ÜBERNACHTEN

Hotels in der Versilia sind recht teuer, auf jeden Fall in den Küstenorten. Die Zimmer sind oft klein und hellhörig und haben – wenn überhaupt – einen winzigen Balkon. Einfache, saubere Familienhotels oder ruhige Campingplätze gibt es kaum. Am besten übernachtet man im Landesinneren.

VILLA LA BIANCA Ein charmantes B&B, mit dem Auto nur 15 Minuten vom Strand entfernt. Die sechs Suiten (für zwei bis sechs Personen) haben alle ein geräumiges Wohn- und Schlafzimmer und manchmal auch einen Kamin. Die Einrichtung ist eine geschmackvolle Kombination aus antiken und modernen Möbeln, und die Wände sind in zarten Pastelltönen gestrichen. Die Mindestaufenthaltsdauer beträgt zwei Nächte. Es gibt auch vier Appartements mit eigener Kochnische, die wochenweise vermietet werden, und einen großen Garten mit Swimmingpool.

VIA NUOVA 825, LOCALITÀ LOMBRICI, CAMAIORE, WWW.VILLALABIANCA.COM, T 0584 984657, PREIS: SUITE AB 125 €, APPARTEMENT AB 1000 €/WOCHE

GRAND HOTEL & RIVIERA Zwischen diesem Hotel und dem Meer liegen nur der Boulevard und der Strand, näher am Meer kann man nicht übernachten! Trotzdem ist dies eines der wenigen Hotels mit fairen Übernachtungspreisen. Es hat mehrere Zimmer und einige Appartements, in dem dazugehörigen Restaurant gibt es ausgezeichnetes Essen. Die Zimmer sind zwar nicht sehr groß, aber dafür gepflegt und sauber.

VIALE PISTELLI 59, LIDO DI CAMAIORE, WWW.GRANDHOTELRIVIERA.IT, T 0584 617571, AB 90 €

MARMORBRÜCHE & BURGEN

Massa Carrara ist die nördlichste Provinz der Toskana. Dieses bergige und waldreiche Gebiet wirkt jedoch gar nicht so, als würde es zur Toskana gehören. Die zwei größten Städte Massa und Carrara liegen eingeklemmt zwischen den Apuanischen Alpen und dem Tyrrhenischen Meer. Das Gebiet ist vor allem wegen der Marmorgewinnung in Carrara bekannt. In der noch kaum vom Tourismus erschlossenen Region Lunigiana liegen zahlreiche Burgen und mittelalterliche Festungsstädte.

MASSA

Massa ist eine wichtige Industriestadt und wird von einer Burg überragt. In der Stadt wachsen Orangenbäume, denen die Piazza d'Arancio ihren Namen zu verdanken hat.

ROCCA MALASPINA, auch bekannt als Castello Malaspina, ragt hoch über Massa empor. Diese Burg aus dem 15. Jahrhundert besteht aus drei Teilen. Der aus dem Fels gehauene Wehrturm diente bis zur Mitte des 19. Jahrhunderts als Gefängnis, und in den beeindruckenden Mauern befinden sich zahlreiche Schießscharten für die Kanonen. Im Residenzpalast kann man die teilweise im Originalstil eingerichteten und gestalteten Zimmer bewundern, in denen auch Fresken von Bernardino del Castelletto zu sehen sind.
VIA ROCCA 15, T 0585 44774, GEÖFFNET: MO-SA 9.30-12.30 (FR AUCH 15.00-18.00), SO 15.00-18.00, EINTRITT: 5,50 €

CARRARA

Die Hauptattraktionen der Industriestadt Carrara sind die wunderschöne Kirche und die Marmorsteinbrüche in der Umgebung. Seien Sie vorsichtig, wenn Sie durch Carrara spazieren, denn auf allen Straßen im Zentrum haben Autos freie Fahrt.

DUOMO DI SANT'ANDREA Carraras ganzer Stolz und Mittelpunkt der Stadt ist der Dom Sant'Andrea aus dem 11. Jahrhundert, der fast zur Hälfte mit Marmor ausgekleidet ist. Sehen Sie sich auch einmal die Treppe zur Kanzel im Inneren der Kathedrale an, sie wurde nämlich aus einem einzigen Marmorblock gehauen.
PIAZZA DUOMO, GEÖFFNET: TÄGLICH 7.00-12.00 & 15.30-19.00

CIBART 08 Ein neuer Trend in Italien: Eine einfache Bar ist nicht genug, sie muss einen künstlerischen Touch haben. Im Cibart 08 werden neben einer guten Tasse Kaffee mit Crêpes oder einem *aperitivo* mit Bruschetta auch Designartikel zum Kauf angeboten, zum Beispiel Lampen und (Wand-)Schmuck aus Marmor und Porzellan. Für 260 Euro kann man das fröhliche Service als achtzehnteiliges Set kaufen.
VIA ULIVI 1, ECKE PIAZZA ALBERICA, T 0585 70210, GEÖFFNET: DI-SO 10.30-15.30 & 18.00-0.00, PREIS: CRÊPE 5 €

Es ist nicht leicht, in Carrara ein nettes Café mit Terrasse zu finden, am besten ist man noch auf einem der Plätze aufgehoben. Wer richtig gut essen möchte, sollte in die Berge fahren.

MARMORBRUCH FANTISCRITTI ist der bekannteste und schönste von Carrara. Seine weltweite Berühmtheit hat er Michelangelo zu verdanken, der seine Figuren aus Carrara-Marmor meißelte. Beim Besuch des Steinbruchs wird erklärt, wie der Marmor aus dem Felsen gehauen und bearbeitet wird. Im Herzen der Grube – die Fahrt mit einem Kleinbus dauert 40 Minuten – wähnt man sich in einer riesigen Kathedrale. Bitte beachten: Die Temperatur dort beträgt nur 14 Grad Celsius. Mit etwas Glück findet gerade eine Kunstausstellung statt. Zur Grube gehört ein Freiluftmuseum, in dem man mehr über die Abbaumethoden und das Leben der Arbeiter erfährt.

PIAZZALE FANTISCRITTI 84, WWW.MARMOTOUR.COM, T 339 7657470 (HANDY), GEÖFFNET: APR., SEPT. & OKT. MO-FR 11.00-17.00, MAI-AUG. MO-FR 11.00-18.30, SA-SO 11.00-18.30, EINTRITT: 7 €

CARRARA MARBLE TOUR Während dieser 50-minütigen Tour mit dem Geländewagen durch die Berge kann man die Arbeiten in den Steinbrüchen sowie die Bucht von La Spezia sehen. Man kommt auch an allen Orten des hier im Jahr 2008 gedrehten James Bond Films *Ein Quantum Trost* vorbei. Berücksichtigen Sie bitte, dass die Jeeps nicht zu jeder Zeit fahren können, denn die Tour führt an Steinbrüchen vorbei, in denen immer noch Marmor gewonnen wird.

PIAZZALE FANTISCRITTI, WWW.CARRARAMARBLETOUR.IT, T 333 6024026 (HANDY), GEÖFFNET: JE NACH WETTER UND ARBEITEN

Nicht weit von Massa und Carrara entfernt liegen einige schöne Sandstrände. Insbesondere im Sommer flüchten viele Leute ans Meer, dann sind die Städte wie ausgestorben.

LUNIGIANA

Die Lunigiana ist eine kleine Region im äußersten Norden der Toskana und – wie die Garfagnana – noch kaum vom Tourismus entdeckt. Das ist schade, denn diese waldreiche und bergige Umgebung ist traumhaft schön. Hier liegen zahlreiche Burgen und malerische mittelalterliche Städtchen wie Fosdinovo und Equi Terme.

Tipp: Unternehmen Sie eine schöne Radtour durch die Lunigiana, von Pontremoli nach Aulla. In der hinteren Buchklappe gibt es dazu eine herausnehmbare Karte.

CARRARA MARBLE TOUR

CASTELLO DI FOSDINOVO Ein Gewirr aus engen Gassen führt von den Parkplätzen außerhalb des Dorfes Fosdinovo zur gleichnamigen Burg, man kann diese aber auch über die alte Stadtmauer erreichen. Das *castello* ist heute ein Kulturzentrum für moderne Kunst. Jedes Jahr wird ein Künstler aus dem Ausland eingeladen, um im Sommer an einem Projekt zu arbeiten. Gleichzeitig erhält auch ein italienischer Künstler die Gelegenheit, eine Solo-Ausstellung vorzubereiten. Der Rest der Burg wird als B&B genutzt, doch eine Übernachtung hier ist nichts für Angsthasen, denn es soll spuken. Die Burg, die aus dem 13. Jahrhundert stammt und deren Außenseite noch völlig intakt ist, ist wahrscheinlich die am besten erhaltene Burg der Lunigiana. Einige Teilstücke der Mauer bestehen aus dem Felsen, auf dem die Burg gebaut wurde. Man kann nicht nur die zahlreichen Salons und Säle, sondern auch die Türme von innen besichtigen. Im ältesten Turm, an der Ostseite, liegt "Dantes Zimmer", denn angeblich wohnte er hier während seiner Verbannung. Die Fresken in dem großen Hauptsalon zeigen die Freundschaft zwischen Dante und der einflussreichen Familie Malaspina, die über die Lunigiana und ab dem 15. Jahrhundert auch über Massa und Carrara herrschte. Spazieren Sie auf den Dächern und genießen Sie die Aussicht auf Fosdinovo und das Meer.

VIA PAPIRIANA 2, FOSDINOVO, WWW.CASTELLODIFOSDINOVO.IT, T 0187 680013, GEÖFFNET: MUSEUM MI-MO AB 11.00, FÜHRUNGEN: 11.00, 12.00, 15.00, 16.00 & 17.00, EINTRITT: 6 €

CASTELLO DI FOSDINOVO

PARCO AVVENTURA FOSDINOVO Ein Ausflug zu diesem Abenteuerpark verspricht einen aktiven Tag für die ganze Familie. Es gibt eine spannende Mountainbikestrecke und einen Mini-Squadparcours (mit kleinen Vierrad-Crossmotorrädern für Kinder von sechs bis zwölf Jahren). Daneben werden auch mehrere Hindernisparcours für Jung und Alt geboten, durch die man sich größtenteils mithilfe von Seilen und Brücken fortbewegt. Minderjährige müssen die ganze Zeit von einem Erwachsenen begleitet werden, und für die Zulassung zum Miniparcours ist eine Mindestkörpergröße von einem Meter nötig. Gemessen wird dabei allerdings von den Füßen bis zu den Handgelenken (bei gestrecktem Arm).

VIA CUCCO, FOSDINOVO, WWW.PARCOAVVENTURAFOSDINOVO.COM, T 320 9060749 (HANDY), ÖFFNUNGSZEITEN SIEHE WEBSITE, EINTRITT: 21 €

PARCO CULTURALE DELLE GROTTE DI EQUI besteht aus verschiedenen Höhlen, von denen eine (La Buca) im Rahmen einer Führung zu besichtigen ist. In dieser Höhle lebten einst Neandertaler. Sie kamen hierher, um Bären zu jagen, die ihren Winterschlaf hielten. Ein Museum informiert über die Entstehung der Höhlen und das Leben der Menschen, die früher hier wohnten. Doch das Schönste an diesem Park ist wohl die geführte Wanderung durch eine lange Schlucht mit einer einzigartigen Vegetation, darunter fleischfressende Pflanzen. In der Schlucht befindet sich auch eine Stelle, an der in der Antike Wasserrituale durchgeführt wurden. Daneben liegt ein archäologischer Park, in dem man einen guten Eindruck vom Leben in den Bergen vor Hunderten von Jahren bekommt. Bei archäologischen Ausgrabungen kamen zahlreiche Bärenskelette zum Vorschein.

VIA DELLE GROTTE, EQUI TERME, GEÖFFNET: IM SOMMER 10.30-19.00, EINTRITT: 8,50 €

THERMEN VON EQUI In diesen Thermen kann man herrlich entspannen. In dem großen Komplex gibt es unter anderem Thermalbäder mit Wasser, dem eine heilende Wirkung nachgesagt wird, sowie zwei mit dem besagten Heilwasser gefüllte Außenbecken, eine Sauna und ein Hotel.

PIAZZA DELLE TERME 1, EQUI TERME, WWW.TERMEDIEQUI.IT, T 0585 949300, GEÖFFNET: IM SOMMER TÄGLICH 10.00-18.00, PREIS: JE NACH ANWENDUNG

PISA, VOLTERRA, LIVORNO,
VAL DI CORNIA, ELBA

WEST-TOSKANA

AUTOTOUR WEST-TOSKANA

So können Sie die West-Toskana in fünf Tagen erkunden. Diese Route bringt Sie zu allen Orten, die Sie gesehen haben müssen, und hält auch einige Überraschungen bereit. Sie essen zwischen Einheimischen und wohnen ganz besonders.

TAG **1** **PISA** UND **VOLTERRA** > im Hotel Santa Croce in Fossabanda (S. 206) aufwachen > Pisa besichtigen (siehe herausnehmbare Karte hinten im Buch) > in der Osteria del Porton Rosso (S. 203) zu Mittag essen > die Windmühlen von Orciatico (S. 209) bewundern > nach Volterra fahren > abends im La Vecchia Lira (S. 212) tafeln > in der Villa Nencini (S. 217) nächtigen >

TAG **2** **VOLTERRA** UND **CASTAGNETO CARDUCCI** > einen Spaziergang durch Volterra machen > ein Brötchen bei Alimentari Baccarella Rosella (S. 215) kaufen > über Pomarance (um bei Podere Palazzone, S. 218, einen Ausritt zu machen) nach Castagneto Carducci fahren > bei S'a di D'andà (S. 231) zu Abend essen > in der Villa Le Luci (S. 232) die Nacht verbringen >

TAG **3** **POPULONIA** UND **CAMPIGLIA MARITTIMA** > den archäologischen Park von Baratti und Populonia (S. 234) besuchen > ein erfrischendes Bad in der Bucht nehmen > nach Campiglia Marittima und zum Parco Archeominerario di San Silvestro (S. 233) fahren > in der Residenz Il Castagno Toscano (S. 234) wohnen >

TAG **4** **CÉCINA** UND **LIVORNO** > nach Cécina fahren, zum Strand gehen oder Acqua Village (S. 221) besuchen und dort etwas zu Mittag essen > nach Livorno weiterfahren > bei Baracchina Rossa (S. 226) einen Aperitif trinken > sich im La Barcarola (S. 226) ein Abendessen schmecken lassen > im Grand Hotel Palazzo (S. 229) übernachten >

TAG **5** **LIVORNO** > durch Livorno bummeln oder mit dem Hop-on-hop-off-Bus durch die Stadt fahren (S. 223) > bei Baracchina Bianca (S. 226) zu Mittag essen > eine Rundfahrt auf den Kanälen machen (S. 228) >

STUDENTEN UND STATTLICHE BAUDENKMÄLER

Im Mittelalter gehörte Pisa neben Amalfi, Genua und Venedig zu den vier See-republiken Italiens. Die günstige Handelslage bescherte der Stadt großen Reichtum, von dem heute noch die prachtvollen Gebäude auf der Piazza dei Miracoli (Platz der Wunder) zeugen: der weltberühmte schiefe Turm, der Dom und das Baptisterium, für deren Bau der schon damals sündhaft teure Marmor aus Carrara im Überfluss verwendet wurde.

....

Pisa liegt an der Mündung des Arno, unweit des Ligurischen Meeres. Bis zur Versandung des Hafens befand sich die Stadt direkt am Meer.

....

Pisa hat einen Flughafen, der nach dem berühmtesten Sohn der Stadt, dem Physiker und Astronomen Galileo Galilei, benannt ist. Angeflogen wird er von Ryanair und einigen weiteren Billigfluglinien: ein Segen für das Tourismusgewerbe. Neben Florenz ist Pisa die meistbesuchte Stadt der Toskana. Die Touristen strömen in Scharen auf die Piazza dei Miracoli, doch Pisa hat mehr als nur diesen einen prächtigen Platz zu bieten.

Geht man in Richtung Fluss, kommt man durch hübsche kleine Gassen mit terrakottafarbenen Häuschen. Rund um die alte Piazza della Vettovaglia findet täglich ein Markt statt. Auch wenn der Arno die historische Altstadt in zwei Teile trennt, lohnt sich ein Blick auf die andere Seite mit ihren Sehenswürdigkeiten wie der kleinen Kirche Santa Maria della Spina, dem Rathaus und dem alten Marktplatz direkt am Ufer. Die alte Brücke Ponte di Mezzo verbindet die beiden großen Einkaufsmeilen der Stadt miteinander.

....

Einen Stadtspaziergang finden Sie auf der herausnehmbaren Karte in der Buchklappe.

....

Pisa hat eine der ältesten Universitäten des Landes und wird noch heute von Tausenden Studenten bevölkert. Die Universitätsgebäude liegen mitten im Zentrum. Trotz der vielen Studenten ist das Nachtleben eher beschaulich.

SEHENSWÜRDIGKEITEN

Eine Ahnung von der reichen Vergangenheit Pisas bekommt man auf der Piazza dei Miracoli mit ihrem berühmten schiefen Turm, dem Dom und dem Baptisterium. Leider verpassen viele Besucher die umliegenden Viertel. Dabei hat Pisa so viel mehr zu bieten, zum Beispiel über 20 Kirchen.

PISA STADT

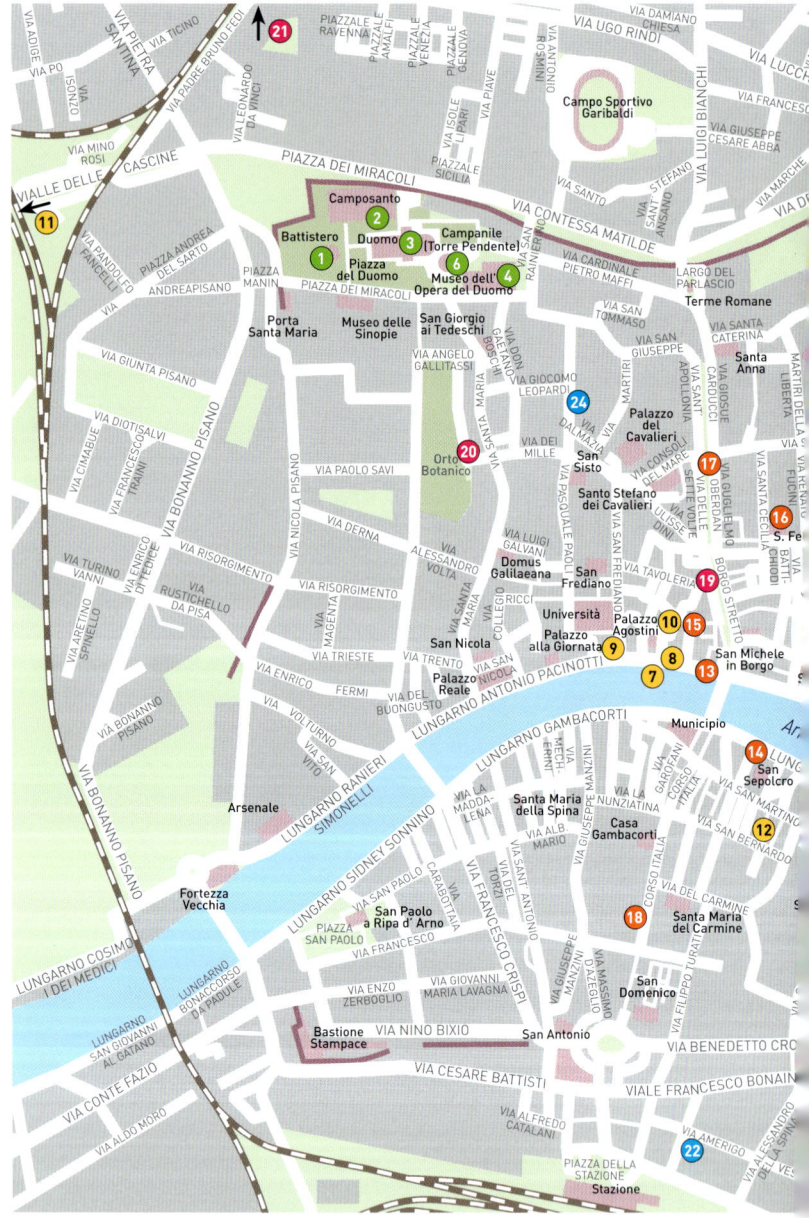

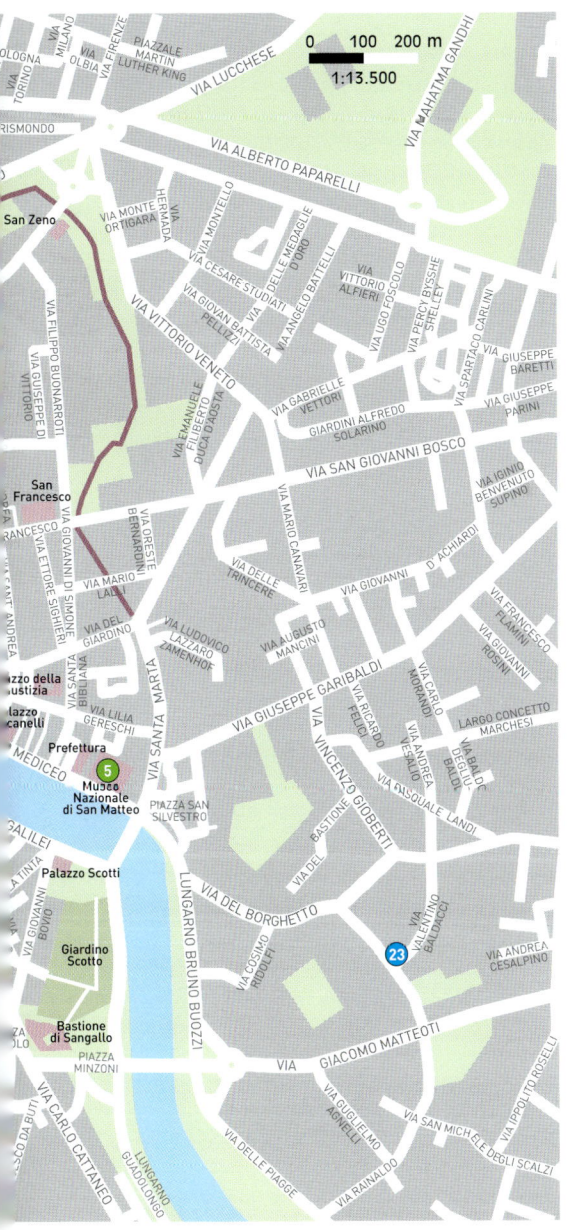

Wenn Sie mehr als eine Sehenswürdigkeit besuchen möchten, lohnt sich der Kauf von Kombikarten, zum Beispiel für Camposanto, Dom und Baptisterium (www.opapisa.it).

CATTEDRALE DI SANTA MARIA ASSUNTA Der Dom aus dem 11. Jahrhundert besteht außen aus grauem Marmor und weißem Naturstein, innen aus weißem und schwarzem Marmor. Das Bauwerk weist neben lombardischen auch byzantinische (Mosaiken) und arabische (Spitzbögen) Einflüsse auf. Von den ursprünglich vier Bronze-türen gibt es nur noch die an der Porta di San Ranieri, dem einstigen Haupteingang. Die Türen aus massiver Bronze tragen Reliefs mit Motiven aus dem Neuen Testament.

PIAZZA DEL DUOMO/PIAZZA DEI MIRACOLI, WWW.OPAPISA.IT, T 050 835011, GEÖFFNET: TÄGLICH MÄRZ 10.00-18.00, APR.-SEPT. 10.00-20.00, OKT. 10.00-19.00, NOV.-FEBR. 10.00-12.45 & 14.00-17.00, EINTRITT: 2 €

TORRE PENDENTE (DER SCHIEFE TURM VON PISA) Weltberühmt wegen seiner Architektur, vor allem aber wegen seiner eindrucksvollen Schieflage: Um zehn Prozent neigt sich der Turm. 1173 wurde mit dem Bau begonnen, aber als sich nach den ersten drei Stockwerken der Boden senkte, kam er zum Stillstand. Erst 1275 wurden die Bau-arbeiten wiederaufgenommen. Auf diesem Turm soll Galilei das Prinzip der Schwer-kraft erforscht haben, indem er einen Stein von oben hinabfallen ließ. 1990 wurde der Turm aus Sicherheitsgründen geschlossen und in jahrelanger Arbeit aufwendig ge-stützt, um den Neigungsgrad zu verringern. Seit 2004 ist er wieder für Besucher geöff-net und fit für die nächsten drei Jahrhunderte. Die Besteigung (294 Stufen) lohnt sich.

PIAZZA DEL DUOMO/PIAZZA DEI MIRACOLI, WWW.OPAPISA.IT, T 050 835011, GEÖFFNET: TÄGLICH MÄRZ 9.00-17.30, APR., MAI & SEPT. 8.30-20.00, JUNI-AUG. 8.30-23.00, OKT. 9.00-19.00, NOV. & FEBR. 9.30-17.30, DEZ. & JAN. 10.00-16.30, EINTRITT: 15 €

Die Nordseite des Turms ist 54,8 Meter, die Südseite 55,6 Meter hoch. Lässt man auf der Nordseite einen Stein fallen, schlägt dieser aufgrund der Neigung des Gebäudes 4,5 Meter neben dem Turm auf dem Rasen auf.

BATTISTERO Mit dem Bau des Baptisteriums wurde 1153 begonnen. Im 13. Jahrhundert wurde die Taufkapelle von Nicola und Giovanni Pisano fertiggestellt und mit den reichen gotischen Verzierungen und der Kuppel versehen. Die Kapelle ist Johannes dem Täufer geweiht. Auf der äußeren Tür im byzantinischen Stil sind Szenen aus dessen Leben dar-gestellt, und eine Bronzestatue des Apostels ziert das Taufbecken. In der Lünette über dem Haupteingang steht eine Kopie der *Maria mit Kind* von Giovanni Pisano aus dem Jahr 1299. So reich sich die äußere Gestaltung der Kapelle präsentiert, so schlicht ist ihr Inneres. Die Kuppel hatte bis ins 14. Jahrhundert hinein eine Öffnung in der Mitte, die den Blick auf den Himmel freigab. Achten Sie auch auf die einmalige Akustik.

PIAZZA DEL DUOMO/PIAZZA DEI MIRACOLI, WWW.OPAPISA.IT, T 050 835011, GEÖFFNET: TÄGLICH MÄRZ 9.00-18.00, APR.-SEPT. 8.00-20.00, OKT. 9.00-19.00, NOV.-FEBR. 10.00-17.00, EINTRITT: 5 €

CATTEDRALE DI SANTA MARIA ASSUNTA & DER SCHIEFE TURM VON PISA

CAMPOSANTO MONUMENTALE Dieser gotische Friedhof liegt direkt an der alten Stadtmauer. Die Legende besagt, Erzbischof Ubaldo de Lanfranchi habe Erde vom Berg Golgatha per Schiff kommen lassen, damit der Friedhof auf "heiliger Erde" entstehe. Daraufhin begann der Architekt Giovanni di Simone 1277 mit dem Bau des Friedhofs, der wie das ihn umgebende Kloster erst 1464 fertiggestellt wurde. Die über 600 Grabstätten im 126 Meter langen, von einem Kreuzgang geschützten Innenbereich lassen darauf schließen, dass der Camposanto bis ins 18. Jahrhundert hinein als Friedhof diente. Im Zweiten Weltkrieg wurden viele der mittelalterlichen Wandmalereien und der Fresken aus dem 14. Jahrhundert beschädigt. Und auch von den römischen Statuen und Sarkophagen sind nur noch 84 erhalten. Dank der hervorragenden Restaurierungsarbeiten, die 30 Jahre dauerten, erstrahlen die Fresken wieder im alten Glanz. Das berühmteste Fresko ist der *Triumph des Todes*: Thema ist die Pest, die Strafe Gottes.
PIAZZA DEL DUOMO/PIAZZA DEI MIRACOLI, WWW.OPAPISA.IT, T 050 835011, GEÖFFNET: TÄGLICH MÄRZ 9.00-18.00, APR.-SEPT. 8.00-20.00, OKT. 9.00-19.00, NOV.-FEBR. 10.00-17.00, EINTRITT: 5 €

MUSEO DELL'OPERA DEL DUOMO Dieses Museum beherbergt die Kunstschätze des Doms und der anderen Baudenkmäler auf der Piazza dei Miracoli. Hier findet man zum Beispiel das Original der Elfenbeinstatue der *Maria mit Kind* von Giovanni Pisano. In den Schatzkammern liegen unter anderem mittelalterliche Reliquien, die beim Brand vom 27. Juli 1944 im Camposanto gerettet wurden – darunter einige, die (glaubt man der Legende) kleine Steinchen aus der Erde von Golgatha enthalten.
PIAZZA ARCHIVESCOVADO 8, WWW.OPAPISA.IT, T 050 835011, GEÖFFNET: TÄGLICH MÄRZ 9.00-18.00, APR.-SEPT. 8.00-20.00, OKT. 9.00-19.00, NOV.-FEBR. 9.00-17.00, EINTRITT: 5 €

MUSEO NAZIONALE DI SAN MATTEO ist eines der bedeutendsten Museen für italienische Kunst des Mittelalters und in einem ehemaligen Benediktinerkloster aus dem 13. Jahrhundert untergebracht. Schwerpunkt der Sammlung ist die mittelalterliche pisanische Bildhauerei mit Statuen von Donatello, Nicola und Giovanni Pisano sowie Andrea della Robbia. Lassen Sie sich auch die umfangreiche Sammlung von Werken toskanischer Maler wie Giunta Pisano und Simone Martini nicht entgehen.
PIAZZA SAN MATTEO IN SAORTA 1, T 050 541865, GEÖFFNET: DI-SA 8.30-19.00, SO 9.00-13.30, EINTRITT: 5 €

ESSEN & TRINKEN

Bummeln Sie in aller Ruhe durch die kleinen Gassen, die zur Ponte di Mezzo führen. Hier und jenseits des Arno finden Sie die echten italienischen Cafés und Restaurants.

RISTORANTE POLDINO ist bekannt für Gerichte mit Zutaten aus dem Naturpark San Rossore. Seit 1925 werden in diesem Restaurant bevorzugt Produkte aus diesem Naturschutzgebiet verarbeitet, zum Beispiel Pinienkerne, Honig und Pecorino aus der Milch des im Park lebenden Weideviehs. Die Inhaber haben einen Jagdschein, dürfen Tiere selbst schießen und tragen so zur Wildpflege bei. Während der Jagdsaison

OSTERIA DEL PORTON ROSSO Ⓛ **GELATERIA DE' COLTELLI** Ⓡ

(Mitte September bis Ende Dezember) stehen unter anderem Wildschwein und Reh auf der Karte – frischer als hier kommt es nirgendwo auf den Teller.

CASCINE VECCHIE 13, WWW.RISTORANTEPOLDINOSANROSSORE.IT, T 050 9911212, GEÖFFNET: TÄGLICH 19.30-23.00, PREIS: 15 €

GELATERIA DE' COLTELLI Die Spezialität dieser Eisdiele ist eine ganz besondere Geschmacksrichtung: Pinienkerneis. Hergestellt wird es aus Pinienkernen aus dem nahe gelegenen Naturpark San Rossore, in dem zahlreiche Pinien stehen. Es gibt jedoch noch viele weitere köstliche Sorten, die täglich frisch zubereitet werden. Innen an der langen Bar kann man sein Eis in aller Ruhe genießen.

LUNGARNO ANTONIO PACINOTTI 23, WWW.DECOLTELLI.IT, T 345 4811903, GEÖFFNET: SO-DO 12.UU-23.00, FR-SA 12.00-23.30, PREIS: KUGEL EIS 2 €

L'INSALATERIA In dieses kleine Restaurant kommen Studenten und Geschäftsleute wegen eines schnellen, gesunden Mittagessens mit Blick auf den Arno. Man wählt einen Basissalat aus und kreuzt auf einer Karte alle gewünschten Zutaten an. Für ein Picknick kann man sich die Salate auch zum Mitnehmen einpacken lassen.

LUNGARNO PACINOTTI 40, WWW.LINSALATERIA.IT, T 050 2200423, GEÖFFNET: TÄGLICH 11.30-15.30 & 19.00-22.00, PREIS: 4 €

PIUMI

TRATTORIA DA CUCCIOLO Der Küchenchef dieser Trattoria wurde 2007 mit dem Preis für den besten Koch ausgezeichnet, und noch immer wird hier anspruchsvoll gekocht. Die umfangreiche Karte mit Fisch- und Fleischgerichten wird regelmäßig erneuert, doch Spezialität des Hauses sind die *crostini misti* (geröstete Brotscheiben mit verschiedenen Belägen), die zu den typisch toskanischen Antipasti zählen.
VIA ROSSELMINI 9, WWW.TRATTORIADACUCCIOLO.IT, T 050 26086, GEÖFFNET: MO-SA 12.00-15.00 & 19.00-23.00, SO 12.00-15.00, PREIS: 18 €

OSTERIA DEL PORTON ROSSO In einer Gasse am Arno liegt dieses edle und hochpreisige Restaurant, das in ganz Pisa für seine ausgezeichnete Küche bekannt ist. Hier kehrt man abends nicht nur auf einen schnellen Happen ein. Was viele nicht wissen: Die Osteria bietet auch ein Mittagsmenü an, das vor allem bei Geschäftsleuten beliebt ist. Das Menü wechselt täglich, besteht jedoch immer aus Vorspeise, Hauptgericht mit Gemüsebeilage und einem Kaffee.
VIA PORTON ROSSO 11, T 050 580566, WWW.OSTERIADELPORTONROSSO.COM, GEÖFFNET: MO-SA 12.30-15.00 & 19.00-23.00, PREIS: MITTAGSMENÜ 10-15 €, ABENDMENÜ AB 25 €

CAFFÈ DELL'USSERO Das Café im alten Palazzo Agostini, eines der ältesten und bekanntesten Cafés der Stadt, gab es schon 1775. Damals trafen sich hier die Reichen und Intellektuellen. Noch immer begegnet man dort der Upperclass von Pisa, aber inzwischen auch vielen Studenten. Man kommt auf einen schnellen Kaffee, zum Zeitunglesen oder Plaudern.
LUNGARNO ANTONIO PACINOTTI 27 (PALAZZO AGOSTINI), WWW.CAFFEDELLUSSERO.IT, T 050 581100, GEÖFFNET: SO-FR 7.00-21.00, PREIS: TASSE KAFFEE 1,50 €

SHOPPEN

Die wichtigsten Einkaufsmeilen von Pisa sind der Borgo Stretto und der Corso Italia, wo sich vor allem die großen Ladenketten angesiedelt haben. Die kleinen Boutiquen und Shops voller Krimskrams findet man in den schmalen Seitenstraßen und versteckten Gassen.

DE BONDT Edles Schokoladengeschäft eines Chocolatiers, der in seinem Atelier unwiderstehliche Kreationen zaubert. Das Sortiment ist riesig – und vor allem köstlich. Außer Pralinen und Schokolade gibt es allerlei Zubehör wie Fondue-Sets oder Bonbonnieren. Viele Cafés aus der Region verwenden die Schokolade von De Bondt für ihre heiße Schokolade.
LUNGARNO ANTONIO PACINOTTI 5, WWW.DEBONDT.IT, T 050 3160073, GEÖFFNET: DI-SA 9.30-20.00, SO 10.00-13.00

PASTICCERIA TRIPOLI Wer in Pisa etwas zu feiern hat, bestellt hier Kuchen und Torten. Die Pasticceria Tripoli bietet ein breites Sortiment an traditionellen Gebäckspezialitäten. Unbedingt probieren sollte man die *torta coi bischeri* ("Schelmentorte"),

ein Kuchen aus Reis und Schokolade, oder die *cenci* (wörtlich: Putzlappen), ein längliches Karnevalsgebäck aus einer Art Krapfenteig.

VIA OBERDAN GUGLIELMO 53, WWW.PASTICCERIADATRIPOLI.COM, T 050 579831, GEÖFFNET: DI-SA 7.30-19.30

MODULO Dieser Einrichtungsladen ist vollgestopft mit einer bunten Mischung aus
Kinderstühlen, Abfalleimern, Geschirr und Wanduhren. Sehen Sie sich in aller Ruhe um:
Hier finden Sie garantiert ein nettes Mitbringsel oder eine Inspiration für Ihr Zuhause.

VIA S. CECILIA 4, T 050 542804, GEÖFFNET: MO 16.00-19.30, DI-SA 10.00-13.30 & 16.00-19.30

DOMUS Der schönste Geschenkeladen von Pisa: Klassiker sind die Espressokannen
von Bialetti, mit denen man sich echten italienischen Kaffee auf dem heimischen Herd
zubereiten kann, und die Milchschäumer für einen perfekten Cappuccino. Domus hat
zudem ein breites Angebot an Alessi-Artikeln.

LUNGARNO GALILEI 34/35, T 050 43042, GEÖFFNET: MO 15.30-19.30, DI-SA 10.00-13.00 & 16.00-20.00

PIUMI bietet ein großes Sortiment an Herren- und Damenschuhen – von Turnschuhen
bis hin zu eleganten Pumps, von erschwinglich bis teuer. Auch Gürtel und Taschen
werden hier verkauft. In den langen Vitrinen, die den Eingang flankieren, ist ein Großteil
der Kollektion ausgestellt. So kann man sich schon einmal umsehen, ohne gleich von
einem Verkäufer angesprochen zu werden.

CORSO ITALIA 122, WWW.PIUMI.COM, T 050 500030, GEÖFFNET: DI-SA 9.30-13.00 & 16.00-20.00

MERCATO DELLE VETTOVAGLIE Auf diesem Markt auf der gleichnamigen Piazza
findet man Stände mit Kleidung und Schuhen. Interessanter jedoch sind die Buden in
den Straßen rund um den Platz, wo (regionale) Produkte wie Wurst, Käse, toskanisches
(salzloses) Brot, Obst, Gemüse und *sotto aceti* (Gläser mit in Essig eingelegten Lebensmitteln) feilgeboten werden. Hier kaufen auch die Einheimischen gern und reichlich ein.

PIAZZA VETTOVAGLIE/VIA CAVALCA/PIAZZA S. OMOBONO/VIA QUARANTOTTI, GEÖFFNET: MO-SA 7.00-13.30

100% THERE

**Pisa hat mehr zu bieten als Baudenkmäler, Läden und Restaurants. Bummeln Sie
doch einmal über den Antiquitätenmarkt oder durch den botanischen Garten.**

ORTO BOTANICO Der älteste botanische Garten der Welt wurde 1544 auf Initiative des
Arztes und Botanikers Luca Ghini und des Mäzens Cosimo de' Medici angelegt. Der
Garten, einst zum Anbau heilsamer Pflanzen und Bäume vorgesehen, musste dreimal
"umziehen" und befindet sich seit 1591 an seiner heutigen Stelle. Außer dem Arboretum
und einem der ältesten Gewächshäuser Italiens findet man hier auch Kräutergärten,
Teiche, ein naturhistorisches Museum und das botanische Institut von 1595.

*VIA GHINI 5, WWW.BIOLOGIA.UNIPI.IT/ORTOBOTANICO, T 050 2211313, GEÖFFNET: MO-FR 8.30-17.30, SA 8.30-13.00,
EINTRITT: 2,50 €*

ORTO BOTANICO

ANTIKMARKT Für Liebhaber antiker Kostbarkeiten gibt es jeden zweiten Sonntag im Monat auf und im Umkreis der Via Borgo Stretto einen Antiquitätenmarkt. Neben alten Möbeln und Gegenständen werden auch Stücke der sogenannten *arte povera* (Möbel im Kolonialstil) angeboten.

VIA BORGO STRETTO, ZWEITER SO IM MONAT

Luminara di San Ranieri

Der heilige Rainer, San Ranieri, ist der Schutzpatron von Pisa, und zu seinen Ehren findet jährlich am 16. Juni ein großes Fest statt. Die Geschäfte sind dann geschlossen, und es gibt mehrere Prozessionen in der Stadt sowie einen Flohmarkt auf der Via Maria und der Piazza dei Cavalli. Am 17. Juni startet auf dem Arno traditionsgemäß die berühmte Ruderregatta in mittelalterlichen Kostümen.

SPIEL- UND WASSERPARK PICCOLO MONDO Ein wahres Kinderparadies: Rutschen (die größte ist 40 Meter hoch), Trampoline und Kartbahnen – für alle Altersgruppen gibt es hier etwas zu erleben. Praktisch an Regentagen: viele Spielgeräte sind überdacht. Abkühlung für die ganze Familie bietet das Schwimmbad mit mehreren Wasserrutschen.

STRADA PROVINZIALE 9, VON PISA NACH VECCHIANO, WWW.PICCOLOMONDO.IT, T 338 7726711 (HANDY), GEÖFFNET: TÄGLICH 17.00-22.30, SCHWIMMBAD IM SOMMER TÄGLICH 10.30-19.30, EINTRITT: PARK 6 €, SCHWIMMBAD 10 €

ÜBERNACHTEN

In Pisa ein gutes Hotel zu finden, ist gar nicht so leicht. Durch den großen Touristenandrang sind die Hotels in der Regel recht teuer und dennoch eher schlicht und ohne Parkmöglichkeit. Wer außer der Stadt auch das Übernachten genießen möchte, dem seien folgende Unterkünfte empfohlen.

BED & BREAKFAST MICHELE Dieses B&B ist vom Hauptbahnhof aus gut zu Fuß zu erreichen und liegt auch nur ein paar Schritte vom Zentrum entfernt. Die Zimmer sind sauber, geräumig und modern eingerichtet. Das Frühstück ist typisch italienisch: süße Teilchen mit Cappuccino. Zwei Zimmer teilen sich ein Bad, die anderen haben jeweils ein eigenes Bad.

VIA VESPUCCI 103, WWW.GUEST-HOUSE.IT, T 333 6011287 (HANDY), PREIS: AB 60 €

RELAIS DELL'OROLOGIO Dieses noble Fünfsternehotel ist in einem herrschaftlichen Haus aus dem 14. Jahrhundert mitten im Zentrum untergebracht. Es verfügt über 21 Zimmer und vier Suiten, allesamt mit prächtigen Holzdecken, Terrakottafliesen und Antiquitäten ausgestattet. Hinter dem Hotel befindet sich ein gemütlicher Innenhof, in dem das Frühstück serviert wird und man abends romantisch bei Kerzenlicht speisen kann. Am Hotel sind Parkplätze vorhanden.

VIA DELLA FAGGIOLA 12/14, WWW.HOTELRELAISOROLOGIO.COM, T 050 830361, PREIS: AB 200 €

Das **HOTEL SANTA CROCE** in Fossabanda befindet sich in einem ehemaligen Kloster, ein Stück außerhalb des städtischen Trubels, auf der anderen Seite der Stadtmauern. Die Zimmer sind sehr einfach, führen jedoch alle auf den reizvollen Innenhof. Im Kreuzgang wird morgens das Frühstück serviert. Einige der Zimmer dienten früher als Novizenzellen (diese Zimmer haben kein eigenes Bad, sondern nur ein Waschbecken). Alles ist top gepflegt und makellos sauber.

PIAZZA SANTA CROCE 5, WWW.FOSSABANDA.IT, T 050 970911, PREIS: AB 45 €

RUND UM PISA

CALCI

Calci liegt etwa zehn Kilometer östlich von Pisa. Durch seine Lage zwischen Florenz und Pisa war das Dorf in der Vergangenheit häufig Schauplatz blutiger Auseinandersetzungen zwischen den beiden mächtigen Städten.

CERTOSA DI CALCI Fast die gesamte Klosteranlage aus dem 14. Jahrhundert ist noch zu besichtigen. Die zahlreichen Gemächer der Mönche sind mit kunstvollen Fresken geschmückt, und auch Bibliothek, Küche und Apotheke können besucht werden. Im Innenhof steht ein sehenswerter Springbrunnen. Die alten Scheunen, Lagerräume und Werkstätten beherbergen eines der ältesten naturhistorischen Museen der Welt, das zur Universität von Pisa gehört. Die Sammlung umfasst über 500.000 Objekte, darunter Gesteine und Fossilien, von denen "nur" einige Hundert ausgestellt sind. Die angebotenen Führungen vermitteln ein gutes Bild von diesem Gebäudekomplex.
VIA ROMA 79, T 050 2212970, GEÖFFNET: 16. SEPT.-JUNI DI-SA 9.00-18.00, SO & FEIERTAGE 10.00-20.00, JULI-15. SEPT. DI-SA 10.00-19.00, SO & FEIERTAGE 10.00-20.00, EINTRITT: 7 €

PÉCCIOLI

Das mittelalterliche Péccioli liegt auf einer Anhöhe zwischen Pisa und Volterra. Das verträumte Dorf bietet eine wunderschöne Aussicht über die toskanischen Hügel.

RISTORANTE PIZZERIA ARTE GRAPPE Von außen scheint Arte Grappe eine simple Pizzeria zu sein, doch der Schein trügt. Das Restaurant am beschaulichen Dorfplatz von Péccioli ist modern eingerichtet mit großen, farbenfrohen Gemälden an den Wänden. Sogar die Toiletten sind absolut stylisch. Die Karte wechselt regelmäßig, bietet aber immer ein hausgemachtes Pastagericht und einen reichhaltigen Salat. Abends gibt es auch Pizza, doch die vortreffliche Küche hat noch viel mehr zu bieten.
PIAZZA DEL POPOLO 4, WWW.ARTEGRAPPE.IT, T 0587 670154, GEÖFFNET: DI-FR 7.00-14.00 & 17.30-0.00, SA-SO 11.30-0.00, PREIS: 12 €

LA GREPPIA Schickes Lokal, das kulinarische Highlights aus der toskanischen Küche serviert. Das Restaurant ist eigentlich eine lange Halle mit gewölbeartigen Nischen, in denen rechts und links Tische stehen und man ganz für sich allein ist. Absolut empfehlenswert ist das *degustazione*-Menü, bei dem man in mehreren Gängen verschiedene Gerichte probiert.
PIAZZA DEL CARMINE 19/20, WWW.RISTORANTELAGREPPIA.IT, T 0587 672011, GEÖFFNET: MI-MO 12.00-15.00 & 19.00-0.00, PREIS: MENÜ 85 €

RISTORANTE PIZZERIA ARTE GRAPPE Ⓛ   CERTOSA DI CALCI Ⓡ

LAJATICO

Lajatico ist eine ursprünglich langobardische Siedlung und liegt nördlich von Volterra auf einer Hügelkette. Die meisten Einwohner leben vom Oliven- und Weinbau.

ANDREA-BOCELLI-KONZERT Lajatico ist die Geburtsstadt des Sängers Andrea Bocelli, der hier jedes Jahr ein großes Freiluftkonzert im natürlichen Amphitheater Teatro del Silenzio gibt. Der Name des Theaters rührt daher, dass es 364 Tage "in Stille gehüllt" ist. Einmal im Jahr wird die Ruhe von Bocelli "gestört".
PODERE CASADERA, WWW.TEATRODELSILENZIO.IT, T 02 62694710/334 7957670 (HANDY), EINTRITT: ETWA 70 €

WINDMÜHLEN Die Windmühlen von Orciatico (Ortsteil von Lajatico) stammen aus dem 17. Jahrhundert. Davor wurde das Korn in Wassermühlen gemahlen, doch da die Flüsse im Sommer austrockneten, musste eine andere Lösung gefunden werden. Im Zweiten Weltkrieg wurden die Mühlen größtenteils zerstört, danach erfolgten ein paar Restaurierungsmaßnahmen. Die Ruinen liegen südlich von Orciatico. Ein zehnminütiger Spaziergang führt vom Dorf aus zu den *mulini a vento*.
STRADA VICINALE DEI MULINI A VENTO, ORCIATICO

VOLTERRA STADT

EINST HANDEL, HEUTE TOURISMUS

Volterra ist unter anderem dadurch bekannt, dass es einst zum etruskischen Zwölfstädtebund gehörte. Die Stadt hieß damals Velathris und war ein wichtiges Handelszentrum. Wegen ihrer Lage in einem schwer zu erobernden Gebiet war Volterra die letzte Stadt, die den Römern in die Hände fiel.

Im 5. Jahrhundert bekam Volterra einen eigenen Bischofssitz, und die Residenz der Bischöfe stand an der Stelle der heutigen Burg. Im Mittelalter war Volterra eine wohlhabende Stadt; heutzutage stellt der Tourismus die größte Einnahmequelle dar. Noch vor ein paar Jahren war die Stadt kaum "entdeckt", doch inzwischen geht es hier genauso touristisch zu wie im etwas größeren San Gimignano. Am besten kommt man früh am Morgen, wenn es noch ruhig ist und man die Sehenswürdigkeiten mit Muße besuchen kann.

SEHENSWÜRDIGKEITEN

Wären da nicht die Touristenhorden, wirkte Volterra wie aus einer anderen Zeit. Jedes Gebäude, jedes Gotteshaus hat seine eigene Geschichte. Hier folgt eine Auswahl der absoluten Highlights. Im Fremdenverkehrsbüro können Sie sich einen Audioguide ausleihen, der Sie in zwei Stunden durch die Stadt führt.

CATTEDRALE DI SANTA MARIA ASSUNTA (DUOMO) Der Dom von Volterra, errichtet im romanischen Stil, wird auch als die "verschandelte Kathedrale" bezeichnet. Beim Bau, der sich von 1120 bis ins 14. Jahrhundert hinzog, sollte die Kirchenfront – wie damals üblich – reich verziert werden. Durch Geldmangel kam es jedoch nicht dazu, weshalb die Kathedrale von außen eher unscheinbar wirkt. Innen ist das Gebäude mit seinen marmorbesetzten Säulen und der vergoldeten Decke im Hauptschiff hingegen alles andere als schlicht. In der Addolorata-Kapelle stehen zwei Terrakottafiguren aus der Hand von Andrea della Robbia. Sehenswert sind auch die Kanzeln aus dem 13. Jahrhundert mit Skulpturen und üppigen Reliefverzierungen.
PIAZZA SAN GIOVANNI, WWW.COMUNE.VOLTERRA.PI.IT/ENGLISH/CITTAIT/DUOMO, T 050 835011/12, GEÖFFNET: TÄGLICH NOV.-FEBR. 10.00-12.45 & 14.00-17.00, MÄRZ-OKT. 10.00-19.00, EINTRITT: 2 €

PALAZZO DEI PRIORI Das Rathaus wurde 1208 errichtet, da man die Ratssitzungen nicht länger im Dom abhalten wollte. Es ist das älteste Rathaus der Toskana und diente sogar als Vorbild für den Palazzo Vecchio in Florenz. Die Fassade ist in Höhe des ersten Stockwerks mit Wappen aus glasierter Terrakotta verziert, die aus der Werkstatt von Andrea della Robbia stammen. Wer den Turm des Gebäudes erklimmt, wird mit einer herrlichen Aussicht auf die Stadt und das umliegende Hügelland belohnt.
PIAZZA DEI PRIORI 1, WWW.COMUNE.VOLTERRA.PI.IT/ENGLISH/CITTAIT/CITPIAZ, T 0588 86318, GEÖFFNET: 16. MÄRZ-OKT. TÄGLICH 10.30-18.30, NOV.-15. MÄRZ SA-SO & FEIERTAGE 10.00-17.00, EINTRITT: 3,50 €

TEATRO ROMANO ACROPOLI Im nördlichen Teil Volterras liegt das römische Amphitheater. Es stammt aus der Zeit von Kaiser Augustus und gilt als eines der schönsten und besterhaltenen Amphitheater Italiens. Erbaut wurde es im Auftrag der damals bedeutenden und einflussreichen etruskischen Familie Caecina. Man sieht noch Überreste der Treppen, der Bühne und der unterirdischen Gänge, ein Teil wurde mit Originalsteinen rekonstruiert. Hinter dem Amphitheater stehen Reste eines Badehauses aus dem 4. Jahrhundert, als das Theater wahrscheinlich schon nicht mehr genutzt wurde.
PIAZZA CADUTI MARTIRI DEI LAGER NAZISTI, GEÖFFNET: 16. MÄRZ-OKT. TÄGLICH 10.30-17.30, NOV.-15. MÄRZ SA-SO & FEIERTAGE 10.00-16.00, EINTRITT: 3,50 €

Das **MUSEO ETRUSCO GUARNACCI**, 1761 eröffnet, ist eines der ältesten öffentlichen Museen Europas und eines der größten Etruskermuseen von Italien. Die in 26 Sälen ausgestellte Sammlung besteht fast ausschließlich aus Objekten, die in Volterra gefunden wurden. Zwei Exponate sind weltberühmt: die Skulptur *Ombra della Sera* (Abendschatten), eine lang gestreckte Bronzefigur aus dem 2. oder 3. Jahrhundert vor Christus, und die *Urna degli Sposi* (Urne der Brautleute, 2. Jahrhundert vor Christus). Letztere ist wegen des bemerkenswert realistischen Gesichtsausdruck der Brautleute auf dem Deckel bekannt. Das Museum besitzt über 600 etruskische Urnen, die meisten aus Alabaster oder Terrakotta. Die Verstorbenen sind auf den Urnendeckeln oft liegend dargestellt. Ferner umfasst die Sammlung unzählige Vasen, Amphoren, Münzen, Waffen, Goldschmiedearbeiten und Bronzestatuen.
VIA DON MINZONI 15, T 0588 86347, GEÖFFNET: 16. MÄRZ-OKT. TÄGLICH 9.00-19.00, NOV.-15. MÄRZ 8.30-13.45, EINTRITT: 8 €

Das **MUSEO DELLA TORTURA** zeigt als eines der wenigen Museen der Welt über 100 Folterinstrumente. Die Sammlung dokumentiert deren Entwicklung über die Jahrhunderte und vermittelt ein anschauliches Bild von der grenzenlosen Fantasie, aber auch der furchtbaren Grausamkeit der Erfinder solcher Geräte.
PIAZZA XX SETTEMBRE 3/5, T 0588 80501, GEÖFFNET: TÄGLICH 10.00-19.00, EINTRITT: 8 €

ESSEN & TRINKEN

Bei den meisten Restaurants hängen schon draußen die Touristenmenüs in mindestens vier Sprachen aus. Die Qualität ist nicht schlecht, aber kulinarische Offenbarungen oder typische toskanische Gerichte findet man hier kaum. Einheimische zieht es eher in nachfolgende Restaurants oder raus aus der Stadt.

LA VECCHIA LIRA ist eines der wenigen Restaurants in der Innenstadt, das – dank Köchin Patrizia – auch bei Einheimischen beliebt ist. Die Einrichtung des 2010 zum besten Restaurant der Provinz Pisa gekürten Lokals ist eher schlicht. Die Karte wechselt fast jeden Monat und bietet daher immer saisonale Gerichte; eine Besonderheit sind die vielen glutenfreien Speisen.
VIA MATTEOTTI 19, WWW.VECCHIALIRA.COM, T 0588 86180, GEÖFFNET: FR-MI 11.30-14.30 & 19.00-22.30, PREIS: 16 €

CATTEDRALE DI SANTA MARIA ASSUNTA (DUOMO)

DON BETA Dieses Lokal, das seit Generationen von derselben Familie betrieben wird, ist der absolute Favorit bei den Einwohnern von Volterra. Der Großvater hat das Sagen, der Sohn kocht, während der Enkel ihm dabei neugierig über die Schultern schaut, und die Großmutter kümmert sich um die Nachspeisen. Im Sommer stehen auch ein paar Tische draußen.

VIA MATTEOTTI 39, WWW.DONBETA.IT, T 0588 86730, GEÖFFNET: TÄGLICH 12.00-14.30 & 19.00-23.00, PREIS: MENÜ AB 15 €

ALIMENTARI BACCARELLA ROSELLA ist ein winziger, chaotischer – typisch italienischer – Lebensmittelladen, in dem man frisch belegte Brötchen bekommt. In der Vitrine liegen verschiedene Käse- und Wurstsorten aus, auf die man einfach nur zu zeigen braucht.

VIA MATTEOTTI 10, T 0588 88804, GEÖFFNET: TÄGLICH 8.00-14.00 & 16.00-20.00, PREIS: BRÖTCHEN 2,50 €

....

Im Zentrum von Volterra gibt es vor allem Souvenir- und Alabasterläden. Für die Einheimischen Grund genug, zum Shoppen nach Pisa oder Siena auszuweichen – beide über 50 Kilometer entfernt.

....

100% THERE

Die Stadt Volterra wirkt wie ein einziges großes Freilichtmuseum. In diesem geschichtsträchtigen Ambiente werden jedes Jahr verschiedene Mittelalterfeste veranstaltet.

SETTIMANA MEDIEVALE In der letzten Augustwoche ist ganz Volterra im Bann des Mittelalters. Zum großen Fest erscheinen die Einwohner in historischen Kostümen, es gibt Wettkämpfe im Armbrustschießen und natürlich einen *palio* (Pferderennen). Geschäfte und Restaurants sind von frühmorgens bis spätabends geöffnet. Hotels locken oft mit hohen Preisnachlässen wegen der Menschenmassen auf den Straßen, die viele Touristen lieber meiden.

INNERHALB DER STADTMAUERN VON VOLTERRA, LETZTE AUG.-WOCHE

ÜBERNACHTEN

In Volterra gibt es jede Menge Hotels und Pensionen, doch oft ist kein Parkplatz vorhanden und die Zimmer sind hellhörig. Für einen wirklich angenehmen Aufenthalt empfehlen sich folgende Adressen.

VILLA NENCINI Das Hotel liegt zwischen den etruskischen und den mittelalterlichen Stadtmauern von Volterra, ca. 500 Meter vom Zentrum entfernt. Die Villa bietet einen Panoramablick, der bis zum Meer und bei klarer Sicht bis zu den toskanischen Inseln reicht. Die Zimmer sind geräumig und verfügen neben allem Komfort wie Satelliten-TV, Kühlschrank und Badezimmer mit Föhn zumeist auch über einen Balkon. In jeder Etage gibt es ein Zimmer mit behindertengerechtem Bad. Der große Pool im Garten ist abends stimmungsvoll beleuchtet.

BORGO SANTO STEFANO 55, WWW.VILLANENCINI.IT, T 0588 86386, PREIS: AB 67 €

ANTICA BADIA Dieses Familienhotel mit Privatparkplatz ist nur zehn Gehminuten vom Zentrum entfernt. Das Hotel verfügt über elf große Zimmer mit Klimaanlage und eigenem Bad sowie einen Garten mit Swimmingpool. Das Restaurant im Keller ist eigentlich ein abgetrennter Nebenraum des Wohnzimmers der Familie. Das Frühstück ist reichhaltig und das Abendessen hervorragend, doch muss man sich für Letzteres vorher anmelden – eine gute Alternative zu den teuren Touristenrestaurants im Zentrum der Stadt.

VIA PISANA 33, WWW.ANTICABADIA.IT, T 0588 81600, PREIS: 78 €

AGRITURISMO SANTA VITTORIA Ein Stück außerhalb von Volterra liegt dieser *agriturismo* mit vier Appartements, die zweckmäßig eingerichtet und sauber sind. Vom Pool aus hat man eine prächtige Aussicht auf die Umgebung. Man sieht Wildschweine und Fasane und kann das Landleben genießen.

LOCALITÀ MOLINO D'ERA, WWW.AGRITURISMOSANTAVITTORIA.COM, T 0588 33071, PREIS: APPARTEMENT AB 300 €/WOCHE, ZIMMER AB 50 €/NACHT

RUND UM VOLTERRA

Südlich von Volterra liegt das Val di Cécina, benannt nach dem gleichnamigen Fluss, der das Tal durchzieht. Es ist eine wunderschöne Gegend mit grünen Hügeln, ausgedehnten Wiesen und Zypressenhainen. Hier findet man auf Anhöhen errichtete mittelalterliche Städtchen, deren Besuch sich schon allein wegen der spektakulären Anfahrt lohnt.

POMARANCE

Das alte Zentrum von Pomarance hat gerade mal eine Kirche und eine Kneipe zu bieten. Die lokale Wirtschaft ist ganz auf Geothermie und Stromerzeugung ausgerichtet. Am ersten Oktoberwochenende findet hier die *Fiera di Pomarance* statt, ein Markt für regionalen Produkte, auf dem unter anderem Trüffel und verschiedene Honigsorten verkauft werden.

PODERE PALAZZONE Entdecken Sie die Toskana einmal ganz anders: hoch zu Ross! Zusammen mit einem erfahrenen Führer geht es los zu einem Ausritt durch die toskanischen Hügel, bei dem auch abgelegene Bergseen durchquert werden. Dauer und Schwierigkeitsgrad richten sich nach den Gästen, sodass auch weniger versierte Reiter teilnehmen können. Für Übernachtungsgäste vermietet Podere Palazzone Ferienwohnungen.

VIA PALAGETTO 57, LOCALITÀ PALAZZONE, WWW.TOSCANAONHORSEBACK.COM, T 329 2118525 (HANDY), STARTZEIT NACH VORANMELDUNG UM 8.00 ODER 17.00, PREIS: JE NACH DAUER DES AUSRITTS UND TEILNEHMERZAHL, PREIS: APPARTEMENT (FÜR 4 BIS 5 PERS.) AB 750 €/WOCHE

MONTEVERDI MARITTIMO

Das winzige mittelalterliche Dorf Monteverdi Marittimo gilt als "Tor nach Volterra", denn es liegt an einer der Zufahrtsstraßen zur Stadt und übernahm zu Beginn des 13. Jahrhunderts deren Verteidigung.

ALIMENTARI SPECIALITÀ MUCCI Seit über 50 Jahren betreibt der Feinkosthändler Mucci hier seine Verkaufsstelle für toskanische Schinken- und Wurstwaren, Käsespezialitäten, Weine und andere Köstlichkeiten. Die große Auswahl an regionalen Produkten in dem kleinen Geschäft ist geradezu überwältigend. Von der Decke hängen schmackhafte Würste und Schinken, und es gibt sogar einen Käsekeller, eine Art Höhle unter dem Dorfplatz. Alles im Laden darf natürlich probiert werden. Empfehlung: der Wildschweinschinken.

PIAZZA DEL CONVENTO 8, T 0565 784217, GEÖFFNET: DI-SA 9.30-13.00 & 16.00-19.00

VILLA LE QUERCIOLAIE Etwas außerhalb von Monteverdi Marittimo hat der Bildhauer Rolando Stefanacci in einem zehn Hektar großen Park, in dem auch seine Villa und sein Atelier stehen, einige kleine Steinhäuser zu Ferienwohnungen umgebaut und diese mit eigenen Werken geschmückt. Er vermietet vier komfortabel ausgestattete Appartements (je 100 Quadratmeter) für vier bis sechs Personen. Wer ein Zimmer mit Frühstück bevorzugt, kann aus drei geräumigen Gästezimmern wählen. Der weitläufige Garten lädt zum Entspannen ein.

56040 MONTEVERDI MARITTIMO, WWW.VILLALEQUERCIOLAIE.IT, T 0565 784229, PREIS: AB 760-1500 €/WOCHE, B&B 100-150 €/NACHT

MONTESCUDAIO

Der Name Montescudaio bedeutet "Ort auf einem Berg". Das mittelalterliche Dörfchen entstand auf den Resten einer etruskischen Siedlung. Oberhalb des Dorfes liegt die ummauerte Piazza Castello mit ihrer Kirche und einem herrlichen Blick über die Hügel bis ans Meer. Wie in den meisten Dörfern im Val di Cécina ist auch in Montescudaio das Zentrum autofrei.

FATTORIA SANTA MARIA Auf diesem Weingut schwingt Oma Maria das Zepter, und das mit voller Leidenschaft. Die Fattoria Santa Maria ist einer der wenigen Winzerbetriebe, bei denen es noch richtig traditionell zugeht: Statt in Edelstahlbottichen reifen die Weiß-, Rot- und Roséweine sowie ein köstlicher Vin Santo in uralten Holzfässern. Eine Weinprobe macht die Auswahl nicht leichter. Wer nach der Verkostung nicht mehr fahren will oder einfach etwas länger an diesem paradiesischen Ort bleiben möchte, kann sich im hofeigenen *agriturismo* eine Ferienwohnung mieten.

PROVINCIALE DEI TRE COMUNI 131, WWW.FATTORIASANTAMARIA.IT, T 0586 650047, PREIS: WEIN AB 4 €/FLASCHE, PREIS: UNTERKUNFT 465 €/WOCHE ODER 19 €/P. P. PRO NACHT (MIN. 3 NÄCHTE), WEINPROBE KOSTENLOS

CÉCINA

Dieser Badeort lebt vom (hauptsächlich einheimischen) Tourismus. Hier gibt es viele Geschäfte und einen hübschen Strandboulevard.

ACQUA VILLAGE Großer Wasserspaß für die Kleinen: Der Komplex bietet mindestens zehn riesige Wasserrutschen und verschiedene Becken, darunter ein Wellenbad und ein Planschbecken. Auch Trampoline und einen großen Spielplatz gibt es hier.

VIA TEVERE 25, WWW.ACQUAVILLAGE.IT, T 0586 622539, GEÖFFNET: TÄGLICH 10.00-18.00, EINTRITT: 22 €

SCHIFFBAU UND REICHTUM

Das damals noch kleine Städtchen Livorno wurde 1027 erstmals urkundlich erwähnt. Um den Hafen von Pisa zu entlasten, erwarben die Medici 1421 die Stadt. Von da an florierte der Handel und Livorno gelangte zu großem Reichtum. 1518 begann man mit dem Bau des Hafens, später entstanden die Fortezza Vecchia und die Fortezza Nuova. Das Stadtzentrum wurde in Form eines fünfeckigen Sterns um die Festung herum gebaut.

Livorno ist gegenwärtig die drittgrößte Hafenstadt Italiens. Die Stadt hat eine lange Schiffbautradition; heute laufen hier vor allem große Luxusjachten vom Stapel.

Vielen gilt Livorno als hässliche Industriestadt, die nichts zu bieten hat. Tatsächlich wurden die meisten historischen Gebäude im Zweiten Weltkrieg zerstört. Was Livorno jedoch so attraktiv macht, ist seine Lebendigkeit. Nach all den malerischen, aber verschlafenen mittelalterlichen Ortschaften in der Umgebung kann Livorno eine willkommene Abwechslung sein. Dann stört auch nicht der Fischgeruch im Hafen und ringsherum, und auch den chaotischen Verkehr in der Innenstadt nimmt man gelassen hin. Im Kontrast dazu steht das ruhige alte Stadtviertel Venezia Nuova mit seinen kleinen Hafenbecken und schmalen Gassen am Wasser. Livorno verfügt aber auch über prächtige Gebäude im italienischen Jugendstil, im Bereich um die Viale Italia (Seepromenade). In einem dieser Bauwerke ist die bekannteste Ausbildungsstätte der italienischen Marine untergebracht.

Die schmale Provinz Livorno erstreckt sich auf mehr als 100 Kilometer am Meer entlang und bietet über 20 Kilometer perlweißen Sandstrand. In unmittelbarer Nähe der Hauptstadt Livorno gibt es allerdings nur Fels- und Kiesstrände.

....

Pisa und Livorno sind die zwei westlichen Provinzen der Toskana. Die beiden gleichnamigen Provinzhauptstädte liegen nicht weit voneinander entfernt und pflegen ihre gegenseitigen Rivalitäten. In Livorno heißt es "Meglio un morto in casa che un pisano sull'uscio", das bedeutet: "Lieber eine Leiche im Haus als einen aus Pisa an der Tür".

....

SEHENSWÜRDIGKEITEN

Livorno hat zwar nicht gerade viele alte Kirchen und Baudenkmäler zu bieten, dennoch gibt es in dieser Hafenstadt so einiges zu besichtigen. Dafür empfiehlt sich eine Stadtrundfahrt mit dem Hop-on-hop-off-Bus, der an vielen Stellen im Zentrum hält.

LIVORNO STADT

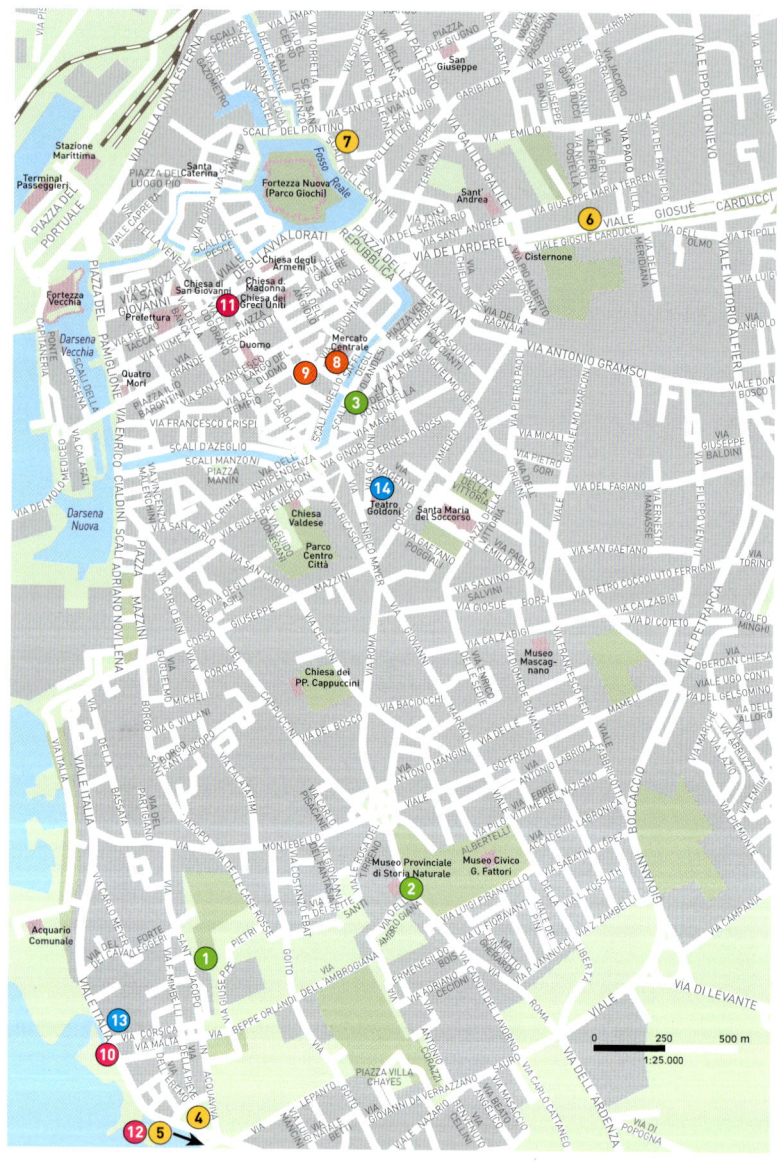

MUSEO CIVICO GIOVANNI FATTORI Dieses Museum ist in der Villa Mimbelli aus dem 18. Jahrhundert untergebracht. Im ersten Stock sind Werke Livornesischer Künstler aus dem 18. und 19. Jahrhundert wie Enrico Pollastrini und Mario Puccini ausgestellt. Die zweite Etage ist ganz den Malereien von Giovanni Fattori sowie anderen Künstlern der Macchiaioli-Strömung gewidmet.

VIA S. JACOPO IN ACQUAVIVA 65, PEGASO.COMUNE.LIVORNO.IT/INDEX, T 0586 808001, GEÖFFNET: DI-SO 10.00-13.00 & 16.00-19.00, EINTRITT: 4 €

Das **MUSEO DI STORIA NATURALE DEL MEDITERRANEO** zeigt eine ganze Küsten-stadt im Kleinen. Hier erfährt man alles über das Meer, das Land und den Himmel. Im Meeresabschnitt sieht man unter anderem Skelette von Fischen und anderen Meeres-tieren, die einen Einblick in das Leben unter Wasser geben. Im botanischen Garten wachsen seltene Pflanzen, und im Planetarium gibt es eine astronomische Ausstellung sowie ein Observatorium, in dem man die Sterne beobachten kann.

VIA ROMA 234, WWW.PROVINCIA.LIVORNO.IT/ATTIVITA/MUSEO/START.HTM, GEÖFFNET: MI & FR 9.00-13.00, DI, DO & SA 9.00-19.00, SO 15.00-19.00, EINTRITT: 6 €

TEMPIO DELLA CONGREGAZIONE OLANDESE ALEMANNA Die holländisch-deutsche Kirche wurde zwischen 1862 und 1864 im neogotischen Stil errichtet und ist in ihrer Art einzigartig in Livorno. Als Symbol für das multikulturelle Leben im früheren Livorno kündet sie von dessen einstiger Bedeutung als Hafenstadt. Die Holländisch-Deutsche Kongregation war bis 1960 aktiv, danach verfiel das Kirchen-gebäude. Einige Teile sind eingestürzt, andere undicht und baufällig geworden, weshalb die Kirche derzeit geschlossen ist. Aufgrund ihres historischen und künstlerischen Wertes engagiert sich eine Gruppe von Einwohnern für die Restaurierung der Kirche.

SCALE DEGLI OLANDESI, ZWISCHEN PIAZZA CAVOUR UND PIAZZA DELLA REPUBBLICA

ESSEN & TRINKEN

Da Livorno eine Hafenstadt ist, bekommt man in fast jedem Restaurant fangfrischen Fisch. Für Fischliebhaber ist das die Gelegenheit, eine livornesische Spezialität wie *cacciucco* zu probieren: ein Fischgericht aus verschiedenen Meerestieren (zumeist Tintenfische, Kraken, Krebse, Krabben, Muscheln und Gambas), Weißwein, Tomaten, Olivenöl, Knoblauch, Salbei und Pfefferschoten.

LA BARCAROLA Glaubt man den Einheimischen, gibt es bei La Barcarola den besten *cacciucco* der Stadt. Das Restaurant liegt an einer verkehrsreichen Straße, was man auf der Veranda oder im Innenhof jedoch kaum bemerkt. Außer Fisch werden auch Fleischgerichte und vegetarische Speisen serviert.
VIALE CARDUCCI 39, WWW.LABARCAROLA.IT, T 0586 402367, GEÖFFNET: MO-SA 12.30-15.00 & 19.30-22.30, PREIS: 27 €

BARACCHINA BIANCA Hier treffen sich die Yuppies, um auf der Terrasse bei einem Cocktail den Sonnenuntergang über dem Meer zu genießen. Um 19 Uhr beginnt die gut besuchte Happy Hour, regelmäßig finden auch Themenabende mit Livemusik statt. Sogar Frühstück, Mittag- und Abendessen bekommt man hier. Das Lokal ist so beliebt, dass sogar Pullis, T-Shirts und Mützen mit dem Logo verkauft werden.
PIAZZA SAN JACOPO IN ACQUAVIVA 18, WWW.BARACCHINABIANCA.IT, T 0586 807270, GEÖFFNET: DO-DI 8.00-0.00 (IM SOMMER BIS 2.00), PREIS: COCKTAIL 8 €

BARACCHINA ROSSA Schon seit 1887 kommen Livornos Mittelständler und Möchtegernkünstler hierher auf einen Drink, zum Kartenspielen oder zum Essen. Das Lokal gehört zu den bekanntesten und typischsten Bars der Stadt. Hier herrscht immer Betrieb – angefangen beim (reichhaltigen) Frühstück oder Mittagessen (belegte Focaccias oder üppige Salate) bis zum *aperitivo* und *dopocena* (dem gemütlichen Plaudern nach dem Essen) im Blumengarten direkt am Meer.
VIALE ITALIA 106, WWW.BARACCHINAROSSA.IT, T 0586 502169, GEÖFFNET: DO-DI 6.00-0.00 (IM SOMMER BIS 2.00), PREIS: FOCCACCINA & GLAS WEIN 7 €

Die **TRATTORIA AL GIRO DI BOA** (übersetzt "eine Runde um die Boje") ist wie so viele gute Restaurants eher unauffällig. Dabei gilt das Essen in dieser Trattoria unter den Einheimischen als das beste der Stadt. Livorno ist bekannt für seinen *ponce*, einen Punsch mit Kaffee und Rum, von dem sich Al Giro di Boa zu einem köstlichen Dessert hat inspirieren lassen.
SCALI DELLE CANTINE 90, T 0586 219150, GEÖFFNET: MO-SA 20.00-23.00, IM WINTER AUCH SO 12.00-15.00, PREIS: MENÜ AB 20 €

MERCATO DELLE VETTOVAGLIE

SHOPPEN

In der Via Grande gibt es die meisten Geschäfte, hauptsächlich große Ladenketten. Neben der Markthalle findet jeden Tag ein quirliger Kleidermarkt statt. Lust auf frischen Fisch? Dann ab zu den Buden am Hafen.

V.A.D. FORMAGGI Inhaber Bruno Simoni war einst Miteigentümer dieser Käse-handlung. Als er 1988 mit seinem Grana Padano einen Preis gewann, kaufte er gleich den ganzen Betrieb. Er arbeitet noch immer hier, heute mit seinen Kindern, und wird regelmäßig für die köstlichen Käsesorten wie Pecorino della Garfagnana oder Provolone ausgezeichnet. Neben Käse bietet er auch allerlei Sorten Schinken und Marmeladen an.
VIA DI FRANCO 36/38, WWW.VADFORMAGGI.COM, T 0586 884106, GEÖFFNET: DI, DO & SA 7.45-13.00, MO-SA 16.30-19.30

MERCATO DELLE VETTOVAGLIE 1894 ließ Angelo Baladoni im Zentrum von Livorno die größte Markthalle der Toskana errichten. Der Mercato Coperto ist im italienischen Jugendstil mit Bögen und Säulen gestaltet. Hier kaufen die Livornesen frischen Fisch, aber auch Fleisch, Gemüse, Obst und Milchprodukte.
VIA BUONTALENTI/SCALI AURELIO SAFFI, GEÖFFNET: MO-SA 8.00-13.30

100% THERE

Livorno hat natürlich jede Menge Wasser zu bieten. Bummeln Sie gemütlich durch die Viertel an den Kanälen oder machen Sie eine Bootsrundfahrt.

BOOTSFAHRT AUF DEN KANÄLEN Bei einer Rundfahrt über die Medici-Kanäle entdeckt man Livorno aus einer anderen Perspektive. Die Tour führt entlang der Fortezza Vecchia, durch den Stadtteil Venezia Nuova mit seinen Gebäuden und Lagerkellern aus dem 16. Jahrhundert, durch das bunte Viertel San Marco Pontino aus dem 19. Jahrhundert und zu allen Highlights der Stadt.
KARTENVERKAUF, INFORMATION UND PREISE (AB 5 €): TOURISTENINFORMATION, PIAZZA DEL MUNICIPIO, WWW.COMUNE.LIVORNO.IT/PORTALETURISMO

BAGNI PANCALDI ACQUAVIA Im frühen 20. Jahrhundert war dies das größte Strandbad der Welt und aufgrund seines Luxus eher reichen Badegästen vorbehalten. Der Komplex verfügt über einen Sandstrand am Meer, ein olympisches Schwimmbecken, ein Tauchzentrum, in dem man auch nachts tauchen kann, einen Fußballplatz und ein Restaurant mit Bar. Es werden Tretboote, Segelboote und Kanus vermietet. Vorsicht am Strand: Die Wellen können über die Liegen schwappen.
VIALE ITALIA 56, WWW.PANCALDIACQUAVIVA.IT, T 0586 805566, GEÖFFNET: MAI-SEPT. TÄGLICH 8.30-20.00, EINTRITT: 5 €, SONNENSCHIRM 8 €, LIEGE 8 €

STRAND CALA DEL LEONE ist der Lieblingsstrand der Livornesen und daher oft ziemlich voll. Man kommt am besten zeitig, um noch einen Parkplatz und ein Plätzchen am Strand – an dem es übrigens keinerlei Einrichtungen gibt – zu ergattern. Er befindet sich zwischen Livorno und Quercianella. Fahren Sie nach dem Restaurant Romito weiter nach Quercianella. Kurz vor dem Ort liegt in einer scharfen Kurve links ein kleiner Parkplatz. 100 Meter vor dem Parkplatz, am Schild "Cala del Leone", geht es erst durch eine Öffnung in den Leitplanken und dann über einen schmalen Pfad bis zum Strand.

VIA DEL LITTORALE

ÜBERNACHTEN

Livorno ist nicht sehr touristisch, und das spürt man am Übernachtungsangebot. Gute Zimmer sind eher rar, vor allem, wenn man ein eigenes Bad möchte.

HOTEL TOURING Dieses kürzlich renovierte Hotel liegt ideal für eine Erkundungstour durch Livorno; alle Sehenswürdigkeiten sind zu Fuß erreichbar. Die in warmen Brauntönen gehaltenen Zimmer sind modern und stilvoll eingerichtet und klimatisiert. Das Frühstück ist nicht im Preis enthalten und eher mäßig; da frühstückt man besser in einer der vielen Kaffeebars in der Stadt.
VIA GOLDONI 61, WWW.HOTELTOURINGLIVORNO.IT, T 0586 898035, PREIS: AB 75 €

STRAND CALA DEL LEONE

GRAND HOTEL PALAZZO Dieses Fünfsternehotel mit entsprechenden Zimmern ist in einem der schönsten *palazzi* der Stadt aus dem späten 18. Jahrhundert angesiedelt, der unlängst restauriert wurde. Das bei Promis beliebte Haus gegenüber dem Boulevard gewährt einen Blick auf die Terrazza Mascagni und das Meer. Es verfügt über einen riesigen Wellnessbereich, Innen- und Außenpool, Solarium und verschiedene Boutiquen.
VIALE ITALIA 195, WWW.GRANDHOTELPALAZZO.IT, T 0586 260836, PREIS: AB 200 €

STRAND, WEIN UND ETRUSKER

Der südlichste Teil der Provinz Livorno wird Val di Cornia genannt und ist bekannt für seine Weine. Es ist eine hügelige Gegend mit mittelalterlichen Dörfern wie Campiglia Marittima, Suvereto, Sasseta, Populonia und Castagneto Carducci (das schon zur Provinz Pisa gehört).

Das Val di Cornia ist eine prächtige Landschaft mit Getreidefeldern, Sonnenblumen und Weinbergen. Die sogenannte Strada del Vino ist eine romantische, schattige Straße, die an unzähligen Weingütern entlangführt. Die Region wird auch als Etruskerküste bezeichnet, da entlang der Küstenlinie zahlreiche Orte liegen, in denen einst die geheimnisvollen Etrusker lebten. Noch heute findet man hier Überreste ihrer Siedlungen, zum Beispiel mehrere Nekropolen.

CASTAGNETO CARDUCCI

Das kleine mittelalterliche Zentrum von Castagneto Carducci mit seinem schmucken Rathaus bietet eine herrliche Aussicht über die toskanischen Hügel und das Meer. Das Städtchen verdankt seinen Namen den vielen Kastanienbäumen, von denen es umgeben ist. 1907 bekam es den Zusatz "Carducci" zu Ehren des italienischen Dichters Giosuè Carducci, der hier aufwuchs.

Das **PICCOLO MUSEO DELL'OLIO** besteht aus nur einem Raum, in dem Gegenstände ausgestellt sind, die früher bei der Herstellung von Olivenöl verwendet wurden. Fotos zeigen die Entwicklung der Olivenernte über die Jahrhunderte hinweg.
PIAZZETTA DELLA GOGNA, 16. SEPT.-14. JUNI DI-SO 10.30-12.30 & 17.30-19.30, 15. JUNI-15. SEPT. SA-SO 17.00-20.00

S'A DI D'ANDÀ Diese *enoteca* verkauft Wein, Würste, Schinken und Käse, darunter auch Lardo Colonnata und Pecorino aus Rohmilch. Um die Köstlichkeiten zu probieren, können Sie hier zu Mittag oder Abend essen. Auf der Karte stehen kalte Speisen wie Salat mit verschiedenen toskanischen Käsesorten und Birnen, Schinken mit Melone oder Bruschetta, aber auch warme Suppen und natürlich toskanische Weine. Ab 17.30 Uhr ist *aperitivo*-Zeit. Auf der Terrasse sieht man die Sonne im Meer untergehen.
PIAZZA DEL POPOLO 1, T 0565 763563, GEÖFFNET: TÄGLICH 10.00-15.00 & 18.00-0.00, PREIS: MITTAGESSEN AB 12 €

PEPERITA Bei Peperita im Zentrum von Castagneto Carducci gibt es feurig-scharfe Delikatessen von Rita Salvadori, zum Beispiel pikante Marmeladen: köstlich zu einem guten Käse. Sehr lecker ist auch die Marmelade mit Honig und Pfefferschoten. Viele Produkte kann man vor dem Kauf probieren. Man bekommt hier auch Olivenöl, Dressings, gemahlene *peperoncini* und Pasteten.
VIA VITTORIO EMANUELE 32, WWW.PEPERITA.IT, T 393 6209346 (HANDY), GEÖFFNET: OSTERN-MAI & 16. SEPT.-OKT. SA-SO 15.30-18.30, JUNI-15. SEPT. 10.00-13.00 & 17.30-23.00

Der **FREIZEITPARK CAVALLINO MATTO** ist ein hübsch angelegter Park mit viel Grün und rund 30 Fahrgeschäften – vom nostalgischen Karussell bis hin zur aufregenden Achterbahn. Diese sind, bis auf wenige Ausnahmen, für Kinder von zwei bis etwa 15 Jahren gedacht. Im Park kann man Kanu und Motocross fahren sowie Zaubershows besuchen.

VIA PO 1, WWW.CAVALLINOMATTO.IT, T 056 5745720, GEÖFFNET: 14. MAI-5. AUG. & 20. AUG.-16. SEPT. 10.00-18.00, 6.-19. AUG. 10.00-19.00, EINTRITT: 22 € (KINDER BIS 1,40 METER FREI)

VILLA LE LUCI liegt ein paar Gehminuten vom Zentrum von Castagneto Carducci und zehn Autominuten von Bolgheri entfernt. Die sieben großen Zimmer haben prächtige Marmorbäder, manche sogar mit Whirlpool, und die Wände sind in Pastellfarben gehalten. Im Erdgeschoss liegt ein Appartement mit eigenem Eingang. Das reichhaltige Frühstück kann man im Garten genießen.

VIA UMBERTO I 47, WWW.VILLALELUCI.IT, T 0565 763601, PREIS: AB 130 €

BOLGHERI

Dieses quirlige mittelalterliche Städtchen in der Gemeinde Castagneto Carducci ist unter anderem wegen des Dichters Carducci bekannt, der hier in jungen Jahren wohnte. Die Zufahrt von der Autobahn aus ist eine prachtvolle, fast fünf Kilometer lange Zypressenallee. Aus der Umgebung stammen Weine, die zu den teuersten der Toskana gehören (*www.vini-bolgheri.com*). Entlang der Straße findet man unzählige Wein- und Olivenölerzeuger, die ihre Produkte verkaufen und meist auch Verkostungen anbieten.

LA TAVERNA DEL PITTORE im Herzen Bolgheris soll eines der ältesten Restaurants des Städtchens sein. Im schönen Lokal werden köstliche – vor allem toskanische – Gerichte wie gegrillte Entenbrust mit Zucchini serviert. Zudem gibt es eine umfangreiche Weinkarte mit ausgezeichneten Weinen aus Bolgheri und der Umgebung sowie eine romantische Terrasse.

LARGO NONNA LUCIA 4, WWW.LATAVERNADELPITTORE.IT, T 0586 620790, GEÖFFNET: DI-SA 12.30-15.00 & 19.30-23.00, SO 12.30-15.00, PREIS: 15 €

CAMPIGLIA MARITTIMA

Campiglia Marittima liegt an einem Hügel und wird von einer mächtigen Burgruine überragt. Der mittelalterliche Ort mit schmalen und teils steilen Gassen und Treppen hat einen hübschen zentralen Platz, an dem einige Restaurants und Cafés angesiedelt sind.

S'A DI D'ANDÀ

PARCO ARCHEOMINERARIO DI SAN SILVESTRO Die Bergwerke, in denen im Mittelalter Erz gewonnen wurde, sind seit fast 30 Jahren geschlossen. Um die Erinnerung an die mühsame Erzförderung zu erhalten, wurde 1996 dieser Bergbaupark eröffnet, in dem man verschiedene Museen und unterirdische Stollen besuchen kann. Nicht verpassen sollte man die Fahrt mit der Bergwerksbahn in das verlassene mittelalterliche Dorf Rocca San Silvestro.

VIA SAN VINCENZO 34B, LOCALITÀ TEMPERINO, WWW.PARCHIVALDICORNIA.IT, T 0565 838680, GEÖFFNET: NOV.-FEBR. SA-SO & FEIERTAGE 10.00-17.00, MÄRZ-MAI & OKT. SA-SO & FEIERTAGE 10.00-18.00, JUNI & SEPT. SA-SO 10.00-19.00, JULI-AUG. TÄGLICH 9.30-19.30, FÜHRUNGEN: AB 10 €

LA PANCA Diese Bar liegt am zentralen Platz innerhalb der Stadtmauern von Campiglia Marittima. Auf der Terrasse kann man das beschauliche Treiben des Städtchens beobachten. Die Einrichtung innen ist Geschmackssache, dafür schmeckt der Kaffee gut und die Brioches sind frisch. Auch empfehlenswert: die Cocktails und das Eis.

PIAZZA DELLA REPUBBLICA 7, T 0565 838774, GEÖFFNET: DI-SO 8.00-21.00, IM SOMMER DI-SO 8.00-0.00, PREIS: EIS 2 €, COCKTAIL AB 5 €

IL CASTAGNO TOSCANA Diese Residenz liegt in einer grünen Umgebung voller Kastanien an der Etruskerküste. Das typisch toskanische Haus verfügt über neun Ferienwohnungen. Die Zwei-Zimmer-Appartements sind im toskanischen Stil eingerichtet und haben alle eine gut ausgestattete Küche. Sie liegen an einem gemeinschaftlichen Garten mit Gartenmöbeln und einem Grill; manche Appartements haben sogar einen eigenen Garten. Wohnung zwei ist weniger empfehlenswert, da das Schlafzimmer keine Fenster hat.

VIA DI SAN VINCENZO, WWW.ILCASTAGNOTOSCANA.COM, T 0565 837209, PREIS: AB 400 €/WOCHE

POPULONIA

Das Dörfchen Populonia liegt auf einem Hügel und bietet einen atemberaubenden Blick auf das Meer mit der Insel Elba und dem Golf von Baratti. Der Ort verfügt lediglich über zwei Straßen. In der Bucht am Fuße des Hügels kann man picknicken, baden oder in einem der Restaurants einkehren.

ARCHÄOLOGISCHER PARK VON BARATTI UND POPULONIA Im 7. Jahrhundert v. Chr. war Populonia ein Industriezentrum, in dem die Etrusker Eisenerz aus Elba verarbeiteten. Ausgrabungen förderten eine Akropolis und zwei Nekropolen zutage, die man heute im archäologischen Park von Baratti und Populonia besichtigen kann. Dabei stehen fünf Routen zur Auswahl. Besuchen Sie zum Beispiel (mit einem Führer) die Nekropole von San Cerbone oder die Höhlennekropole mit in den Fels gehauenen Kammern und Grabstätten, sehen Sie sich im "Industriegebiet" um, wo das Eisenerz verarbeitet wurde, oder spazieren Sie über die alten Mauern des Burgberges. Mehr Informationen zu den verschiedenen Touren finden Sie auf der Website.

LOCALITÀ BARATTI, WWW.PARCHIVALDICORNIA.IT, T 0565 226445, GEÖFFNET: NOV.-FEBR. SA-SO & FEIERTAGE 10.00-16.00, MÄRZ-MAI & OKT. DI-SO & FEIERTAGE 10.00-18.00, JUNI & SEPT. DI-SO & FEIERTAGE 10.00-19.00, JULI & AUG. TÄGLICH 9.30-19.30, EINTRITT: AB 9 €

FORT POPULONIA Über Populonia thront ein Fort aus dem 17. Jahrhundert. Diese ehemalige Etruskerfestung kann man über eine schmale Holztreppe erklimmen, um die Aussicht auf den archäologischen Park, den Golf von Baratti und die Insel Elba zu genießen.

PIAZZA CURZIO DESIDERI, GEÖFFNET: TÄGLICH 9.00-17.00, EINTRITT: 2 €

ELBA INSEL

FESTUNGEN UND 147 KILOMETER KÜSTE

Der Legende nach verlor Venus, die Göttin der Schönheit und Liebe, ihren Perlen-schmuck und die Perlen fielen ins Tyrrhenische Meer, wobei sich jede Perle in eine wunderschöne Insel verwandelte. So entstand der Toskanische Archipel. Elba ist die größte Insel und gehört mit Pianosa, Capraia und Montecristo zur Provinz Livorno. Die Inseln Giglio und Giannutri sind Teil der Provinz Grosseto.

Elba liegt rund zehn Kilometer vom Festland entfernt. Von Piombino aus fahren ständig Fähren in etwa einer Stunde zum Küstenort Portoferraio. Elba hat 147 Kilometer Küste und nur knapp 30.000 Einwohner, doch im Sommer besuchen Hunderttausende Touristen die Insel.

Schon im 5. Jahrhundert vor Christus wurde Elba von den Etruskern bewohnt, die sich die vielen Eisenerzvorkommen zunutze machten. Nach den Etruskern kamen die Römer, von deren Bauten noch einige Überreste – zum Beispiel die einer römischen Villa – zu besichtigen sind. Auch die Medici haben in Form imposanter Festungen hier ihre Spuren hinterlassen.

Elba ist sehr grün und landschaftlich abwechslungsreich: Von den hoch gelegenen, mit dichtem Gebüsch bewachsenen Regionen geht es durch Kastanien- und Pinien-wälder zu romantischen Buchten mit weißen Sandstränden oder schroffen Felsküsten. Vom 1019 Meter hohen Monte Capanne bietet sich eine spektakuläre Aussicht auf die Insel. Die West- und die Ostküste sind eher wild und haben nur wenig Sandstrand, doch mit ihren Korallenriffen, Schiffswracks und Grotten sind sie ein Eldorado für Taucher. An den langen Küsten im Norden und Süden der Insel sind mehr Sandstrände zu finden.

....

Als der besiegte Kaiser Napoleon Bonaparte nach dem Vertrag von Fontainebleau im Jahr 1814 abdanken musste, wurde er nach Elba verbannt. Zwar blieb er nur ein knappes Jahr auf der Insel, doch in der Zeit führte er umfangreiche Reformen in der Landwirtschaft und Verbesserungen im Straßen- und Bergbau durch. 1815 kehrte er wieder nach Frankreich zurück.

....

Portoferraio ist Elbas größte und geschäftigste Stadt, aber zugleich auch die touris-tischste. In der Altstadt am Jachthafen und in der Gegend um die Piazza a Mare liegen die besten Ausgehadressen. Strandleben, Geschäfte und viele Kneipen, Cafés und Restaurants findet man auch in den Küstenorten Marina di Campo und Marciana Marina sowie im Hafen von Porto Azzurro.

ELBA INSEL

MAR TIRRENO

(TYRRHENISCHES MEER)

San Andrea
Zanca
Colle d'Orano
Chiessi
Pomonte
Fetováia
Secheto
Cavoli
San Pietro in Campo
Sant'Ilario
Marciana Marina
Redinoce
Marciana
Poggio
▲ 1018
Biódola
Viticcio
Scaglieri
Carpan
Prócchio
San Martir
La Pila
Bonalaccia
San Mamiliano
Campo nell'Elba
Marina di Campo
▲ 152

1 8 17 6 7 12 11 15 16 9 5 13

0   2   4 km
1:170.000

Nicht direkt am Meer gelegen, aber dennoch einen Besuch lohnen sind die hübschen Städtchen Capoliveri (viele Restaurants und nette Läden), Rio nell'Elba (einer der ältesten Orte und Herz des Erzreviers), Marciana (mit seinem mittelalterlichen Flair) und Poggio (weniger touristisch).

....

Wie kommt man nach Elba?
Von Piombino verkehren zwei Fährdienste auf die Insel. Die Überfahrt mit dem Auto lässt sich einfach zuvor reservieren. Die Fahrt nach Portoferraio (beziehungsweise Porto Azzurro) dauert ungefähr eine Stunde.
- Moby, Tel. 056 5914133, www.moby.it
- Toremar (oft günstiger als Moby), Tel. 056 531100, www.toremar.it

....

SEHENSWÜRDIGKEITEN

Elba ist vor allem ein Paradies für Liebhaber weiter Strände. Dass die Etrusker hier einst gelebt haben, ist nicht mehr zu sehen; dafür sind noch einige Überreste aus der Römerzeit erhalten geblieben. Jedes Dorf hat ein kleines, meist liebevoll gestaltetes Museum. Hier folgen einige Sehenswürdigkeiten, die einen Besuch wert sind.

ARCHÄOLOGISCHES MUSEUM Dieses erste archäologische Museum der Insel wurde 1968 gegründet. Der Besuch ist mit einem ordentlichen Aufstieg verbunden, doch die Anstrengung lohnt sich. In dem kleinen Museum gibt es prähistorische Funde aus Marciana zu bestaunen, aber auch Ausgrabungen aus der Bronzezeit und goldene etruskische Grabbeigaben aus dem 7. bis 5. Jahrhundert v. Chr.
VIA DEL PRETORIO 66, MARCIANA, T 0565 901215, GEÖFFNET: APR.-JUNI & SEPT. DO-DI 9.30-12.30 & 15.00-19.00, JULI & AUG. DO-DI 9.30-12.30 & 16.00-20.00, EINTRITT: 2 €

VILLA DEI MULINI, RESIDENZA NAPOLEONICA Hier residierte Napoleon während seines Exils auf Elba. Er wählte diese Villa wegen ihrer strategischen Lage hoch in den Hügeln der historischen Altstadt von Portoferraio. Die Villa stammt aus der Medici-Zeit und verdankt ihren Namen den vier Mühlen, die hier einst standen. Zu sehen sind in dem Haus unter anderem Napoleons Bibliothek mit seiner Büchersammlung und das Schlafzimmer mit Originalbett. Vom Garten aus hat man einen schönen Blick auf das Meer, die Stadt und die Festungsanlagen Forte Falco und Forte Stella, in denen seine Leibwächter wohnten.
PIAZZALE NAPOLEONICA, PORTOFERRAIO, T 0565 915846, GEÖFFNET: MO-FR 9.00-19.00, SA-SO & FEIERTAGE 9.00-13.00, EINTRITT: 7 €

GARDEN BEACH

VILLA DELLE GROTTE Die Überreste der Villa Patrizia, auch "Villa delle Grotte" (Grottenvilla) genannt, stammen aus dem 1. Jahrhundert v. Chr. Bis ins 2. Jahrhundert n. Chr. war dieses riesige römische Anwesen bewohnt, danach stand es lange Zeit leer. Erst im 4. Jahrhundert kamen neue Bewohner, diesmal Mönche, die das Gebäude wegen seines dramatisch schlechten Zustands aber im 6. Jahrhundert wieder verließen. Um 1800 wurde es fast vollständig abgerissen, um in strategischer Lage Platz für Kanonen zu schaffen. Heute kann man die Überreste der alten Mauern, Lagerräume, Dienerkammern und ein riesiges Schwimmbecken besichtigen.

VIA DELLE GROTTE, PORTOFERRAIO, T 0565 937111, GEÖFFNET: OSTERN-30. SEPT. TÄGLICH 8.00-20.00, EINTRITT: FREI

ESSEN & TRINKEN

Überall auf der Insel kann man gut essen, und auch die lokalen Weine sind hervorragend. Die touristischen Strandorte sind mit Kneipen und Restaurants geradezu gepflastert. Wer es etwas authentischer mag, muss sich nur ein kleines Stück abseits der Touristenmeilen aufhalten.

BAR RODRIGUEZ Ⓛ   RISTORANTE IL BORGO AL COTONE Ⓡ

GARDEN BEACH In Marina di Campo ist der Strandclub Garden Beach ein beliebtes Lokal, und tagsüber herrscht immer Betrieb. Draußen kann man in einem bequemen Korbsessel in aller Ruhe seinen Cappuccino schlürfen, drinnen bekommt man einen schnellen Espresso und den besten Kuchen des Städtchens. Abends scharen sich die Gäste am liebsten um die große Außenbar zum *aperitivo*. In den Sommermonaten gibt es freitag- und samstagabends Livemusik.

VIA GIUSTI, MARINA DI CAMPO, WWW.GARDENBEACH.IT, T 0565 976036, GEÖFFNET: APR.-OKT. TÄGLICH 7.00-2.00, PREIS: CAPPUCCINO 1,80 €, COCKTAIL 7 €

Das **RISTORANTE IL BORGO AL COTONE** liegt direkt am Meer im alten Fischer-hafen. Fisch ist denn auch die Spezialität des Hauses, vor allem die hausgemachte Pasta mit Fisch. Von der überdachten Terrasse aus überblickt man die gesamte Bucht.

VIA DEL COTONE 23, MARCIANA MARINA, WWW.RISTORANTEBORGOALCOTONE.COM, T 0565 904390, GEÖFFNET: OSTERN-SEPT. 12.00-14.30 & 19.00-0.00, PREIS: 18 €

BAR RODRIGUEZ Dieses Café am Marktplatz von Capoliveri ist für seinen guten Kaffee bekannt. Der wird in extragroßen Tassen, den *cappuccione*, serviert. Rodriguez macht übrigens auch ganz hervorragendes Eis. Für Mittagsgäste gibt es herrliche *insalatone* (Salate). Von der großen Terrasse aus lässt sich das bunte Treiben auf dem Platz wunderbar beobachten.

PIAZZA MATTEOTTI 5, CAPOLIVERI, T 0565 935092, GEÖFFNET: TÄGLICH 7.30-1.00, PREIS: KAFFEE 1,80 €

TRATTORIA SCIAMADDA Im verschlafenen Poggio sorgt nur diese Trattoria, betrieben von einem jungen Ehepaar, für etwas Leben. Während er in der Küche Spezialitäten wie Seeigel, Pappardelle aus Kastanienmehl oder mit Fisch gefüllte Ravioli zaubert, bedient sie gut gelaunt ihre Gäste. Hier gibt es Gerichte aus Genua, zubereitet mit Produkten von der Insel (zum Beispiel Esskastanien). Die Karte ist einfach und bietet vor allem kleinere Häppchen.

VIA DEL CARMINE 2, POGGIO, WWW.SCIAMADDA.COM, T 0565 909098, GEÖFFNET: OSTERN-OKT. MI-MO 12.00-15.00 & 19.00-23.00, PREIS: 8 €

SHOPPEN

Elba ist kein ausgesprochenes Shoppingparadies, und viele Geschäfte in den kleinen Badeorten schließen am Ende der Saison. Läden für Badeausrüstung und Kinderkleidung gibt es jedoch in Massen.

SMANIA Alle edlen Tropfen, die hier zu kaufen sind, stammen von der Insel. In diesem Fachgeschäft bekommt man außer Rot- und Weißweinen auch ganz ausgezeichnete Liköre wie *limoncino* (Zitronenlikör), *arancino* (Orangenlikör), *mirto* (Myrtenlikör) und natürlich diverse Sorten Grappa.

SCALI MAZZINI, LOCALITÀ CAPANILLI, CAMPO NELL'ELBA, WWW.SMANIALIQUORI.IT, T 0565 979095, GEÖFFNET: OSTERN-SEPT. TÄGLICH 9.30-12.30 & 16.30-23.00

....

Was ist der Unterschied zwischen limoncello *und* limoncino*? Das Getränk ist dasselbe, nur die Herkunft der Zitronen unterscheidet sich. Die Bezeichnung* limoncello *ist an bestimmte Auflagen gebunden wie eben die richtigen Zitronen und die Herstellung in den entsprechenden Regionen Italiens, hauptsächlich rund um den Golf von Neapel, an der Amalfiküste und auf der Insel Capri.*

....

IL CAPEPE ist ein winziger Laden, der aussieht wie in den Fels gehauen. An den Wänden hängen ein paar Regale mit verschiedenen Marmeladensorten, die hier in der kleinen offenen Küche hergestellt werden. Und zwar in besonderen Geschmackskombinationen: Tomate mit Rum, Aprikose mit Zimt, Melone mit Pfefferschoten ... alles darf probiert werden.

VIA DEL PRETORIO 2, MARCIANA, WWW.ILCAPEPE.COM, T 349 1447305 (HANDY), GEÖFFNET: MO-SA 10.00-13.00 & 14.30-19.30 (OSTERN-SEPT. AUCH 21.30-23.30)

STRAND INNAMORATA

100% THERE

Elba ist eine vielseitige Insel: Man kann an einem der vielen Strände herrlich relaxen oder aktiv die Gegend erkunden.

Den Inselbewohnern nach ist der **STRAND INNAMORATA** einer der schönsten Strände Elbas. Der "verliebte Strand" heißt so, weil er ein perfekter Ort für romantische Zweisamkeit ist, wenn der Sonnenuntergang das Meer in alle Farben des Regenbogens taucht. Innamorata ist ein sogenannter freier Strand, ohne Liegestühle. Dafür kann man in der Nähe Kanus und Tretboote mieten und zur gegenüberliegenden Insel fahren.
LOCALITÀ CALONE, CAPOLIVERI

STRAND FETOVAIA Diese Bucht mit ihrem herrlichen, weißen Sandstrand ist sehr beliebt. Außerdem ist sie eine der wenigen Stellen, an denen man nicht damit rechnen muss, sich an einem spitzen Felsen die Zehen zu stoßen. Am Strand werden Sonnenschirme und Liegen vermietet. Diese sind aufgrund des Andrangs nicht gerade billig, und man sollte zeitig kommen, um einen Parkplatz (gebührenpflichtig) zu ergattern.
LOCALITÀ FETOVAIA

FAHRRAD/ROLLER MIETEN BEI RENTPROCCHIO Fahrrad und Motorroller sind die einzigen Fortbewegungsmittel, mit denen man problemlos überall am Rand der schmalen Straßen anhalten kann, um die herrliche Aussicht zu genießen oder über Felsen und steile Treppen die vielen kleinen Buchten und Strände zu erkunden. Radler brauchen auf den hügeligen Straßen von Elba allerdings eine gute Kondition.
VIA PROVINCIALE DI PROCCHIO, WWW.RENTPROCCHIO.IT, NUR TAGEWEISE VON 9.00-19.00, PREIS: FAHRRAD AB 10 €, ROLLER AB 30 €

Der **MONTE CAPANNE** ist mit 1019 Metern der höchste Berg der Insel. Auf dem dicht mit Kastanien- und Pinienwäldern bewachsenen Berg kommen über 200 Pilzarten vor. Von ihm hat man eine atemberaubende Aussicht auf Elba mit den vielen Bergen und Buchten. Auch das Festland und die Inseln Capraia, Montecristo, Giglio, Pianosa und sogar Korsika kann man erspähen. Mit der *cabinovia*, einer Seilbahn, gelangt man in 14 Minuten zum Gipfel. Das Besondere an dieser Bahn sind die Gondeln, in denen man zu dritt (plus ein Kind) bis zu den Schultern in einer Art Drahtkäfig steht.
LOCALITÀ POZZATELLO, T 0565 901020, GEÖFFNET: JUNI-AUG. TÄGLICH 10.00-13.00 & 14.20-18.00, SEPT.-15. OKT. 10.00-13.00 & 14.20-17.30, PREIS: SEILBAHN 17 € (HIN UND ZURÜCK)

ELBA GOLFCLUB ACQUABONA Prächtiger Golfplatz mit 18 Löchern, der vom Abschlag mit Meeresblick bis hin zum Loch zwischen Kastanien, Pinien und Brombeersträuchern alles zu bieten hat. Die Ausrüstung wird vor Ort vermietet. Wer will, kann hinterher noch in den Pool springen.
LOCALITÀ ACQUABONA, WWW.ELBAGOLFACQUABONA.IT, T 0565 940066, GEÖFFNET: TÄGLICH 8.30-18.00, PREIS: GREENFEE 18 LÖCHER 50 €

STRAND INNAMORATA

AUSGEHEN

Wer sich ins Nachtleben stürzen möchte, ist auf Elba bestens aufgehoben, zum Beispiel im bereits erwähnten Garden Beach.

CLUB 64 Diese schicke Villa liegt an einem Hang mit Aussicht auf den Golf von Biodola und ist für die vielen Promis bekannt, die hier – weit weg von der neugierigen Presse – gern mal einen Abend feiern. Von Funk bis Techno werden alle möglichen Musikstile aufgelegt.

LOCALITÀ CAPANNONE, PORTOFERRAIO, T 0565 969988, GEÖFFNET: FR-SO BIS FRÜHMORGENS

ÜBERNACHTEN

Elba ist mit Hotels und B&Bs geradezu übersät; überall werden auf Tafeln am Straßenrand Unterkünfte angepriesen. Wer sich aber eine günstige Übernachtung sichern will, sollte frühzeitig buchen. Alle Adressen bieten in etwa dasselbe Ausstattungsniveau und sind sauber und gepflegt.

CASA FÈLICI Dieser von der Familie Bertie betriebene *agriturismo* liegt sehr ruhig in den Bergen zwischen Weinreben und trotzdem nur fünf Minuten vom Hafen und dem Fischerdorf Marciana Marina entfernt. Die im Hauptgebäude untergebrachten neun Appartements für zwei bis sechs Personen haben jeweils eine eigene Terrasse mit Grill. Die Zimmer sind allerdings eher schlicht eingerichtet (ohne TV). Aus den Trauben des Weinguts entstehen köstliche Tropfen, die man abends auf der Terrasse genießen kann.

VIA COSTARELLA 30, MARCIANA, WWW.AGRITURISMOCASAFELICI.IT, T 0565 901297, PREIS: AB 40 €

CAMPING ENFOLA Dieser kleine Drei-Sterne-Campingplatz mit Pizzeria, Laden und Tauchmöglichkeiten liegt an einem Hügel direkt am Meer im Westen von Portoferraio. Er hat nur 50 Plätze, man kann aber auch einen Bungalow mieten. Weniger geeignet für Menschen, die schlecht zu Fuß sind.

LOCALITÀ ENFOLA, PORTOFERRAIO, WWW.CAMPINGENFOLA.IT, T 0565 939001, PREIS: ZELTPLATZ AB 7,80 € & 8,50 € P. P., BUNGALOW 55 €/NACHT

SIENA, SAN GIMIGNANO,
MONTEPULCIANO, MAREMMA

SÜD-TOSKANA

AUTOTOUR SÜD-TOSKANA

So können Sie die Süd-Toskana in fünf Tagen erkunden. Diese Route bringt Sie zu allen Orten, die Sie gesehen haben müssen, und hält auch einige Überraschungen bereit. Sie essen zwischen Einheimischen und wohnen ganz besonders.

TAG 1 **SAN GIMIGNANO** UND **SIENA** > in der Villa Ducci (S. 270) in San Gimignano aufwachen > den Torre Grossa (S. 270) besteigen > in der Gelateria di Piazza (S. 270) ein Eis essen > nach Siena fahren > sich in der Villa Peragnola (S. 267) einquartieren > bei Le Bontà di Giangio (S. 260) zu Mittag essen > Siena besichtigen (siehe herausnehmbare Karte hinten im Buch) > in der Hosteria Il Carroccio (S. 260) nächtigen >

TAG 2 **PIENZA** UND **MONTEPULCIANO** > in Richtung Asciano fahren > das Museo del Tartufo (S. 282) besuchen > die Landschaft der Crete Senesi genießen > nach Pienza fahren > bei Latte di Luna (S. 285) etwas essen > den Palazzo Piccolomini (S. 283) besichtigen > nach Montepulciano weiterfahren > bei Croce di Febo (S. 277) an einer Wein- und Ölverkostung teilnehmen > bei A Gambe di Gatto (S. 275) zu Abend essen > im La Terrazza di Montepulciano oder im *agriturismo* Podere Monti (beide S. 279) übernachten >

TAG 3 **MAREMMA** > Sorano, Sovana und Pitigliano besuchen > das Getto in Pitigliano (S. 289) besichtigen und bei Tufo Allegro (S. 296) zu Mittag essen > nach Manciano/Fornace an der SR/SS 74 fahren und bei La Sgrilla rechts abbiegen > im *agriturismo* Quercia Rossa (S. 306) einchecken > nach Garavicchio weiterfahren > den Giardino dei Tarocchi (S. 294) bewundern > abends in Capalbio bei Il Frantoio (S. 296) essen > die Thermen von Saturnia aufsuchen (S. 300) >

TAG 4 **MAREMMA** > nach Porto Santo Stefano auf dem Monte Argentario fahren > das Gepäck in der Pensione Weekend (S. 306) abgeben > mit der Fähre zur Isola del Giglio übersetzen > bei Il Faro Verde (S. 300) einen Motorroller mieten > nach Giglio Castello fahren > und danach nach Le Canelle > zum Strand Le Caldane (S. 303) gehen > nach Giglio Porto fahren > mit der Fähre nach Porto Santo Stefano zurückkehren > am Abend im Il Pellicano (S. 298) speisen >

TAG 5 **MAREMMA** > in der Bäckerei Alocci Vittorio & Figli (S. 296) vorbeischauen > zum Centro Visite in Alberese (S. 303) fahren > durch den Parco della Maremma (S. 303) spazieren > an der Marina di Alberese picknicken > einen Strandspaziergang machen (S. 303) > bei Pierbacco (S. 298) in Castiglione della Pescaia zu Abend essen >

SIENA STADT

HANDELSZENTRUM UND SIENESISCHE SCHULE

Im Herzen der Toskana liegt – historisch betrachtet – eine der wichtigsten Städte der Region: Siena. Ihre Geschichte reicht bis in die Zeit der Etrusker zurück.

Der Legende nach wurde Siena von Senio und Ascanio gegründet, den Söhnen von Remus, der wiederum mit seinem Bruder Romulus für die Entstehung Roms verantwortlich war. Senio und Ascanio waren auf einem weißen und einem schwarzen Pferd aus Rom geflohen und hatten sich dort niedergelassen, wo das heutige Siena liegt. Daher rührt das schwarz-weiße Wappen der Stadt.

Aufgrund der guten Lage an der Via Francigena, der Pilgerroute von Canterbury zum Vatikan in Rom, erlebte Siena im Mittelalter eine Blütezeit. Die Kunst florierte, und berühmte Maler wie Duccio di Buoninsegna begründeten die sogenannte Sienesische Schule. Im Gegensatz zu Florenz dominierten in Siena der byzantinische und der gotische Stil in der Architektur und Malerei. Siena entwickelte sich zu einem wichtigen Handelszentrum und unterhielt gute Beziehungen zur Kirche.

Wie in anderen toskanischen Städten wütete auch in Siena im Mittelalter ein Kampf zwischen den Ghibellinen und den Guelfen. Als in Sienas großem Rivalen Florenz die Guelfen an die Macht kamen, wurde Siena zu einem ghibellinischen Bollwerk, und aus der Schlacht bei Montaperti 1260 ging Siena als Sieger hervor. Neun Jahre später schlugen die Guelfen – mit Unterstützung von Florenz – zurück, und Siena fiel den Noveschi ("Rat der Neun") in die Hände, einer von Bankiers unterstützten Händleroligarchie. Zu dieser Zeit erreichte die Stadt ihre größte Blüte.

Im 14. Jahrhundert erreichte die Glanzzeit Sienas ihr Ende. Die sienesischen Banken gerieten in Schwierigkeiten, als mehrere wichtige florentinische Geldinstitute zahlungsunfähig wurden, was auch viele Unternehmen in den Bankrott führte. 1348 versetzte die Pest, die die Bevölkerungszahl stark minimierte, der Stadt den Gnadenstoß.

Als Karl V. – mithilfe der Florentiner – Siena im Jahr 1555 eroberte, wurde die Stadt dem Großherzogtum Toskana angeschlossen. Heute ist Siena die Hauptstadt der gleichnamigen Provinz, deren wichtigste wirtschaftliche Triebfedern der Tourismus und das Bankenwesen sind.

Einen Stadtspaziergang in Siena finden Sie auf der herausnehmbaren Karte in der hinteren Buchklappe.

SIENA STADT

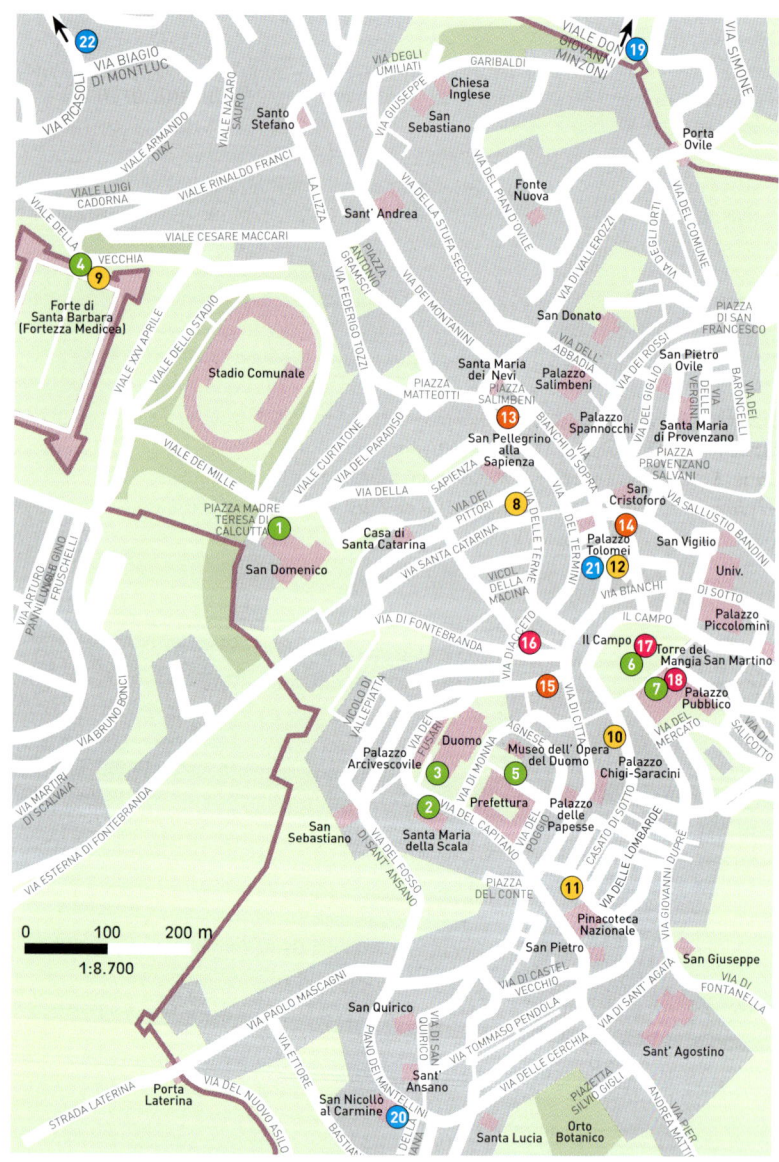

SEHENSWÜRDIGKEITEN

Siena strahlt vielerorts immer noch mittelalterliches Flair aus, und viele der majestätischen Paläste und Kirchen sind beeindruckende Beispiele für die italienische Gotik. Es ist darum auch kein Wunder, dass die engen Gassen und die unterirdischen Kanäle dieser magischen Stadt als Kulisse für den James-Bond-Film *Ein Quantum Trost* dienten. Das historische Stadtzentrum ist übrigens sehr kompakt und lässt sich gut zu Fuß erkunden.

PIAZZA DEL CAMPO Die muschelförmige Piazza del Campo bildet das Zentrum Sienas. Der Platz diente als Treffpunkt und Marktplatz der drei Dörfer Castellare, San Martino und Camollia, von denen jedes auf einer anderen Seite des Hügels lag. Die daraus hervorgegangene Dreiteilung der Stadt besteht noch immer: Castellare heißt heute Terzo di Città (*terzo* bedeutet "ein Drittel", *città* "Stadt"). Die anderen zwei Stadtteile sind Terzo di San Martino, an der Hügelseite Richtung Rom, und Terzo di Camollia, an der Seite zu Florenz. In den Gebäuden rings um den Platz, wie dem Palazzo Comunale (mit dem hohen Turm) und dem Palazzo Sansedoni (rechts gegenüber mit einem kleineren Turm), wiederholt sich diese Dreiteilung auch in den Fenstern. Sie werden durch zwei Säulen, die sogenannten *trifore*, dreigeteilt. Die Piazza del Campo ist in neun Segmente unterteilt, die nach den neun Adligen der Noveschi benannt sind. Mitten auf dem Platz steht der Fonte di Gaia, der bedeutendste Springbrunnen Sienas, der von Jacopo della Quercia entworfen und zwischen 1401 und 1419 errichtet wurde. Er wird durch ein geniales System aus über 25 Kilometer langen, unterirdischen Kanälen (*bottini*) mit Wasser gespeist. Auf der Piazza del Campo findet zweimal im Jahr der *palio* statt, das berühmte Pferderennen, das zwischen den 17 *contrades* (Vierteln) der Stadt ausgetragen wird.

TORRE DEL MANGIA/PALAZZO COMUNALE Die Piazza del Campo wird vom Palazzo Comunale (Rathaus) mit seinem charakteristischen Glockenturm, Torre del Mangia, dominiert. Dieser Turm wurde zwischen 1325 und 1348 von den Brüdern Francesco und Muccio Rinaldo unter Leitung von Agostino di Giovanni gebaut. Der Turm ist 102 Meter hoch und damit der zweithöchste antike Turm Italiens. Der Dom und der Torre del Mangia mussten die gleiche Höhe aufweisen, um zu verdeutlichen, dass Kirche und Staat gleich mächtig waren. Der Turm wurde übrigens nach Giovanni di Balduccio benannt, dem ersten Turmwächter. Wegen seiner Vorliebe für kulinarische Genüsse, für die er seinen ganzen Lohn ausgab, wurde er auch Mangiaguadagni ("Isst, was er verdient") genannt. Die Glocke stammt aus dem Jahr 1666 und wiegt 6760 Kilogramm. Sie läutet inzwischen nur noch am Tag des *palio*; ansonsten geben andere, automatisch gesteuerte Glocken die Uhrzeit an.

PIAZZA DEL CAMPO, WWW.MUSEISENESI.ORG, T 0577 292614/292615, GEÖFFNET: TURM 16. OKT.-28. FEBR. TÄGLICH 10.00-18.00, 1. MÄRZ-15. OKT. TÄGLICH 10.00-19.00, EINTRITT: 8 €

DUOMO Am Dom von Siena kann man die Höhen und Tiefen, die die Stadt während des Mittelalters durchlebte, gut ablesen. 1196 wurde mit dem Bau begonnen und die heutige Nord-Süd-Achse angelegt. Kurz darauf schuf Giovanni Pisano die Vorderfassade aus weißem und grün-schwarzem Marmor – Weiß und Schwarz sind die Wappenfarben Sienas. 1339 wurde der Dom erweitert, um den Erzrivalen Florenz zu übertrumpfen: Der Dom musste doppelt so groß werden wie der von Florenz, um die Macht und den Reichtum Sienas zur Schau zu stellen. Leider bereitete der Ausbruch der Pest 1348 diesem Vorhaben ein jähes Ende. Heute erinnert nur noch die baufällige Außenmauer von Giovanni di Agostino, die sogenannte Facciatone, an Sienas einstige Ambitionen. Beim Betreten der Kathedrale fallen sofort die beeindruckenden schwarzweißen Säulen auf. Zudem befinden sich im Dom einige Kunstschätze von ungeheurem Wert, zum Beispiel der meisterhafte Mosaikfußboden, der größtenteils von Domenico di Pace Beccafumi entworfen und auch präzise ausgeführt wurde. Der farbenfrohe Marmorboden zeigt Szenen aus dem Leben von Elias, Abraham und Moses. Einige der Mosaiken sind mit Holzplanken abgedeckt, um sie vor den vielen darüberlaufenden Touristen zu schützen, und nur von Ende August bis Anfang Oktober werden sie gezeigt. Außerdem beherbergt der Dom Skulpturen von Bernini, Donatello und Michelangelo. Über dem Altar befindet sich eines der ältesten Bleiglasfenster Italiens, das Oculus (Rundfenster) von Duccio aus dem Jahr 1288. Die achteckige Kanzel mit den vier Löwen wurde von 1265 bis 1268 im gotischen Stil von Nicola Pisano errichtet und zeigt Motive aus dem Leben Jesu und des Jüngsten Gerichts. Weitere Höhepunkte sind die Piccolomini-Bibliothek und die Taufkapelle. Rechts neben dem Eingang des Doms steht eine Säule, auf der die Wölfin abgebildet ist, die Romulus und Remus säugt: das Symbol der Stadt Siena.

PIAZZA DUOMO, WWW.OPERADUOMO.SIENA.IT, T 0577 286300, GEÖFFNET: TÄGLICH 1. MÄRZ-2. NOV. & 26. DEZ.-6. JAN. 10.30-19.00, 3. NOV.-28. FEBR. 10.30-17.30, EINTRITT: 3 €, MIT MOSAIKBODEN 6 €

TORRE DEL MANGIA ⓛ   DUOMO ⓡ

 MUSEO DELL'OPERA DEL DUOMO Zwischen den Überresten dessen, was einst der Duomo Nuovo werden sollte, ist seit 1869 das Museo dell'Opera del Duomo angesiedelt. Im Erdgeschoss gibt es eine Skulpturensammlung von Propheten und Philosophen aus der Antike, die Giovanni Pisano von 1285 bis 1297 schuf. Auch die restaurierte Fensterrosette von Duccio di Buoninsegna ist zu sehen. In der ersten Etage des Museums befindet sich das Meisterwerk Duccios: die *Maestà*, eine prachtvolle Darstellung der Muttergottes in Gold und glänzenden Farben, gut vier Meter breit und auf beiden Seiten bemalt. Duccio, der drei Jahre lang daran arbeitete, bezeichnete die *Maestà* schon während ihrer Entstehung als sein Meisterwerk: Er signierte es mit dem Text *Mater sancta dei / sis causa senis requiei / sis duccio vita / te quia pinxit ita* ("Heilige Mutter Gottes, schenke Siena Frieden und sei dem Duccio Leben, weil er dich so gemalt hat"). 1711 sägten einige Einwohner Sienas die *Maestà* in Stücke, um sie über zwei Altären anbringen zu können. Heute befinden sich diese Stücke in verschiedenen Museen wie etwa der National Gallery in London und der National Gallery of Art in Washington. In Siena steht das zweiteilige Hauptbild. Auf der Vorderseite ist Maria mit Kind, umringt von Geistlichen, abgebildet, auf der Rückseite die Passionsgeschichte und die Wiederauferstehung Christi.
PIAZZA DUOMO 8, WWW.OPERADUOMO.SIENA.IT, T 0577 286300, GEÖFFNET: TÄGLICH 1. MÄRZ-2. NOV. & 26. DEZ.-6. JAN. 10.30-19.00, 3. NOV.-28. FEBR. 10.30-17.30, EINTRITT: 6 €

COMPLESSO MUSEALE DI SANTA MARIA DELLA SCALA Santa Maria della Scala wurde um das 13. Jahrhundert an der Via Francigena erbaut, als Unterkunft für Pilger sowie Kranke, Arme und *gettatelli* (Findelkinder). Damit ist das Spedale di Santa Maria della Scala eines der ältesten Krankenhäuser Europas. Im 15. Jahrhundert ging es in das Eigentum der Stadt über und wurde durch Spenden reicher sienesischer Familien finanziert. Da unter den Almosen viele Kunstwerke waren, beherbergte die Santa Maria della Scala bald die drittgrößte Kunstsammlung Sienas – nach dem Dom und dem Rathaus (Palazzo Comunale). Unter dem Namen SMS Contemporanea befindet sich inzwischen auch das Zentrum für moderne Kunst in Santa Maria della Scala.

PIAZZA DUOMO 2, WWW.SANTAMARIADELLASCALA.COM, T 0577 534571, GEÖFFNET: 16. OKT.-16. MÄRZ TÄGLICH 10.30-16.30, 17. MÄRZ-15. OKT. 10.30-18.30, EINTRITT: 6 €

FORTEZZA MEDICEA 1548 gab Karl V. dem Kommandanten einer seiner spanischen Garnisonen den Auftrag, in Siena eine Festung zu errichten. Darin sahen die Sienesen einen Angriff auf ihre Freiheit und Autonomie. Als es ihnen 1552 gelang, die Spanier aus der Stadt zu vertreiben, wurde die Festung dem Erdboden gleichgemacht. Einige Jahre später fiel Siena dem Großherzog Cosimo I. de' Medici in die Hände, der 1561 vom Architekten Baldassare Lanci erneut eine Festung bauen ließ, deren Außenwände mit dem Familienwappen der Medici bemalt wurden. Gegen Ende des 17. Jahrhunderts verlor die Festung jedoch ihre militärische Bedeutung, und seit 1937 dient der große Innenbereich zwischen den dicken Mauern und Wachttürmen als öffentlicher Park. In der Festung sind heute die Enoteca Italiana (eine Vinothek mit einem riesigen Sortiment) und die Jazzvereinigung Siena angesiedelt. Außerdem finden hier Ausstellungen statt, und von Ende Juni bis Anfang August lädt ein Freilichtkino im Amphitheater der Festung ein.

PIAZZA DELLA LIBERTÀ

BASILICA DI SAN DOMENICO Diese typisch gotische Kirche ist eine der bedeutendsten Kirchen Sienas, vor allem wegen des mumifizierten Kopfes von Katharina von Siena, der Schutzheiligen Italiens und Europas, der hier aufbewahrt wird. Die Kirche wurde von 1226 bis 1265 von den Dominikanern errichtet, im 14. Jahrhundert erfolgte der Ausbau zum heutigen Kirchengebäude. Das Dach wird von Dreiecken aus *capriata* (Holzbalken) gestützt. An der rechten Seite der Basilika befindet sich die Cappella di Santa Caterina, die 1466 gebaut wurde, um dort den Kopf der Heiligen aufzubewahren. Hier kann man auch zwei Fresken des Malers Il Sodoma sehen: *Svenimento ed Estasi della Santa* und *Morte di Niccolò Tuldo*. 1935 wurde die gotische Krypta restauriert, in der heute der Großteil der religiösen Zeremonien stattfindet.

PIAZZA SAN DOMENICO, WWW.BASILICACATERINIANA.COM, T 0577 286848, GEÖFFNET: TÄGLICH MÄRZ-OKT. 7.00-18.30, NOV.-FEBR. 9.00-18.00

ESSEN & TRINKEN

In Siena findet man so manche Trattoria, Osteria und Pizzeria, in der man typisch sienesische Gerichte wie *pici* (dicke Spaghetti) und *cinta senese* (Wurst von einer toskanischen Schweineart) genießen kann. Renommierte Weine aus der Provinz, wie der Brunello di Montalcino und der Vino Nobile di Montepulciano, sind überall erhältlich. Man sollte auch die örtlichen Spezialitäten wie *ricciarelli* und *panforte* probieren.

LE BONTÀ DI GIANGIO Ein Mittagessen bei Barbara, der Inhaberin dieses Delikatessenladens mit großem Sandwichangebot, sollte man sich nicht entgehen lassen. Sie serviert leckere, frisch zubereitete Panini und Sandwiches, und man kann hier auch den typisch sienesischen *panpepato* (Gewürzkuchen) kaufen oder draußen einen Cappuccino mit Brioche genießen. Le Bontà di Giangio liegt in der *contrade* Onda ("Welle"), und während des *palio* kommen die *contradaioli* scharenweise zum Mittagessen hierher.
VIA CASATO DI SOPRA 10, T 0577 46766, GEÖFFNET: MO-SA 8.00-19.30, PREIS: PANINO 4 €

HOSTERIA IL CARROCCIO In der Osteria von Mauro sitzt man gemütlich an dicht an dicht aufgestellten Holztischen, nur wenige Meter von der Piazza del Campo entfernt. Es gibt ein großes Angebot an Weinen aus der Provinz Siena, von denen man auch halbe Flaschen bestellen kann. Empfehlenswert sind die *tagliatelle al sugo di cinghiale* (Pasta mit Wildschwein), um nur eines der vielen traditionellen Gerichte zu nennen. Wer sich nicht entscheiden kann, sollte das Probiermenü für zwei Personen bestellen. Nach dem Essen gibt es einen Digestif: hausgemachten Grappa mit Zitrone oder *peperoncini*.
VIA CASATO DI SOTTO 32, T 0577 41165, GEÖFFNET: DO-DI 12.30-15.00 & 19.30-22.00, PREIS: 14-18 €, MENÜ 60 €
(FÜR 2 PERS. INKL. WEIN), RESERVIERUNG WIRD EMPFOHLEN

COMPAGNIA DEI VINATTIERI Gegenüber dem Geburtshaus der Heiligen Katharina von Siena befindet sich der Keller der Compagnia dei Vinattieri. Früher wurde hier die Wasserversorgung von Siena geregelt, heute fließt in dieser stilvollen Kombination aus Enoteca und Restaurant hauptsächlich Wein. Laut Inhaber Marco ist "das Leben zu kurz, um schlechten Wein zu trinken". Darum gibt es auch eine große Weinkarte, die mit äußerster Sorgfalt zusammengestellt wurde. Man kann den Wein zusammen mit Fleisch- und Käsehäppchen oder einem reichhaltigen Abendessen genießen.
VIA DELLE TERME 79, WWW.VINATTIERI.NET, T 0577 236568, GEÖFFNET: MI-MO 12.30-15.00 & 19.30-22.30 (IM SOMMER
TÄGLICH), PREIS: 16 €

PASTICCERIA NANNINI Bereits mit 16 Jahren verkaufte Guido Nannini in Siena aus einer Holzkiste allerlei süße Köstlichkeiten, die seine Mutter nach alter toskanischer Tradition gebacken hatte. Der Erfolg war so groß, dass er 1909 sein erstes Geschäft eröffnete. 1931 bezog er den heutigen Laden, der schon lange sehr beliebt ist. Höhepunkte: die regionale Spezialität *panforte*, der *panpepato* sowie die leckeren *ricciarelli*.
VIA BANCHI DI SOPRA 24, WWW.PASTICCERIENANNINI.IT, T 0577 236009, GEÖFFNET: MO-SA 7.30-21.00, SO &
FEIERTAGE 8.00-21.00, PREIS: FRÜHSTÜCK 2-4 €, PANFORTE 24 €/KILO, MITTAGESSEN 6 €

DOLCI TRAME

Panforte bedeutet "starkes Brot" und ist der traditionelle Gewürzkuchen von Siena. Er
enthält Mandeln, Haselnüsse, geriebene Orangenschalen, Honig, Zimt, Muskat, Vanille
und weitere Gewürze. Der Tradition entsprechend besteht er aus 17 verschiedenen
Zutaten, genauso viel, wie es contrade *in Siena gibt. Aus einem Dokument aus dem*
13. Jahrhundert geht hervor, dass man mit dieser Köstlichkeit sogar seine Steuerschuld
begleichen konnte. Zudem wurde panforte *vom Heer, das Siena gegen Feinden ver-*
teidigte, als Proviant genutzt.

ENOTECA ITALIANA vermarktet bereits seit 1933 renommierte italienische Weine,
vor allem der Prädikate DOC und DOCG. Seit 1960 hat die Weinhandlung, deren Angebot auf mittlerweile 1500 verschiedene Weine von 600 Weinproduzenten angestiegen
ist, ihren Sitz in der ehemaligen Medici-Festung. Es gibt ein Weinlokal mit Terrasse, auf
der man verschiedene Weine probieren und dazu kleine Gerichte essen kann. Wem der
Wein schmeckt, der kann im Geschäft gleich eine Flasche für zu Hause erwerben. Das
neueste Projekt der Enoteca Italiana lautet Parladivino ("über Wein sprechen"). In
dieser Dauerausstellung erhält man auf einem Display zu jeder Flasche Informationen
über Hersteller, Rebsorte und Eigenschaften.
FORTEZZA MEDICEA (PIAZZA DELLA LIBERTÀ 1), WWW.ENOTECA-ITALIANA.IT, T 0577 228843, GEÖFFNET: MO-SA
12.00-1.00, WEINPROBE 1,50-10 €/GLAS

SHOPPEN

Siena ist für seine Handwerkstradition bekannt – von Lebensmitteln über Keramik
und Kleidung bis hin zu Schmuck und Kerzen. Im Stadtzentrum gibt es daher auch
viele kleine Geschäfte, die diese selbstgemachten Produkte verkaufen. Die wich-
tigsten Einkaufsstraßen sind die Via Banchi di Sopra und die Via di Città, in denen
man auch größere italienische Ladenketten findet.

DOLCI TRAME In dieser schicken Boutique gibt es den perfekten Mix aus Entwürfen
junger italienischer Designer und renommierten Marken wie Jil Sander, Martin Mar-
giela und Ann Demeulemeester. Die Verkaufsräume befinden sich in strahlend weiß
gestrichenen Gewölben, in denen eine lockere Atmosphäre herrscht. Die Inhaberin-
nen Elisabetta und Federica stellen die Hüte, Taschen, Schals und Schuhe auf eine
ganz eigenwillige, aber kreative Art aus: in Zinkwannen und auf Regalen aus draht-
umwickelten Rohren.
VIA DEL MORO 4, WWW.DOLCITRAME.IT, WWW.DOLCITRAMESHOP.COM, T 0577 46168, GEÖFFNET: MO & SA
10.00-13.00 & 15.30-19.30, DI-FR 10.00-19.30

PALIO

LA FABBRICA DELLE CANDELE In diesem traditionellen Kerzengeschäft wird der Besucher auf angenehmer Art mit den verschiedensten Gerüchen und Farben konfrontiert und die Kerzen werden noch an Ort und Stelle gezogen und gefärbt. Mit einem Messer wird dann zum Beispiel ein Schleifen- oder Blumenmuster in die noch warme Kerze geritzt. Manche Kerzen eignen sich auch als Teelichter, doch zum Anzünden sind sie eigentlich fast zu schön.

VIA DEI PELLEGRINI 11, WWW.LAFABBRICADELLECANDELE.COM, T 0577 058404, GEÖFFNET: FR-MI 9.30-19.30

CONSORZIO AGRARIO SIENA In diesem großen Supermarkt findet man allerlei typische Produkte aus der Provinz Siena wie leckere Pasta, Weine und Käse von höchster Qualität. Er gehört zu einem Konsortium, das Bauern bei der Produktion und Vermarktung hilft. Und somit kommen fast alle Produkte direkt vom Bauern und wurden vor Ort verarbeitet und verpackt, was die Transportwege verkürzt und den CO_2-Ausstoß vermindert.

VIA PIANIGIANI 7-9, WWW.CAPSI.IT, T 0577 230229, GEÖFFNET: MO-SA 8.00-20.00

100% THERE

Siena ist ein idealer Ausgangspunkt für Ausflüge zu Fuß, mit dem Fahrrad oder Auto – und sogar mit dem Pferd. Die Touristeninformation (APT) bietet detaillierte Routenbeschreibungen an, sodass Sie die Stadt und die Provinz auf die von Ihnen bevorzugte Weise erkunden können.

PALIO Jedes Jahr werden in Siena am 2. Juli und 16. August die traditionellen Pferderennen ausgetragen, bei denen die 17 Stadtviertel (*contrade*) gegeneinander antreten, um sich den *palio* zu holen, ein bemaltes Seidentuch, das speziell für das jeweilige Rennen hergestellt wird. An den Tagen vor dem *palio* finden viele Aktivitäten statt: Besonders spannend ist die Auslosung der Pferde am 29. Juni und 13. August von 12 bis 13 Uhr. Es ist mucksmäuschenstill auf der vollen Piazza del Campo, wenn der Vorsitzende den verschiedenen *contrade* die Startpositionen und die Pferde zuweist. An jedem Rennen nehmen zehn Stadtviertel teil: sieben, die nach einem feststehenden Schema bestimmt wurden, und drei, die ausgelost wurden. Glaubt man Insidern, wird das Rennen hier bereits in groben Zügen entschieden. Am Tag des *palio* sollte man schon früh erscheinen, um einen guten, kostenlosen Stehplatz auf dem Platz zu ergattern, denn das Spektakel zieht mehr als 70.000 Zuschauer an – Einheimische und Auswärtige. Nach der spektakulären Eröffnungszeremonie beginnt die taktische Vorbereitung der Reiter auf das Rennen: bestechen, Zeit schinden, die Gegner behindern – alles ist erlaubt. Manchmal wird erst nach einer Stunde die richtige Startposition erreicht. Dann fällt der Startschuss, der ganze Platz steht 75 Sekunden lang Kopf – und schon ist alles wieder vorbei.

PIAZZA DEL CAMPO, WWW.ILPALIO.ORG, 29. JUNI-2. JULI & 12.-16. AUG., EINTRITT: FREI

Die Atmosphäre des palio *kann man das ganze Jahr über erleben, und zwar beim Fotografen Luciano Valentini in der Via Diacceto 36 (www.lucianovalentini.it). In seinem kleinen Studio hängen Fotos vom Pferderennen, das er jedes Jahr seit 1994 fotografiert. Die Fotos sind zu einem Preis ab zwölf Euro erhältlich.*

STADTSPAZIERGANG Die Stadt Siena hat vier Spaziergänge entwickelt, bei denen man die Stadt auf besondere Art kennenlernen kann. Die Route "Gassen und Gärten im Schatten des Turms" führt am Springbrunnen, dem Getto und der Servi-Basilika vorbei. Die Tour "Junge Entdecker" ist speziell für Kinder gedacht und führt über Spielplätze, Wiesen, die Festung und den Torre del Mangia. Bei "Zwischen Kunst und Natur" verlässt man die Stadt durch das Tor von San Marco, es geht an dem Brunnen vorbei, in dem die Benediktinermönche früher ihre Wäsche wuschen, und dann weiter zur Accademia dei Fisiocritici und den botanischen Gärten. "Atemberaubende Aussichten" bringen den Interessierten zum uralten Pilgerweg von Francigena, über Fontebranda entlang der Fortezza Medicea zum Camollia-Tor. Dann geht es zurück zur

Kirche San Francesco und zur Basilika von Provenzano. Die Routenbeschreibungen kann man gratis auf der Website der Stadt herunterladen.

WWW.COMUNE.SIENA.IT/IL-TURISTA/TREKKING-URBANO/ITINERARI-DI-TREKKING-URBANO

ÜBERNACHTEN

Die Hotels im Zentrum von Siena muten oft etwas altmodisch an, und die Zimmer sind meistens klein. Eine gute Alternative ist es, am Stadtrand zu übernachten. Abends fahren jedoch nur wenige Busse ins Zentrum. Wer ausgehen möchte, sollte darum ein Auto haben oder ein Taxi nehmen.

IL CHIOSTRO DEL CARMINE Während des 14. Jahrhunderts befand sich hier ein Kloster der Karmeliter, die bekannt dafür waren, in Armut zu leben. Von Armut kann man mittlerweile allerdings nicht mehr sprechen. Das Kloster wurde zu einem stilvollen Hotel mit 18 Zimmern umgebaut und mit hübschen, farbenfrohen Leinenstoffen dekoriert. Die Badezimmer sind sehr modern, harmonisieren jedoch sehr gut mit den Gästezimmern. Praktisch: Zu Fuß braucht man vom Kloster zum Dom nur fünf Minuten.

VIA DELLA DIANA 4, WWW.CHIOSTRODELCARMINE.COM, T 0577 223885, PREIS: 99-300 €

VILLA PERAGNOLA Dieses B&B ist ein schönes Beispiel für modernes italienisches Design. Die Zimmer sind geräumig und minimalistisch in hellen Farben und mit Parkettfußböden ausgestattet. Das B&B liegt außerhalb des Zentrums von Siena in Bahnhofsnähe. Anna und Lucia zaubern jeden Morgen ein herrliches italienisches Frühstück. Wer keine Lust hat, in die Stadt zu gehen, kann im Garten am Pool faulenzen.

STRADA DI PERAGNA 5, WWW.BBVILLAPERAGNOLA.COM, T 0577 180064/33 39075666, PREIS: 100-140 €

PALAZZO FANI MIGNANELLI ist, was man eine *residenza d'epoca* (historische Unterkunft) nennt. Die dritte Etage eines Altbaus beherbergt dieses kleine Hotel mit elf Zimmern. Die Lage ist perfekt: mitten im Zentrum von Siena mit allen wichtigen Sehenswürdigkeiten in unmittelbarer Nähe. Die im Renaissance-Stil eingerichteten Zimmer spiegeln den früheren Ruhm und Reichtum der Stadt wider.

VIA BANCHI DI SOPRA 15, WWW.RESIDENZADEPOCA.IT, T 0577 283566/050100, PREIS: 80-150 €

CAMPING SIENA COLLEVERDE Der einzige Campingplatz der Stadt liegt etwa 2,5 Kilometer nördlich des Zentrums in wunderschöner Lage mit Panoramablick über die Stadt und die umliegenden Hügel. Der Campingplatz wurde 2008 renoviert, verfügt über 220 Stellplätze und bietet ein einfaches Restaurant, einen Mini-Supermarkt sowie ein Schwimmbecken mit Bar. Von der nahegelegenen Bushaltestelle fahren Busse bis ins Stadtzentrum.

STRADA SCACCIAPENSIERI 47, WWW.SIENACAMPING.COM, T 0577 332545/334080, GEÖFFNET: MÄRZ-DEZ., PREIS: 9,50-11 € P. P., ZELTPLATZ 6-7 €, AUTO 5,50-6 €

HISTORISCHE TÜRME UND PREISGEKRÖNTES EIS

San Gimignano liegt zwischen Siena und Florenz und wurde in der Blütezeit von sage und schreibe 72 Türmen überragt – einer höher als der andere. Denn: Je mehr Geld und Macht der Eigentümer hatte, desto höher war sein Turm. Heute existieren noch 14 dieser Türme, die 1990 von der UNESCO zum Weltkulturerbe erklärt wurden.

San Gimignano ist auch für seinen Safran und den weißen Vernaccia-Wein bekannt, doch die Stadt lebt hauptsächlich vom Tourismus. In der Hochsaison herrscht hier ein ständiges Kommen und Gehen von Touristen, die aus Bussen strömen, oft geht es sehr hektisch zu. Die beste Zeit für einen Stadtbesuch ist vor 10.30 Uhr und nach 16 Uhr oder in der Nebensaison. Bitte beachten: Die Altstadt ist autofrei. Parken können Sie nur auf den Parkplätzen außerhalb der Stadtmauern oder am Fuße des Hügels.

ROCCA DI MONTESTAFFOLI/MUSEO DEL VINO VERNACCIA Der Hügel von Montestaffoli diente lange Zeit als florierender Marktplatz für Händler. Kein Wunder, denn San Gimignano lag genau auf dem Schnittpunkt der Via Francigena (der Straße von Rom nach Canterbury) und der Straße von Pisa nach Siena. Nachdem die Pest 1348 zugeschlagen hatte, nahmen die Florentiner San Gimignano ein, als Gegenleistung schützten sie die Stadt und bauten 1353 die Festung Rocca di Montestaffoli. Das Bauwerk wurde in den Jahren, in denen die Toskana ein Großherzogtum war, teilweise wieder abgerissen. Nach der Restaurierung des Turms und der Mauerreste im 19. Jahrhundert legte man einen Park an. Die Festung ist frei zugänglich und bietet eine atemberaubende Aussicht über die Täler rund um San Gimignano. Das kleine Weinmuseum in der Festung ist dem Weißwein Vernaccia di San Gimignano DOCG gewidmet. Im Sommer gibt es ein kostenloses Freiluftkino (*www.cinemanagement.it*).

VIA DELLA ROCCA, MUSEO: T 0577 941267, GEÖFFNET: TÄGLICH 11.30-18.30, EINTRITT: FREI

COLLEGIATA DI SANTA MARIA ASSUNTA Mit dem Bau des örtlichen Doms wurde 1056 begonnen, und 1148 wurde er eingeweiht. 1460 fand mit der Capella della Concezione und der Capella Santa Fina eine wichtige Erweiterung statt, die auf die Brüder Benedetto und Giuliano da Maiano zurückgeht. Eine der Kapellen ist der Heiligen Fina gewidmet, die im 13. Jahrhundert in San Gimignano lebte und sich zeitlebens für die Armen einsetzte. Als sie mit 15 Jahren ernsthaft erkrankte, kümmerte sie sich weiter um ihre Schutzbefohlenen. Sie starb kurz darauf in einem Zimmer voller Ratten – auf einem Holzbrett, auf dem nach ihrem Tod weiße Veilchen wuchsen – und wurde später unter dem Altar der Kapelle begraben. Das Leben der Heiligen Fina war auch Thema eines Auftrages, den Domenico Ghirlandaio im Jahr 1475 erhielt. Ghirlandaio schuf in der Santa Fina-Kapelle zwei Fresken: *Annuncio della Morte* ("Ankündigung des Todes") und *Esequie di Santa Fina* ("Das Begräbnis"). Beide Werke weisen Merkmale der Renaissance auf, wie die Verwendung perspektivischer Mittel sowie Elemente aus der Antike.

PIAZZA DEL DUOMO, WWW.SANGIMIGNANO.COM/IT/ARTE-E-CULTURA/CHIESE/DUOMO.ASP, T 0577 940316,
GEÖFFNET: APR.-OKT. TÄGLICH 9.30-19.00, NOV.-MÄRZ MO-SA 9.30-17.00, SO 12.30-17.00, EINTRITT: 3,50 €

TORRE GROSSA/MUSEO CIVICO Der Torre Grossa ("großer Turm") ist mit 54 Metern der höchste Turm von San Gimignano. Moderne Treppen im Turminneren erleichtern den Aufstieg, oben angekommen wird man mit einer einzigartigen Aussicht auf die Stadt belohnt, bei der man auch die anderen Türme gut sehen kann. Eines der interessantesten Werke im angrenzenden Museo Civico ist *San Gimignano con in Mano la Città* von Taddeo di Bartolo. Darauf ist San Gimignano abgebildet, der im 4. Jahrhundert Bischof von Modena war und die später nach ihm benannte Stadt vor Attila dem Hunnenkönig beschützt haben soll. Übrigens: Der berühmte Schriftsteller Dante bewohnte 1300 einige Monate den heute nach ihm benannten Saal.

PIAZZA DEL DUOMO, T 0577 990312, GEÖFFNET: TÄGLICH MÄRZ-OKT. 9.30-19.00, NOV.-FEBR. 10.00-17.30, EINTRITT: 5,50 €

Von San Gimignano aus kann man eine acht Kilometer lange Wanderung durch Olivenhaine unternehmen, bei der man einen tollen Blick auf die Stadt hat (Dauer: etwa zwei Stunden). Eine Karte ist bei der Touristeninformation erhältlich (Piazza del Duomo 1).

GELATERIA DI PIAZZA Sergio Dondoli gewinnt mit seinem fantastischen Eis einen Preis nach dem anderen. Unbedingt probieren sollte man sein *sorbetto alla Vernaccia* (Sorbet mit Vernaccia-Wein), das *pistacchio* mit Pistazien aus Bronte (Sizilien), das *champelmo* (mit Champagner und Grapefruit) oder das Schokoladeneis aus verschiedenen exquisiten Schokoladensorten aus Zentral- und Mittelamerika.

PIAZZA DELLA CISTERNA 4, WWW.GELATERIADIPIAZZA.COM, T 0577 942244, GEÖFFNET: MÄRZ-OKT. TÄGLICH 9.00-23.30, PREIS: EIS 2-4 €

LE VECCHIE MURA Hier isst man draußen auf der Terrasse mit Aussicht auf das Tal. Drinnen im Restaurant gibt es eine halb offene Küche und einen gewölbten, rustikalen Raum mit modernen, einfachen Tischen und Stühlen. Le Vecchie Mura serviert klassische Gerichte aus der toskanischen Küche, darunter zwei für die Region besonders typische: *coniglio alla Vernaccia* (Kaninchen in Vernaccia-Wein geschmort) und *suino allo zafferano* (Schweinefleisch mit Safran). Zum Nachtisch empfiehlt sich *tris di dolci della casa*, eine Variation aus drei hausgemachten Nachspeisen.

VIA PIANDORNELLA 15, WWW.VECCHIEMURA.IT, T 0577 940270, GEÖFFNET: MÄRZ-NOV. & FEIERTAGE MI-MO 18.00-22.00, PREIS: 15 €

VILLA DUCCI Diese Traumvilla erreicht man nach fünfminütiger Autofahrt von San Gimignano aus. Die Zimmer sind nach toskanischen Pflanzen benannt und die Farben und Accessoires darauf abgestimmt. Die Möbel sind schlicht, passen aber gut zu den rustikalen Elementen der alten Villa. Draußen kann man sich im Schwimmbecken abkühlen oder auf der Terrasse ein Glas Vernaccia trinken. Wer möchte, kann abends im Hotel essen: Die Pasta- und Fleischgerichte sind fantastisch. Selbst kochen geht auch, denn die Villa Ducci vermietet zwei Appartements mit Küche.

LOCALITÀ SAN BIAGIO, T 0577 907024, WWW.VILLA-DUCCI.COM, PREIS: ZIMMER 105 €, APPARTEMENT FÜR 2 PERS. 175 €

MUSEO CIVICO

DER KÖNIG UNTER DEN WEINEN

Montepulciano wurde im 4. Jahrhundert v. Chr. vom etruskischen König Porsenna gegründet und war vom 12. bis 14. Jahrhundert Schauplatz verschiedener Kriege zwischen Siena, Florenz und Perugia, die alle drei die Herrschaft über die Stadt beanspruchten. Letztendlich hatte Florenz den längeren Atem und besetzte so einen strategisch wichtigen Punkt südlich des Erzfeindes Siena.

Montepulciano, die Stadt des berühmten toskanischen DOCG-Weines Vino Nobile, steht ganz im Zeichen von Essen und Trinken. Am letzten Sonntag im August findet der *Bravio delle Botti* statt, der jährliche Wettkampf, bei dem bleischwere Weinfässer so schnell wie möglich über einen steilen Parcours zur Piazza Grande gerollt werden müssen.

Das Zentrum von Montepulciano ist autofrei, sodass man in aller Ruhe durch die alten Straßen und Gassen schlendern kann. Rund um das Zentrum befinden sich mehrere Parkplätze. Montepulciano hat auch einen Bahnhof, der allerdings acht Kilometer vom historischen Zentrum entfernt liegt.

In der Nebensaison, von Heilige Drei Könige bis Anfang März, hält Montepulciano Winterschlaf: Viele Geschäfte und Restaurants sind dann geschlossen oder haben eingeschränkte Öffnungszeiten.

SEHENSWÜRDIGKEITEN

Die Stadt lässt sich am besten zu Fuß über die Via di Gracciano nel Corso, die Hauptstraße von Montepulciano, erkunden. Diese Straße schlängelt sich vom Stadttor Porta al Prato entlang der wichtigsten Gebäude und Geschäfte den Berg hoch bis zur Piazza Grande. Ein Abstecher in die zahllosen Seitenstraßen lohnt sich schon allein wegen der schönen Aussicht.

CATTEDRALE DI SANTA MARIA ASSUNTA Auf den Überresten einer alten Taufkapelle, von der nur noch der Glockenturm aus dem 15. Jahrhundert erhalten ist, wurde von 1594 bis 1680 nach einem Entwurf von Ippolito Scalza der Dom von Montepulciano errichtet. Da die Vorderseite nie fertiggestellt wurde, hinterlässt das Gebäude einen nüchternen, robusten Eindruck. Der Altar wurde mit einem Triptychon von Taddeo di Bartolo aus dem Jahr 1401 geschmückt, das die Verkündigung, die Krönung und die Himmelfahrt Marias darstellt. Die Kapelle wurde nach einem Renaissance-Entwurf gebaut, mit stämmigen Säulen und Gewölbedecke. In ihr befinden sich diverse sehenswerte Kunstwerke, unter anderem von Michelozzo und Giovanni d'Agostino.

PIAZZA GRANDE, T 0578 757341, GEÖFFNET: TÄGLICH 9.00-13.00 & 15.30-19.00

CHIESA DI SAN BIAGIO Ein paar Kilometer vom Zentrum von Montepulciano entfernt steht eines der aussagekräftigsten Beispiele der Renaissance-Architektur: die San-Biagio-Kirche, erbaut von 1519 bis 1540 nach einem Entwurf des Architekten Antonio da San Gallo il Vecchio. Der Grundriss basiert auf einer Originalskizze für den Petersdom in Rom, wobei das Dach von vier flachen Pilastern getragen wird, wodurch die Kirche höher wirkt, als sie de facto ist. Ein Gang durch die Kirche erweckt den Eindruck, als würde man durch eine Galerie mit klassischen Ornamenten spazieren: Pilaster, Kragsteine, Tympanon und Ochsenauge, allesamt typische Renaissance-Elemente. Der klassische Baustil von San Biagio war ein Vorbild für viele andere Kirchen in der Toskana.

VIA DI SAN BIAGIO 14, GEÖFFNET: TÄGLICH SEPT.-JUNI 9.00-12.30 & 15.00-18.00, JULI-AUG. 9.00-12.30 & 15.00-19.00

ESSEN & TRINKEN

Montepulciano ist "der König unter den Weinen", so schrieb der italienische Biologe und Dichter Francesco Redi 1685 in seinem Gedicht "Bacchus in der Toskana". Der berühmte Vino Nobile di Montepulciano erhielt 1966 als erster italienischer Wein das Prädikat DOC. Ein typisches Gericht aus Montepulciano sind *pici* (dicke Spaghetti).

LA DOLCE VITA Diese große Weinhandlung mit eigener Weinbar hat mehr als 600 verschiedene Weine im Angebot, darunter 25 aus Montepulciano. In der Bar serviert Cristian Brasini zum Wein aus dem Laden, der zum Verkaufspreis angeboten wird, kleine Gerichte und Häppchen. Ein idealer Ort, um den Vino Nobile di Montepulciano bei leichter Jazzmusik und ausgezeichneter, mit Olivenöl aus der Toskana beträufelter Bruschetta zu genießen.

VIA DI VOLTAIA NEL CORSO 80/82, WWW.ENOTECALADOLCEVITA.IT, T 0578 758760, GEÖFFNET: 15. MÄRZ-6. JAN. TÄGLICH 10.00-21.00, PREIS: BRUSCHETTA 6-7,50 €, WEINPROBE 3-10 €/GLAS

GELATERIA ARTIGIANALE IL CAPRICCIO Die kleine Eisdiele in der Altstadt verkauft hausgemachtes Eis; Highlight ist das aus Vino Nobile di Montepulciano hergestellte Weineis. Die Kombination aus süßem Eis und dem Weinaroma sorgt für ein echtes Geschmackserlebnis. Ebenfalls sehr lecker: das Pistazien- und das Schokoladeneis.

VIA DI VOLTAIA NEL CORSO 14, T 0578 717006, GEÖFFNET: MÄRZ-OKT. TÄGLICH 11.00-0.00, PREIS: EIS 2 €

ANTICO CAFFÈ POLIZIANO/IL GRIFON D'ORO Mit etwas Glück können Sie auf der Terrasse einen der wenigen Tische mit Blick aufs Tal ergattern, doch auch drinnen kann man es in diesem Café mit Jugendstilelementen gut aushalten. Das dazugehörige Restaurant Il Grifon d'Oro serviert toskanische Gerichte, deren Rezepte teilweise aufs Mittelalter zurückgehen. Probieren sollte man die vegetarischen Ravioli mit Estragon-soße oder zum Nachtisch eine Terrine aus Bitterschokolade mit einem Hauch Chili.

VIA DI VOLTAIA NEL CORSO 27-29, WWW.CAFFEPOLIZIANO.IT, T 0578 758615, GEÖFFNET: CAFÉ TÄGLICH 7.00-0.00, RESTAURANT MO-SA 19.00-22.30, PREIS: CAFÉ 1-5 €, RESTAURANT 15-25 €

LA DOLCE VITA

A GAMBE DI GATTO Dieses kleine Speiselokal wird von Manuel und Laura geführt. Laura steht in der Küche und bereitet klassische regionale Gerichte auf ihre eigene Art und Weise zu. Manuel erklärt den Gästen, wo alle Zutaten herkommen: das Brot, das Gemüse, das Fleisch, der Wein. Da zu ihrer Philosophie kein Gefrierschrank passt, kann es sein, dass das Restaurant etwas früher schließt, weil alle frischen Zutaten schon in den Kochtöpfen gelandet sind. Von Januar bis Mitte März ist das Lokal geschlossen, die Besitzer reisen dann auf der Suche nach den besten Produkten durchs Land.

VIA DELL'OPIO NEL CORSO 34, T 0578 757431, GEÖFFNET: 16. MÄRZ-DEZ. DO-DI 12.00-21.00, PREIS: 12-16 €

Am letzten Sonntag im August findet in Montepulciano der traditionelle Bravio delle Botti *statt. Bei diesem Wettkampf, der auf das 14. Jahrhundert zurückgeht, werden 80 Kilogramm schwere Weinfässer so schnell wie möglich die 1700 Meter lange Strecke bis zum Dom auf der Piazza Grande hochgerollt. Der Gewinner darf die heilige Fahne des* Bravio *in Empfang nehmen und wird dann in seinem Viertel ausgiebig gefeiert.*

MALEDETTI TOSCANI

SHOPPEN

Montepulciano besteht im Grunde genommen aus einer einzigen langen Einkaufs-straße mit vielen Boutiquen und kleinen Geschäften, von denen die meisten kulinarische Produkte wie Käse, Wurst und Wein, aber auch Lederwaren wie Jacken und Taschen verkaufen.

CROCE DI FEBO 2007 eröffneten Silvia und Maurizio dieses Weingeschäft, um interessierte Besucher mit dem Wein, dem Olivenöl und der Philosophie ihres Bio-Betriebes Croce di Febo bekannt zu machen. Hinten im Laden kann man sechs verschiedene Weine, Vin Santo, Grappa sowie drei Sorten Olivenöl allerbester Qualität probieren. Der Laden hat eine einmalige Lage und bietet eine einzigartige Aussicht auf die Täler rund um Montepulciano.

VIA DI VOLTAIA NEL CORSO 39, WWW.CROCEDIFEBO.COM, T 0578 799337, GEÖFFNET: APR.-NOV. FR-MI 11.00-14.30 & 15.30-20.00

MALEDETTI TOSCANI ist ein Lederwarengeschäft mit Stil und Charme, das von solch berühmten Kunden wie Prinz Charles und Federico Fellini besucht wurde und wird. Die Familie Quadri aus Montepulciano fertigt hier bereits seit 1848 hochwertige Lederprodukte wie Taschen, Schuhe, Gürtel, Handschuhe und Brieftaschen an.

VIA DI VOLTAIA NEL CORSO 40, WWW.MALEDETTITOSCANI.COM, T 0578 757130, GEÖFFNET: MO-SA 10.30-13.00 & 14.00-19.00

CUGUSI Der echte Pecorino aus Pienza wird von der Familie Cugusi noch auf traditionelle Weise zubereitet. Ihr Betrieb ist von Schafweiden umgeben und liegt am Weg von Montepulciano nach Pienza. Man kann hier verschiedene Käsesorten probieren und natürlich auch kaufen, unter anderem den mit Weinblättern umhüllten Pecorino oder *peconzola*, eine einzigartige Kombination aus Pecorino und Gorgonzola. Der Käse und andere Delikatessen des Familienbetriebes werden auch im Laden im Zentrum von Montepulciano angeboten.

VIA DELLA BOCCIA 8 (STRASSE NACH PIENZA), WWW.CASEIFICIOCUGUSI.IT, T 0578 757558, GEÖFFNET: MO-SA 9.00-13.00 & 15.00-19.30, LADEN IM ZENTRUM: VIA GRACCIANO DEL CORSO 31, T 0578 717018, GEÖFFNET: TÄGLICH 8.30-13.00 & 15.00-20.00

ÜBERNACHTEN

Montepulciano ist von *agriturismi* und zahlreichen kleinen Hotels umgeben. Durch den aufkommenden Weintourismus hat sich das Angebot in den letzten Jahren geradezu verdoppelt, und inzwischen gibt es auch viele Betriebe mit einem guten Preis-Leistungs-Verhältnis.

LA TERRAZZA DI MONTEPULCIANO

AGRITURISMO PODERE MONTI Silvia und Maurizio vom Weinladen Croce di Febo sind Inhaber dieses *agriturismo*, der etwas außerhalb von Montepulciano auf dem Weg nach Chianciano Terme liegt. Das Haus steht inmitten von biologisch bewirtschafteten Weinbergen. Die Einrichtung mit den wunderschönen Stoffen und Farbkombinationen würde einer Wohnzeitschrift alle Ehre machen. Jedes der sieben Zimmer ist anders eingerichtet und nach einem Künstler benannt, der zum reichen kulturellen Erbe von Montepulciano beigetragen hat, zum Beispiel die Suite Andrea Pozzo oder das Zimmer Andrea di Bartolo. Das große Lesezimmer mit Kamin sorgt für eine häusliche Atmosphäre. Das Obst für das Frühstück wird einfach auf dem eigenen Grundstück geerntet.

VIA DEGLI OLIVI 8, SAN ALBINO, WWW.PODEREMONTI.IT, T 0578 799337/338 4892263 (HANDY), PREIS: 140-200 €

LA TERRAZZA DI MONTEPULCIANO Im Zentrum der Stadt befindet sich das Familienhotel La Terrazza. Die zehn Zimmer sind alle individuell im toskanischen oder venezianischen Stil eingerichtet. Den Gästen stehen mehrere Räume wie ein Gemeinschafts- und ein Frühstücksraum mit Küche sowie zwei Terrassen zur Verfügung, auf denen im Sommer das Frühstück serviert wird. Man kann sich ganz wie zu Hause fühlen, ein Bier aus dem Kühlschrank nehmen oder sich einen Kaffee kochen, denn die Küche ist nach dem Frühstück für alle da. Man schreibt einfach auf, was man genommen hat. Es gibt auch zwei Appartements mit eigener Küche.

VIA PIÈ AL SASSO 16, WWW.LATERRAZZADIMONTEPULCIANO.IT, T 0578 757440, PREIS: AB 90 €

RUND UM MONTEPULCIANO

MONTALCINO

Der Ort hat seinen Namen den Eichen zu verdanken, die früher das Gebiet des heutigen Dorfes einnahmen. Das lateinische *mons ilex* bedeutet "Berg mit Steineichen". Lange Zeit lebten die Einwohner von der Lederproduktion, doch nach diversen Krisen stieg man nach dem Zweiten Weltkrieg auf Weinbau um, und einer der renommiertesten Weine der Welt setzte zum Siegeszug an: der Brunello di Montalcino.

ABBAZIA DI SANT'ANTIMO Die idyllische Abtei von Sant'Antimo liegt etwas südlich von Montalcino. Die Legende besagt, dass die Truppen Karls des Großen auf dem Rückweg von Rom von der Pest heimgesucht wurden. Karl dem Großen erschien ein Engel, der ihn hinaus aufs Feld zu einer Distel führte. Aus der Distel ließ er ein Pulver herstellen und vermischte es mit Wein. Dieser Trank bewahrte die restlichen Soldaten vor dem Tod. Aus Dankbarkeit gründete Karl der Große an dieser Stelle eine Abtei. Das 1118 erbaute Kloster verfiel im Laufe der Jahre stark. Im 18. Jahrhundert wurde es renoviert, doch erst seit 1979 wohnen wieder Mönche in den alten Gemäuern.

ABBAZIA DI SANT'ANTIMO, CASTELNUOVO DELL'ABATE, WWW.ANTIMO.IT, T 0577 835659, GEÖFFNET: MO-SA 10.15-12.30 & 15.00-18.30, SO & FEIERTAGE 9.15-10.45 & 15.00-18.00

CAFFÈ FIASCHETTERIA ITALIANA Der geistige Vater des Brunello di Montalcino, Ferruccio Biondi Santi, schuf hier 1888 einen Ort, an dem jeder seine Weine probieren konnte. Die gemütliche Jugendstileinrichtung mit roten Plüschsofas und reich verzierten Spiegeln machen dieses Café, in dem auch schon Berühmtheiten wie Prinz Charles verkehrten, zu einem der schönsten Italiens. Ein herrlicher Ort, um zum Beispiel ein italienisches Frühstück – Cappuccino mit *cornetto* (Croissant) – zu genießen.

PIAZZA DEL POPOLO 6, WWW.CAFFEFIASCHETTERIAITALIANA.COM, T 0577 849043, GEÖFFNET: TÄGLICH 7.30-0.00, WINTER FR-MI, PREIS: CAPPUCCINO MIT EINEM CORNETTO 2,10 €, AM TISCH 5 €

ENOTECA LA FORTEZZA befindet sich im Turm der mittelalterlichen Festung (1361) und beherbergt sicherlich 10.000 Flaschen Wein. Besonders hervorsticht natürlich der Brunello di Montalcino. 348 Flaschen verschiedener Erzeuger und Jahrgänge lagern hier, das teuerste Exemplar kostet 4700 Euro. Es werden Verkostungen und kostenlose Rundgänge durch die Festung angeboten. Wer wie ein Wachsoldat über die Festungsmauern laufen und die tolle Aussicht genießen will, muss jedoch Eintritt bezahlen.

PIAZZALE FORTEZZA, WWW.ENOTECALAFORTEZZA.COM, T 0577 849211, GEÖFFNET: MO-SO 9.00-20.00, EINTRITT: FESTUNGSMAUERN 4 € (KARTENVERKAUF IN DER ENOTECA)

CIACCI PICCOLOMINI D'ARAGONA eignet sich sehr gut für eine Weinprobe. Die adlige Familie Ciacci produziert bereits seit 1877 in Castelnuovo dell'Abate Wein, seit Anfang des 20. Jahrhunderts sogar in Zusammenarbeit mit der Dynastie der Piccolomini d'Aragona, Verwandten von Papst Enea Silvio Piccolomini. Inzwischen gehören den Weinherstellern über 40 Hektar Weinanbaufläche, auf denen zum Großteil Sangiovese-Grosso-Trauben wachsen, die Basis für den Brunello di Montalcino DOCG und den Rosso di Montalcino DOC. Außerdem produzieren sie Olivenöl und Grappa. Ein Teil des Betriebes wurde speziell für Weinproben hergerichtet.

LOCALITÀ MOLINELLO, CASTELNUOVO DELL'ABATE, WWW.CIACCIPICCOLOMINI.COM, T 0577 835616, GEÖFFNET: MO-SA 9.00-13.00 & 14.00-18.00, PREIS: WEINPROBE AB 12 € (3 WEINE)

SAN GIOVANNI D'ASSO

San Giovanni d'Asso ist für seine weißen Trüffel bekannt, die in der direkten Umgebung zu finden sind und aufgrund ihrer Seltenheit und ihres Preises auch die "Diamanten der Küche" genannt werden. Der Preis schwankt von ein paar Tausend Euro bis hin zu Rekordbeträgen von über 150.000 Euro pro Stück. Kein Wunder, dass weiße Trüffel auch in Stücken von nur sechs bis acht Gramm verkauft werden. Während der jährlichen Trüffelmesse im November kommt Leben ins Dorf.

MUSEO DEL TARTUFO In einem Dorf, das von Trüffeln besessen ist, darf ein Trüffelmuseum natürlich nicht fehlen. Das Museo del Tartufo befindet sich in einem Schloss aus dem 12. Jahrhundert, das auf einem Hügel thront. Hier gibt es eine kleine, aber feine Ausstellung, die sich der Geschichte des Trüffels und seiner Legenden widmet. Die Themenpalette reicht von Wissenschaft über Hexerei bis hin zu Erotik. Ein ganzer Bereich ist den sinnlichen Erfahrungen gewidmet, die der Trüffel hervorruft. Außerdem kann man *tartufai* (Trüffelsuchern) und dem Trüffelhund bei der Arbeit zusehen.

PIAZZA GRAMSCI 1, T 0577 803268/334 6694871 (HANDY), GEÖFFNET: DEZ.-MÄRZ DO 14.30-17.30 & FR-SO 11.00-13.00 & 14.30-17.30, APR.-NOV. DO-SO 11.00-13.00 & 16.00-19.00, EINTRITT: 3 €

RISTORANTE DEL CASTELLO Es gibt keinen besseren Ort, um weiße Trüffel zu probieren, als das Ristorante del Castello, das sich im selben Schloss wie das Trüffelmuseum befindet. Hier kann man viele Trüffelgerichte probieren, von denen jedes eine Sensation ist, so wie *scrigno del castello*: schön große Ravioli mit weißen Trüffeln (nur in der Trüffelsaison gegen Herbstende erhältlich). Probieren sollte man auch Trüffel mit Wildschwein, das der Inhaber Massimo selbst gejagt hat. Das Restaurant gehört zum Hotel La Locanda del Castello, ein Haus, in dem man ein Trüffeljagd-Wochenende mit einem Experten buchen kann.

PIAZZA VITTORIO EMANUELE II 4, WWW.LALOCANDADELCASTELLO.COM, T 0577 802939, GEÖFFNET: MI-MO 12.30-14.30 & 19.30-22.30, 6. JAN.-MÄRZ GESCHLOSSEN, PREIS: 15-20 €, ZIMMER 120-160 €

PIENZA

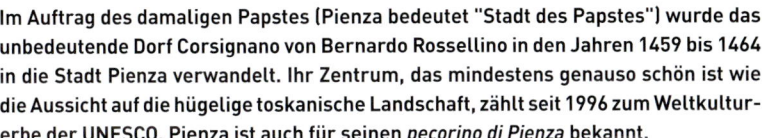

Im Auftrag des damaligen Papstes (Pienza bedeutet "Stadt des Papstes") wurde das unbedeutende Dorf Corsignano von Bernardo Rossellino in den Jahren 1459 bis 1464 in die Stadt Pienza verwandelt. Ihr Zentrum, das mindestens genauso schön ist wie die Aussicht auf die hügelige toskanische Landschaft, zählt seit 1996 zum Weltkulturerbe der UNESCO. Pienza ist auch für seinen *pecorino di Pienza* bekannt.

PALAZZO PICCOLOMINI wurde von Bernardo Rossellino als Residenz für Papst Piccolomini gebaut und ist ein Musterbeispiel der Renaissance-Architektur. Die breiten Fenster in der zweiten und dritten Etage werden durch eine Säule zweigeteilt, wodurch eine sich wiederholende Kreuzform entsteht. Im Innenhof des Palastes befindet sich der erste hängende Garten der Renaissance, und die Zimmer sind bestimmten Themen wie Musik und Artillerie gewidmet. Besichtigen können Sie auch das Esszimmer und die Schlafzimmer, unter anderem das von Piccolomini. Interessant sind auch die ausgestellten Entwürfe für das Idealbild einer humanistischen Stadt.

PIAZZA PIO II, WWW.PALAZZOPICCOLOMINIPIENZA.IT, T 0577 286300, GEÖFFNET: 16. OKT.-16. NOV. & 31. NOV.-7. JAN. & 15. FEBR.-14. MÄRZ DI-SO 10.00-16.30, 15. MÄRZ-15. OKT. DI-SO 10.00-18.30, 25. DEZ.-1. JAN. 14.00-18.00 (AN FEIERTAGEN AUCH MO), NUR FÜHRUNGEN, EINTRITT: 7 €

CATTEDRALE DI SANTA MARIA ASSUNTA

Die **CATTEDRALE DI SANTA MARIA ASSUNTA** ist ein Werk von Rossellino und wurde um das Jahr 1462 fertiggestellt. Der Dom ist ein Musterbeispiel der Renaissance-Architektur: Die Vorderseite aus Travertin wird durch vier Pilaster in drei Bereiche aufgeteilt, die mit den drei Teilen des Schiffes im Gebäudeinneren korrespondieren. In der mittleren Nische befindet sich ein charakteristisches Rundfenster (*oculus*), und im Mittelteil des Giebels prangt das Familienwappen von Papst Piccolomini. Im Innenbereich stößt man auf ein Triptychon von Lorenzo di Pietro, *Il Vecchietto*, das die Himmelfahrt Marias darstellt. Auffällig sind auch die großen Bleiglasfenster, die viel Licht in die Kirche lassen. Piccolomini wollte ein *domus vitrae* (ein Haus aus Glas) als Symbol für die intellektuelle Erleuchtung durch den Humanismus erschaffen.

PIAZZA PIO II, GEÖFFNET: TÄGLICH 8.30-19.00

LATTE DI LUNA ist eine Trattoria mit lockerer Atmosphäre am Ende des Corso Rossellino. Innen hängen viele Fotos von Schauspielern des Films *Der englische Patient*, der zum Teil in der Nähe von Pienza gedreht wurde. Während der Dreharbeiten tauchten die Schauspieler oft hier auf, um sich das gebratene und gegrillte Fleisch schmecken zu lassen. Die Trattoria ist auch bei den Einheimischen wegen der gastfreundlichen Inhaber, der kleinen, gemütlichen Terrasse und den Spezialitäten wie geröstetes Spanferkel sehr beliebt. Man sollte deshalb reservieren.

VIA SAN CARLO 2/4, T 0578 748606/338 3266791 (HANDY), GEÖFFNET: MI-MO 12.00-14.00 & 19.15-21.00, 3 WOCHEN IM JULI & 15. FEBR.-15. MÄRZ GESCHLOSSEN, PREIS: 7-15 €

LA BOTTEGA DEL NATURISTA Im vielversprechenden Schaufenster von La Bottega del Naturista stapelt sich der Pecorino-Käse. Drinnen fühlt man sich durch den Geruch von reifem Käse und (essbarem) Schimmel wie benebelt. Hier gibt es regionale Spezialitäten wie in Stroh gereiften Pecorino oder Käse, der perfekt zu einem Glas Montepulciano oder Brunello passt.

CORSO ROSSELLINO 16, T 0578 748081, GEÖFFNET: TÄGLICH 9.30-13.00 & 15.00-19.30

OFFICINI 904 In diesem modernen Taschengeschäft findet man Design-Ledertaschen in den verschiedensten Farben, alle in der Toskana hergestellt. Ein schönes, einfaches Modell ist zum Beispiel die Market Bag. Die größeren und teureren Taschen (ab 200 Euro) werden ganz kreativ in einer Rolle verpackt.

VIA DOGALI 16, WWW.OFFICINE904.IT, T 0578 1900817, TÄGLICH 10.00-13.30 & 14.30-19.30

IL CHIOSTRO Dieses exklusive Hotel befindet sich in einem Kloster aus dem 15. Jahrhundert. Die Zimmer sind mit Antiquitäten und eleganten Stoffen eingerichtet. An den großzügigen Garten mit Pool grenzt La Terrazza del Chiostro. Dieses Restaurant von Chefkoch Michele und Oberkellner Maurizio steht allen Besuchern, nicht nur Hotelgasten, offen. Man kann hier auf der Terrasse ausgiebig zu Mittag essen – mit Aussicht auf den Vulkan Monte Amiata und die Täler rund um Pienza. Das Restaurant bietet eine umfangreiche Weinkarte und kreative Gerichte.

CORSO ROSSELLINO 26, WWW.RELAISILCHIOSTRODIPIENZA.COM, T 0578 748400, PREIS: 70-300 €

AGRITURISMO CERRETO In diesem kleinen *agriturismo*, etwas außerhalb von Pienza inmitten der Crete Senesi gelegen, bereitet Inhaberin Monica ihren Gästen einen wunderbar angenehmen Aufenthalt. Die sieben Zimmer und Appartements bieten zwei bis sieben Personen Platz. Nach alter Tradition haben sie alle eine Küche mit Kamin. Zum Frühstück gibt es Erzeugnisse vom Hof, die in einem Picknickkorb gebracht werden und im Zimmer, dem Gemeinschaftsraum oder im Garten genossen werden können.

LOCALITÀ CERRETO, STRADA PROVINCIALE 71 PER S. ANNA IN CAMPRENA, WWW.AGRITURISMOCERRETO.COM, T 0578 749121 (FESTNETZ)/338 3311916 (MONICA, HANDY)/333 6712637 (GIANNI, HANDY), PREIS: 40-60 €

MONTE AMIATA

Der erloschene Vulkan Monte Amiata, der vor 700.000 Jahren zum letzten Mal ausbrach, dominiert die Landschaft der Süd-Toskana – ein Gebiet mit einer interessanten Flora voller Buchen, Tannen, Vulkangestein und Bergseen. Der Berg ist mit seinen 1738 Metern nach dem Ätna der zweithöchste Vulkan Italiens.

Auf seinem Gipfel steht ein 22 Meter hohes eisernes Kreuz im Stil des Eiffelturms, das im Auftrag von Papst Leo XIII. gebaut wurde. Das Original aus dem Jahr 1910 wurde durch deutsche Bombardierungen zerstört, jedoch gleich nach dem Zweiten Weltkrieg wieder errichtet. Im Winter ist der Gipfel mit Schnee bedeckt und dient als wichtigste Skipiste der Süd-Toskana. Infolge des Klimawandels gab es in den letzten Jahren jedoch immer weniger Schnee und man musste auf Kunstschnee zurückgreifen.

LE MACINAIE Das Hotel liegt an der großen Wiese Prato delle Macinaie, 50 Meter vom Skilift zum Gipfel des Monte Amiata entfernt. Da die Schneeperiode jedes Jahr kürzer wird, organisiert das Familienhotel jetzt auch Tagesausflüge durch die Toskana. Man kann auch reiten, schwimmen, Tennis spielen, skaten und natürlich Ski fahren.

PRATO DELLE MACINAIE 115, CASTEL DEL PIANO, WWW.LEMACINAIE.COM, T 0564 959001, PREIS: 90-130 €

BAGNI DI SAN FILIPPO Am Fuße des Monte Amiata liegen die ältesten wirtschaftlich genutzten Geothermalbäder der Welt. Etwas außerhalb von San Filippo strömt das Schwefelwasser mit einer Temperatur von 35 bis 52 Grad Celsius aus dem Felsen. Es hängt ein deutlicher Schwefelgeruch in der Luft und der hohe Kalkgehalt färbt den Bach weiß, der darum auch *fosso bianco* genannt wird. Das warme Wasser fließt über enorme Stalagmiten und Stalaktiten, von denen der größte den Spitznamen "der weiße Wal" trägt. Der ideale Ort, um ein Bad in einer ganz besonderen Umgebung zu nehmen. Dabei wird die Haut gereinigt, und das Wasser soll sogar bei Hals-, Nasen- und Ohrenschmerzen, Atembeschwerden und Hautproblemen helfen. Wer mehr Luxus braucht, kann gegen Bezahlung das Thermalbad in den Thermen von San Filippo besuchen.

VIA SAN FILIPPO 23, BAGNI DI SAN FILIPPO, WWW.TERMESANFILIPPO.COM, T 0577 872982 (TERME DI SAN FILIPPO), NATURBÄDER FREI ZUGÄNGLICH, THERMALBAD GEÖFFNET: MAI-OKT. MI-MO 9.00-19.00 & DI 9.00-14.00, EINTRITT: NATURBÄDER FREI, THERMALBAD 8-14 €

MAREMMA REGION

ENTSPANNUNG UND KULINARISCHER GENUSS

Die Maremma ist das Juwel der Toskana: vielseitig, natürlich und ursprünglich, voller Kunst, Kultur, gutem Essen und vor allem unberührter Natur. Das Gebiet reicht von der Küste der Provinz Grosseto bis an die Grenze zu Umbrien im Süden und Osten.

Diese Region hat viele Gesichter: Das Binnenland lockt mit ausgedehnten Feldern und Hügeln mit kurvenreichen Straßen, die Städte und Dörfer miteinander verbinden – so wie die Vulkanstädte Pitigliano, Sovana und Sorano. Das Küstengebiet ist für seine wunderschönen Strände und die mediterrane Flora und Fauna berühmt. Grosseto ist die wichtigste Stadt der Maremma. Die gut erhaltene sechseckige Stadtmauer, die auf die Medici zurückgeht, brachte Grosseto den Beinamen "das kleine Lucca" ein.

Die Landschaft eignet sich hervorragend für Wanderungen, Wassersport und Ausritte durch die Natur und bietet außerdem viele Gelegenheiten zum Entspannen, zum Beispiel in einer der Thermen oder an einem verlassenen Strand mit klarem, grün-blauem Wasser.

SEHENSWÜRDIGKEITEN

Die ausgedehnten grünen Ebenen der Maremma inspirierten toskanische Dichter wie Giosuè Carducci, die voll des Lobes von der "süßen Landschaft der Maremma" sprachen. Auch moderne Künstler finden hier reichlich Anregung für ihre Werke.

PITIGLIANO Diese kleine Stadt liegt im Südwesten der Toskana, hoch oben auf einem riesigen Vulkanfelsen. Sie ist die wichtigste der drei *città del tufo*, die nach dem Sediment aus Vulkangestein (Tuff), auf dem die Städte gebaut wurden, benannt sind. Pitigliano ist sehr charakteristisch und erhielt wegen seines "Gettos", dem jüdischen Viertel an der Via Zuccarelli im historischen Zentrum, den Spitznamen "das kleine Jerusalem". 1598 bauten Juden dort eine Synagoge, die im Zweiten Weltkrieg größtenteils zerstört und danach in voller Pracht restauriert wurde. In der Mitte der Synagoge steht die *teba* (oder *bimah*), das erhöhte Podium, von dem aus die Thora vorgelesen wird. An dessen Rückseite befindet sich die Bundeslade, das heiligste Objekt des Judentums, in dem die Zehn Gebote festgehalten sind. Im Obergeschoss findet man den *matroneo*, den Balkon für weibliche Besucher, die streng von den männlichen getrennt die Synagoge besuchten.

SYNAGOGE: VICOLO MARGHERA, PITIGLIANO, WWW.COMUNE.PITIGLIANO.GR.IT, T 0564 614230, GEÖFFNET: 1. APR.-30. SEPT. SO-MO 10.00-13.30 & 14.30-18.30, 1. OKT.-31. MÄRZ SO-MO 10.00-12.30 & 15.00-17.30, EINTRITT: 3 €

MAREMMA REGION

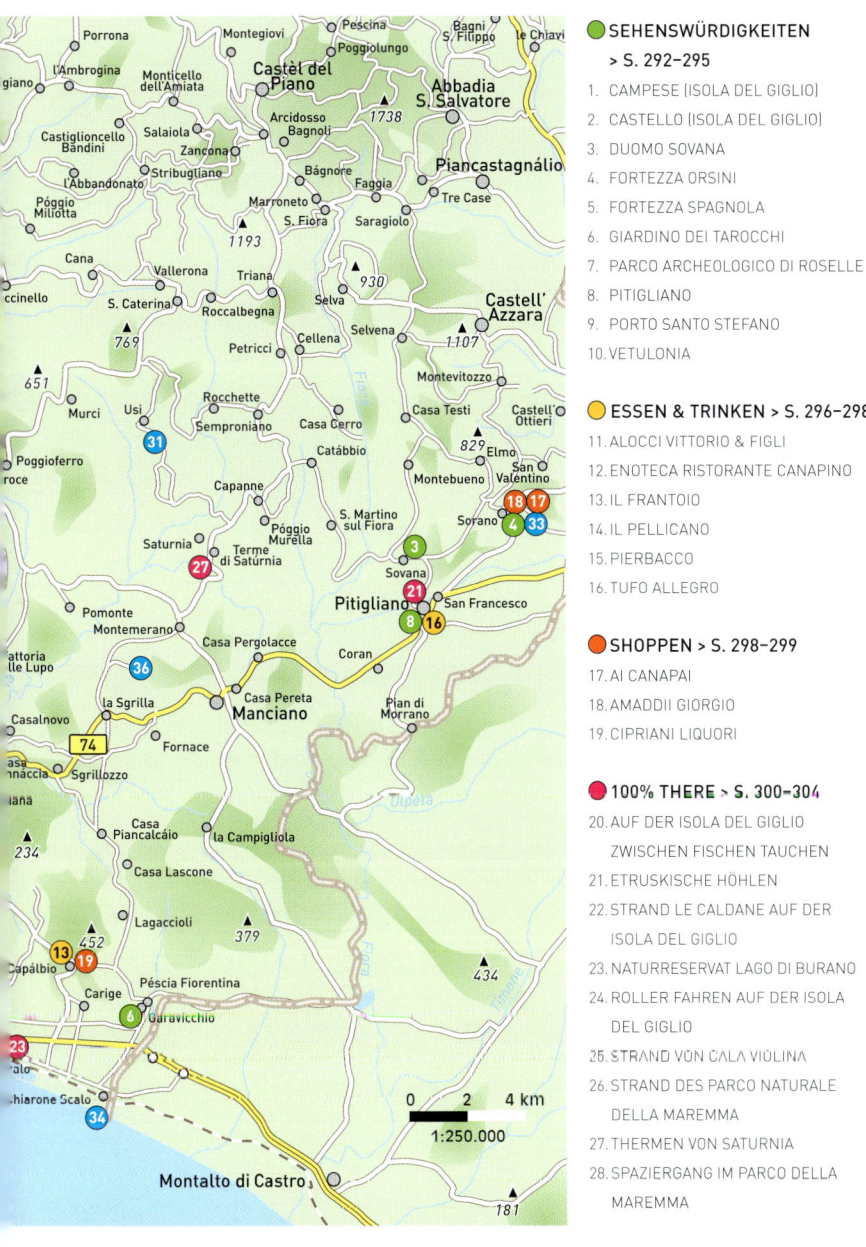

1555 veröffentlichte Papst Paul IV. die Päpstliche Bulle Cum nimis absurdum ("Es ist völlig absurd"), mit der das tägliche Leben der Juden drastisch reglementiert wurde. Männer mussten einen gelben Hut tragen, Frauen und Kinder ein gelbes Abzeichen auf dem Ärmel. Auch der Handel wurde stark eingeschränkt, und die Juden zwang man zum Umzug in spezielle Gettos. Pitigliano wurde zu dieser Zeit von der Familie Orsini regiert, die für eine freie Politik plädierte. Viele Juden zogen deshalb nach Pitigliano, da sie dort relativ unbescholten leben konnten.

DUOMO SOVANA Sovana liegt mitten im Vulkansteingebiet und ist von etruskischen Ruinen umgeben. Das Dorf selbst besteht aus einer einzigen langen Straße, die auf der einen Seite von den Festungsruinen der Familie Aldobrandeschi bis zum Dom auf der anderen Seite führt. Der Dom von Sovana ist eines der besonderen Monumente im romanischen Stil in der Toskana. Die Kirche stammt aus dem 8. Jahrhundert und wurde 1248 vollständig erneuert, wobei der Baustil ein Zusammenspiel aus Romanik und Gotik widerspiegelt. Typisches Merkmal des Doms sind die schwarz-weiß gestreiften Säulen, die das Mittelschiff von den Seitenschiffen trennen.

VIA DEL DUOMO, SOVANA, T 0564 616532, GEÖFFNET: TÄGLICH IM SOMMER 9.00-13.00 & 16.30-19.00, IM WINTER 10.00-13.00 & 15.00-18.00

FORTEZZA ORSINI Genau wie Pitigliano liegt Sorano auf einem Felsen und bietet eine großartige Aussicht auf die Umgebung. Das Dorf stammt aus dem Mittelalter und war in Händen der Familien Aldobrandeschi und Orsini. Gegen Ende des 16. Jahrhunderts wurde es vom Großherzogtum Toskana übernommen. Das wichtigste Baudenkmal von Sorano ist die Fortezza Orsini, die 1552 vom Architekten Anton Maria Lari aus Siena entworfen wurde. Das imposante Fort bot verschiedenen Feinden aus Orvieto, Siena und den Truppen des Kirchenstaates die Stirn. Als sie im frühen 17. Jahrhundert von der Medici-Familie übernommen wurde, diente sie als Festung und ist heute eines der am besten erhaltenen Beispiele militärischer Architektur aus der italienischen Renaissance. Viele der Räume sind mit Fresken aus dem 16. Jahrhundert versehen.

PIAZZA CAIROLI, SORANO, WWW.COMUNE.SORANO.GR.IT, T 0564 633424, GEÖFFNET: 1. APR.-31. OKT. DI-SO (AUG. AUCH MO), 26. DEZ.-8. JAN. SA-SO 10.00-13.00 & 15.00-19.00, EINTRITT: 4 €

PITIGLIANO

SKULPTUR VON NIKI DE SAINT-PHALLE, CAPALBIO

GIARDINO DEI TAROCCHI (der Tarotpark) ist ein einzigartiger Ort in der Nähe von Capalbio, entworfen von der Künstlerin Niki de Saint-Phalle, die auch wegen ihres spektakulären Brunnens neben dem Centre Pompidou in Paris bekannt ist. Der Park ist eine wahre Augenweide, denn jede der farbenfrohen Skulpturen stellt eine bestimmte Tarotkarte dar: die Kraft, den Mond, das Glücksrad, den Teufel. Es bedurfte 20 Jahre harter Arbeit, bis ihr Traum Wirklichkeit wurde. Die Inspiration für ihren Skulpturenpark mit den dramatischen und humoristischen Darstellungen holte sich Niki de Saint-Phalle in Gaudís Park Güell in Barcelona.

LOCALITÀ GARAVICCHIO, CAPALBIO, WWW.NIKIDESAINTPHALLE.COM, T 0564 895122, GEÖFFNET: 1. APR.–15. OKT. TÄGLICH 14.30–19.30, EINTRITT: 12 €, JAN.–MÄRZ & NOV.–DEZ. ERSTER SA IM MONAT 9.00–13.00 FREI (AUSSER FEIERTAGE)

FORTEZZA SPAGNOLA/PORTO SANTO STEFANO Auf einer toskanischen Halbinsel, zu Füßen des Monte Argentario, befindet sich eine der malerischsten Städte der Region: Porto Santo Stefano. Hier fahren die Fähren zu den Inseln Giglio und Giannutri ab. Die Stadt erlangte erst im 16. Jahrhundert Bedeutung, als sie von König Philipp II. von Spanien eingenommen wurde und damit zum sogenannten *Stato degli Presidi* gehörte. Aus dieser Zeit stammt auch die beeindruckende Fortezza Spagnola, die über den Hafen hinausragt und als Aussichtsposten diente. Auf der untersten Terrasse der Festung sieht man steinerne Kreise, auf denen im 18. Jahrhundert die Kanonen gedreht werden konnten. In der Festung selbst befinden sich zwei Ausstellungsräume: Einer ist dem Schiffbau gewidmet, der andere den archäologischen Unterwasserfunden. Seit einiger Zeit werden auch Werke moderner Künstler wie Andy Warhol und Keith Haring gezeigt.

PIAZZA DEL GOVERNATORE, PORTO SANTO STEFANO, T 0564 810681, GEÖFFNET: 14. JUNI-15. SEPT. TÄGLICH 18.00-0.00, IM WINTER & FEIERTAGE 11.00-12.30 & 15.00-19.00, EINTRITT: 4 €

CAMPESE, CASTELLO & PORTO AUF DER ISOLA DEL GIGLIO Die schönste Insel

der Toskana ist die Isola del Giglio. Dieses Paradies ist fast vollständig von mediterraner Flora bedeckt, unterbrochen von Kiefern und Weinbergen, auf denen die berühmte Ansonica-Traube wächst. Die Insel ist wahrscheinlich 4,5 bis fünf Millionen Jahre alt und wird bereits seit der Eisenzeit bewohnt. Sie gehörte unter anderem den Etruskern, Römern, Karl dem Großen, den Städten Perugia und Pisa sowie verschiedenen reichen Familien wie den Aldobrandeschi, Orsini und Medici. Die Insel besteht aus drei Teilen: Der malerische Hafen Giglio Porto mit seinen kleinen Häusern, die auf einer Felsenküste erbaut wurden, ist der Anlaufpunkt für die Fähren. Landeinwärts, auf dem Hügel über dem Hafen, steht die Burg Giglio Castello. An der Nordseite der Insel liegt Giglio Campese, ein Küstenabschnitt mit verschiedenen Strandbars, einem Hotel, Tauchschulen und einem breiten Privatstrand, der nur gegen Gebühr zugänglich ist. In den vielen Buchten rund um die Insel gibt es jedoch zahlreiche einsame Strände mit azurblauem Wasser, in dem man ausgezeichnet schnorcheln und tauchen kann.

FÄHRE NACH ISOLA DEL GIGLIO: REEDEREI MAREGIGLIO, VIA UMBERTO PRIMO 22, ISOLA DEL GIGLIO, T 0564 812920/ 809309, PORTO SANTO STEFANO-ISOLA DEL GIGLIO AB 24 € (HIN UND ZURÜCK), FAHRRAD AB 12 €, AUTO AB 78 €, REEDEREI TOREMAR: WWW.TOREMAR.IT, T 0564 809349, PREIS: AB 14,60 €/55 €

Der **PARCO ARCHEOLOGICO DI ROSELLE** beherbergt Überreste aus etruskischer und römischer Zeit. Das alte etruskische Rusellae war eine der bedeutendsten Siedlungen von Etrurien, gehörte jedoch nicht zu den zwölf Stadtstaaten (*dodecapoli*). Im Jahr 294 v. Chr. wurde es von den Römern eingenommen, die dort eine klassische römische Stadt bauten. Bis zum Mittelalter war Roselle bewohnt, danach wurde es verlassen und teilweise von Bäumen und Sträuchern überwuchert. Heute gibt es dort einen archäologischen Park mit unter anderem Überresten von römischen Mosaiken, Häusern, einem Amphitheater, das 1200 Zuschauern Platz bot (leider ist davon wenig erhalten geblieben) sowie etruskischen Gräbern.

VIA DEI RUDERI, ROSELLE, WWW.PARCODEGLIETRUSCHI.IT, T 0564 402403, GEÖFFNET: TÄGLICH 9.00-SONNENUNTERGANG, EINTRITT: 4 €

VETULONIA Auf einem Hügel, einige Kilometer von Castiglione della Pescaia entfernt, liegt der Weiler Vetulonia. Ab dem 8. Jahrhundert v. Chr. entwickelte sich hier einer der mächtigsten Stadtstaaten des antiken Etruriens. Vor allem die etruskische Nekropolis ist einen Besuch wert. Die Grabstätten Tumulo della Pietrera und Tumulo del Diavolino sind die wichtigsten Überreste und liegen einige Kilometer außerhalb des Dorfes am Wegesrand.

ESSEN & TRINKEN

Die Maremma kennt einige typische Gerichte: *Acqua cotta* (gekochtes Wasser) ist eine Art Gemüsesuppe, die auf gratiniertem Brot mit einem Spiegelei serviert wird. *Tortelli Maremmani* sind Nudeln, die mit Spinat und Ricotta gefüllt sind und mit einer Tomaten-Hackfleisch-Soße gereicht werden. Auch *buglione d'agnello*, geschmortes Lamm mit Rosmarin und Knoblauch, ist eine regionale Spezialität. An der Küste kann man natürlich auch ausgezeichnet Fisch essen. In der Maremma gibt es zudem sehr gute Weine wie etwa den roten Morellino di Scansano sowie die Weißweine Bianco di Pitigliano und Ansonica Costa dell'Argentario.

TUFO ALLEGRO Dieses Restaurant direkt neben dem jüdischen Viertel in Pitigliano befindet sich in einem Keller, der in den Tuffstein gegraben wurde. Auf der Karte stehen klassische regionale Gerichte wie *acqua cotta* und *buglione d'agnello*. Im Sommer sollte man die Hähnchenrollen mit Schinken und zum Dessert Ricotta-Mousse mit *Sfratto*-Karamell probieren: eine Hommage an das typisch jüdische Gebäck von Pitigliano.
VICOLO DELLA COSTITUZIONE 5, PITIGLIANO, WWW.ILTUFOALLEGRO.COM, T 0564 616192, GEÖFFNET: DO-MO 12.30-14.30 & 19.30-21.30, MI 19.30-21.30, PREIS: 12-18 €

Sfratto ist eine Süßspeise aus dem Getto von Pitigliano: ein längliches, süßes Gebäck mit Nüssen und Honig. Der Name sfratto *bedeutet Zwangsräumung und die Form erinnert an die Knüppel, mit denen Papst Paul IV. die Juden aus ihren Häusern vertreiben ließ.*

IL FRANTOIO Dieses Kulturzentrum mit Restaurant liegt vor den Stadtmauern von Capalbio. Im Erdgeschoss befindet sich eine Bar mit einem Laden, der Bücher, Wein und hausgemachte Marmelade verkauft. Über eine Treppe gelangt man in die Boutique und das Restaurant, das in der Mittagszeit und abends geöffnet ist. Außer Fleisch-klassikern wie *bistecca alla fiorentina* und *cinghiale* (Schwein) gibt es auch vegetarische Gerichte. Das alte Fabrikgebäude ist mit Antiquitäten eingerichtet, und im Obergeschoss werden wechselnde Kunstausstellungen gezeigt. Wegen der gemütlichen Atmosphäre und der leckeren Häppchen ist hier vor allem in der *aperitivo*-Zeit meist sehr viel los.
VIA RENATA FUCINI 10, CAPALBIO, WWW.FRANTOIOCAPALBIO.COM, T 0564 896484, GEÖFFNET: MI-MO 9.00-2.00 (KÜCHE GEÖFFNET: 12.30-15.00 & 20.00-0.00, MI 20.00-0.00), 7. JAN.-7. FEBR. GESCHLOSSEN, PREIS: 15-30 €

ALOCCI VITTORIO & FIGLI Diese Bäckerei bietet Kekse, süße Teilchen und Pizza im Überfluss und manchmal auch noch Köstlichkeiten wie heiße Schokolade, frisch gebackene *cantucci* (Mandelgebäck) und Ricottakuchen. Nicht nur empfehlenswert fürs Frühstück oder ein schnelles Mittagessen, sondern auch, um Proviant für einen Tages-ausflug zur Isola del Giglio zu kaufen.
VIA MARCONI 12, PORTO SANTO STEFANO, T 0564 812730, GEÖFFNET: TÄGLICH 7.00-20.00, PREIS: CAPPUCCINO 1,20 €, BRÖTCHEN 4 €

VICOLO
DELLA
COSTITUZIONE

IL PELLICANO Die niederländische Königin Juliana und ihr deutscher Gatte Prinz Bernhard verbrachten jahrelang den Sommer in ihrem Haus L'Elefante Felice ("der glückliche Elefant") in Sbarcatello, etwas außerhalb von Porto Ercole. Oft waren sie im Restaurant des Luxushotels Il Pellicano zu Gast, das mit zwei Michelin-Sternen und einer fantastischen Aussicht auf die Bucht aufwartet. Von Mai bis September kann man im Freien essen, die Küche ist raffiniert und der Service hervorragend. Gerichte wie gegrillter Petersfisch mit Meeresschnecken in grüner Tomatencreme mit einem Hauch von Ingwer oder Kalbfleisch mit Pistazien und nach Zitronenverbene duftenden weißen Bohnen regen die Sinne an – der ideale Ort für einen besonderen Anlass.

LOCALITÀ SBARCATELLO, PORTO ERCOLE, WWW.PELLICANOHOTEL.COM, T 0564 858275, GEÖFFNET: 15. APR.-15. OKT. TÄGLICH 19.30-22.00, PREIS: 40-90 €, MENÜ 150 €

ENOTECA RISTORANTE CANAPINO An der Piazza Dante, dem wichtigsten Platz von Grosseto, liegt eine Weinhandlung mit Namen Canapino. Die kleine Schwester des nahe gelegenen Restaurants Canapone bietet mittags neben Salat und Crostini auch Gerichte wie Stockfisch mit Tomate oder mit Ricotta und Spinat gefüllte *tortelli an*. Die Enoteca hat gut 700 verschiedene Weine im Sortiment.

PIAZZA DANTE ALIGHIERI 3/6, GROSSETO, T 0564 24546, KÜCHE/VINOTHEK GEÖFFNET: DO-DI 10.00-15.00 & 18.30-23.00, PREIS: 8-13 €

PIERBACCO Dieses exklusive Restaurant ist sowohl bei den Einheimischen als auch bei den Touristen als das beste Fischrestaurant von Castiglione bekannt. Die engagierte Bedienung sowie die abwechslungsreiche Karte mit Fisch, der fangfrisch vom Hafen in die Küche gebracht wird, zeichnen es aus. Probieren sollte man unbedingt den Carpaccio vom Schwertfisch sowie den lauwarmen Salat mit gedünsteten Zucchini. Zum Nachtisch empfiehlt sich der Apfelkuchen mit in Vin Santo getränkten Birnen oder der Obstteller mit Mascarpone.

PIAZZA DELLA REPUBBLICA 24, CASTIGLIONE DELLA PESCAIA, WWW.PIERBACCO.IT, T 0564 933522, GEÖFFNET: DO-DI 12.00-14.30 & 19.00-0.00, PREIS: 20-35 €

SHOPPEN

Die Maremma ist keine Region mit vielen Shoppingmöglichkeiten. Hier gibt es hauptsächlich Dörfer mit kleinen Geschäften und einem begrenzten Angebot. Wegen des landwirtschaftlichen Charakters der Maremma kann man viele regionale Spezialitäten oft direkt beim Bauern kaufen.

AMADDII GIORGIO ist ein echter Handwerker und ein Meister im Bearbeiten von Olivenholz. Aus diesem exklusiven Hartholz zaubert er die unterschiedlichsten Dinge wie Schlüsselanhänger, Schneidebretter, Pinocchio-Figuren und Weinregale.

VIA SELVI 4, SORANO, T 0564 633393/333 6762267 (HANDY), GEÖFFNET: FRÜHLING & HERBST SA-SO 12.00-13.30 & 16.00-18.30, IM SOMMER TÄGLICH 12.00-13.30 & 16.00-18.30 (UNGEFÄHRE ZEITEN)

ALOCCI VITTORIO & FIGLI

AI CANAPAI ist das Geschäft von Enrico und seiner Frau Clara. Sie verkaufen ausgefallene Kleidung, die aus Hanf und Filz nach einer von ihnen wiederentdeckten etruskischen Methode hergestellt wurde. Es gibt Shirts, Hosen, Hemden, Hüte und Taschen, die größtenteils aus recyceltem Hanf bestehen, der aus alten Getreidesäcken stammt. Enrico lässt sich für seine Entwürfe von Vintage-Kleidung inspirieren und ziert die Kleidungsstücke mit Knöpfen aus Olivenholz.

VIA ROMA 35, SORANO, T 329 4279019 (ENRICO, HANDY)/329 2427926 (CLARA, HANDY), GEÖFFNET: DI-SO 10.00-13.30 & 16.00-19.30

CIPRIANI LIQUORI Im Herzen von Capalbio findet man die Likörbrennerei und Grappadestillerie Cipriani Liquori von Giancarlo Cipriani. Seine Liköre werden noch ganz und gar in Handarbeit ohne hinzugefügte Farb-, Aroma- oder Konservierungsstoffe hergestellt. Geheimtipp ist der *liquore alla liquirizia* (Lakritzlikör) mit einem einzigartigen Lakritzgeschmack, den man auch direkt im Laden probieren kann.

VIA VITTORIO EMANUELE 25, CAPALBIO, WWW.CAPALBIOLIQUORI.IT, T 0564 896385, GEÖFFNET: JUNI-SEPT. TÄGLICH 10.30-12.30 & 17.00-23.30, OKT.-MAI SA-SO 10.30-12.30 & 17.00-23.30

100% THERE

Die Maremma ist eine ideale Gegend für Outdoor-Aktivitäten: Im Naturpark Lago di Burano kann man Vögel beobachten, an der Küste im azurblauen Wasser tauchen und im Parco della Maremma lange Wanderungen machen. An einem einsamen Strand auf der Insel Isola del Giglio lässt sich vor allem die Stille genießen.

ETRUSKISCHE HÖHLEN Zwischen den drei Vulkanstädten Pitigliano, Sovana und Sorano haben die Etrusker ein Wegenetz angelegt, das die Städte miteinander verbindet. Von den bis zu 20 Meter großen Tuffstein-Höhlen weiß man bis heute nicht, ob sie auf natürliche Weise entstanden sind oder von den Etruskern in den Fels gehauen wurden. Einer der Wege ist die Via Cava San Giuseppe, die einen in etwa vier Stunden von Pitigliano nach Sovana entlang diesen besonderen *cave etrusche* oder etruskischen Höhlen führt. Die Höhlen liegen zwischen Sovana und Saturnia, man kann sie auch besuchen, ohne die Wanderung zu machen.
STARTPUNKT DER WANDERUNG: VIA COCCERIA, PITIGLIANO, EINTRITT: 5 €

THERMEN VON SATURNIA Schon seit dem Altertum ist Saturnia für seine Thermalbäder bekannt. Hier strömt das an Schwefel und Mineralien reiche Wasser mit einer Temperatur von 37 Grad Celsius an mehreren Felsen nach unten in ein Becken. Man muss sich vielleicht an den Schwefelgeruch etwas gewöhnen, aber ein Besuch, vor allem in der Nacht bei Mondlicht und Sternenhimmel, ist eine unvergessliche Erfahrung.
STRADA PROVINCIALE, SATURNIA, WWW.CASCATE-DEL-MULINO.INFO/EN, GEÖFFNET: TÄGLICH, EINTRITT: FREI

NATURRESERVAT LAGO DI BURANO An der Südküste der Toskana, in der Nähe von Capalbio Scalo und an der Grenze zu Lazio, liegt dieses Naturschutzgebiet des WWF. Das Gebiet rund um einen Salzsee umfasst 1010 Hektar und ist Lebensraum von über 600 Tierarten. Man kann dort zwischen Flamingos, Füchsen und Igeln spazieren gehen. Außer in der Sommersaison darf man jeden Sonntag gratis wandern, in der Sommersaison wird wöchentlich ein Ausflug organisiert.
OASI WWF, CAPALBIO SCALO, WWW.WWF.IT, T 0564 898829, GEÖFFNET: SEPT.-MÄRZ SO AUSFLÜGE MIT KOSTENLOSER FÜHRUNG 10.00 & 14.30, JULI-AUG. MO, MI & SA 18.00 (RESERVIERUNGSPFLICHT), NICHT ÖFFENTLICH ZUGÄNGLICH

ROLLER FAHREN AUF DER ISOLA DEL GIGLIO Mit dem Wind in den Haaren und zu den Klängen von Paolo Contes *"Via con me"* fährt man wie ein echter Italiener die kurvenreichen Straßen der Insel ab. Überall gibt es atemberaubende Aussichten auf die Buchten mit hellblauem Wasser. Bei der Ankunft auf der Isola del Giglio kaufen Sie am besten bei der Touristeninformation eine Karte von der Insel, bevor Sie zur Via Thaon de Revel durchstarten, wo Il Faro Verde Motorroller und Fahrräder vermietet. Wegen der Höhenunterschiede ist Radfahren auf der Insel allerdings eine Herausforderung.
TOURISTENINFORMATION: VIA PROVINCIALE 9, ISOLA DEL GIGLIO, ROLLERVERLEIH IL FARO VERDE: VIA THAON DE REVEL 28, ISOLA DEL GIGLIO, T 338 4320011 (HANDY), GEÖFFNET: 9.00-13.00 & 16.00-19.00 (UNGEFÄHRE ZEITEN), PREIS: FAHRRAD 10 €/TAG, ROLLER 10 €/STD. (INKL. HELM)

ROLLER FAHREN AUF DER ISOLA DEL GIGLIO

STRAND LE CALDANE AUF DER ISOLA DEL GIGLIO

STRAND LE CALDANE AUF DER ISOLA DEL GIGLIO Die bezauberndsten Strände der Insel erreicht man nur zu Fuß und nicht mit dem Auto oder Motorroller. Le Caldane ist einer der schönsten und saubersten Strände Italiens und für sein azurblaues Wasser bekannt. Um dorthin zu gelangen, geht man von der Spiagga Le Canelle am Meer nach rechts und am Strand von Le Canelle entlang. Dann folgt man rechts einem Weg nach oben und weiter die Küste entlang, bis man auf der Straße ein Hinweisschild sieht. Dort, wo der befestigte Weg aufhört, steht "Le Caldane" mit weißer Farbe auf der Straße, daneben ist ein Pfeil. Hier beginnt der Weg zum Strand Le Caldane.

VIA DELLE CANNELLE, ISOLA DEL GIGLIO

AUF DER ISOLA DEL GIGLIO ZWISCHEN FISCHEN TAUCHEN Das kristallklare Wasser auf der Isola del Giglio bietet durch die Korallenriffe, die reiche Unterwasserwelt sowie die Schiffswracks die perfekten Bedingungen zum Schnorcheln und Tauchen. Beim Deep Blue Diving College lernt man in einer Woche alle Kniffe, um sich unter Wasser aufhalten zu können. Erfahrene Taucher können sich eine Ausrüstung leihen und auf eigene Faust auf Entdeckungstour gehen.

VIA PROVINCIALE 30, ISOLA DEL GIGLIO, WWW.DIVINGCOLLEGE.IT, T 0564 804190/335 260603 (HANDY), GEÖFFNET: TÄGLICH 9.00-10.00, 12.00-13.00 & 18.00-20.00, PREIS: TAUCHKURS (1 WOCHE) 300 €

SPAZIERGANG IM PARCO DELLA MAREMMA Der Parco Regionale della Maremma ist mit seinen 8900 Hektar einer der größten Naturparks der Toskana. Es gibt dort sieben Routen mit verschiedenen Themen, zum Beispiel Türme, Fauna oder Höhlen. Der Park ist den ganzen Tag von 9 Uhr bis Sonnenuntergang geöffnet. Man sollte beachten, dass einige Routen vom 15. Juni bis zum 15. September wegen Brandgefahr nicht genutzt werden dürfen. Im Centro Visite Alberese sind alle Informationen über den Park und die Routen erhältlich.

VIA BERSAGLIERE 7/9, ALBERESE, WWW.PARCO-MAREMMA.IT, T 0564 407098/331 5264929 (HANDY), GEÖFFNET: TÄGLICH 8.30-19.30, GEFÜHRTE EXKURSIONEN 9 €, NACHTS 15 €

STRAND DES PARCO NATURALE DELLA MAREMMA Im Herzen des Naturparks Parco Naturale della Maremma liegt der Strand von Marina di Alberese – ein unberührtes Stück Natur, das an die geschützte Flora des Parks grenzt und sich über einige Kilometer bis zum Turm von Cala di Forno im Süden und dem Fluss Ombrone im Norden erstreckt. Der feine weiße Sand und das kristallklare Wasser machen den Strand bei denjenigen beliebt, die der Hektik der großen Badeorte entfliehen wollen. Um das Auto beim Strand parken zu können, muss man erst einen Stellplatz beim Besucherzentrum (Centro Visite) im Park in Alberese reservieren. Im Sommer ist der Parkplatz schnell voll, weshalb sich eine Anfahrt mit dem Fahrrad oder dem Shuttlebus vom Besucherzentrum aus empfiehlt.

MARINA DI ALBERESE, T 0564 407098, WWW.PARCO-MAREMMA.IT, GEÖFFNET: TÄGLICH 8.00-20.30, PARKEN 2 €, BUSFAHRKARTE 1 €

STRAND VON CALA VIOLINA Dieser Strand zwischen Castiglione della Pescaia und Follonica gehört zu den schönsten der Region. Man muss gut aufpassen, denn es gibt nur ein einziges Schild, das die Abfahrt anzeigt. Vom Parkplatz läuft man ungefähr einen Kilometer bis zum Strand, wo man vom feinsten Sand der Toskana und türkis-blauem Wasser empfangen wird.

CALA VIOLINA, CASTIGLIONE DELLA PESCAIA

AUSGEHEN

Da es im Sommer die meisten Toskaner aus den Städten an die Küste zieht, sind bestimmte Diskotheken auch nur von Juni bis September geöffnet. Dann kommen viele Florentiner und Sienesen hierher, um ordentlich zu feiern.

DISCO VILLAGE Tagsüber ein Wasservergnügungspark (*www.acquavillage.it*) und abends eine beliebte Diskothek, in der Dance gespielt wird.

VIA SANZIO, ZONA CAPANNINO, FOLLONICA, WWW.DISCOVILLAGE.IT, T 331 9114998 (HANDY), GEÖFFNET: DO 21.00-4.00, SA 0.00-4.00, PREIS: SHOW INKL. ESSEN DO 16 €, SA 20 €

TARTANA Diese Diskothek, in der mehrere bekannte italienische Sänger ihre Karriere begannen, wurde 1968 als Nachtclub eröffnet. Heute ist sie eine Open-Air-Diskothek, die bei Italienern wegen der Lage außerhalb der Ortschaft und der Nähe zum Natur-park beliebt ist. Es ist eine besondere Erfahrung zu sehen, wie die Italiener zu den Klängen von Italo-House abfeiern.

PUNTONE, SCARLINO (GROSSETO), T 328 6122871 (HANDY), GEÖFFNET: DI 23.00-4.00 MUSIK AUS DEN 1960ER-, 1970ER- & 1980ER-JAHREN, SA 23.00-4.00 HOUSE, EINTRITT: 10-30 € (ODER MEHR, WENN TOP-DJS AUFLEGEN)

ÜBERNACHTEN

In der Maremma übernachtet man hauptsächlich, um mitten in der schönen Natur sein zu können. Viele Italiener verbringen deshalb hier ihren Urlaub, weshalb man frühzeitig buchen sollte. Vor allem die Unterkünfte an der Küste haben sich ganz auf den Tourismus eingestellt.

AIA DELLA COLONNA ist eines der wenigen *agriturismi*, in denen noch Tiere gehal-ten werden. Es gibt sechs Zimmer und zwei Appartements sowie einen Gemein-schaftsraum mit Kamin, in dem abends das gemeinsame Abendessen serviert wird und man untereinander die Geschehnisse des Tages austauschen kann. Der Bauern-hof ist für seine hausgemachten biologischen Würstchen und Fleischwaren bekannt, auf den 240 Hektar Land werden außerdem Wein und Oliven angebaut. In der Nähe des *agriturismo* gibt es auch ein Schwimmbad.

LOCALITÀ USI, SANTA CATERINA, WWW.AIACOLONNA.IT, T 0564 986110, PREIS: ZIMMER 90 €, APPARTEMENT 110 €

PARCO DELLA MAREMMA

HOTEL DELLA FORTEZZA Im Hotel della Fortezza fühlt man sich wie ein Fürst. Das Hotel befindet sich in der Fortezza Orsini, einer Festung aus dem 11. Jahrhundert im Zentrum von Sorano. Die Zimmer sind mit Möbeln aus dem 19. Jahrhundert eingerichtet, passend zum rustikalen Ambiente der Festung. Tipp: Am romantischsten ist das Turmzimmer mit Kamin. Hier kann man die Aussicht über die Täler und die Felsen aus *tufo* (Tuff) genießen, dem Vulkangestein, für das diese Region bekannt ist.

PIAZZA CAIROLI 5, SORANO, WWW.HOTELDELLAFORTEZZA.COM, T 0564 632010, PREIS: 100-130 €

QUERCIA ROSSA Der *agriturismo* Quercia Rossa liegt im Herzen der Maremma, ungefähr 20 Autominuten von den Saturnia-Thermen entfernt, und bildet einen idealen Ausgangspunkt zum Erkunden der Region. Das Haus verfügt über einen Pool und sieben Zimmer, die alle einen separaten Eingang haben. Das antike Mobiliar stammt von einem englischen Reisenden aus dem viktorianischen Zeitalter und verleiht diesem Bauernhof einen besonderen Charme. Jeden Abend wird im Gemeinschaftsraum ein anderes typisches toskanisches Gericht mit einem herrlichen Rotwein serviert.

SANTARELLO DI MONTEMERANO, MANCIANO, WWW.QUERCIAROSSA.NET, T 0564 629529/338 7280691 (HANDY), PREIS: ZIMMER 88-128 €

IL CAMPEGGIO DI CAPALBIO Dieser Campingplatz liegt am "Ultima Spiaggia", dem "letzten Strand" der Toskana. Man kann in den Dünen oder auf einem schattenreichen Platz, nur wenige Meter vom Strand entfernt, sein Zelt aufschlagen. Es gibt einen kleinen Supermarkt und Sie können Tennis, Beachvolleyball und Tischtennis spielen oder ein Fahrrad mieten und den nahe gelegenen Lago di Burano erkunden.

STRADA LITORANEA DEL CHIARONE, LOCALITÀ GRATICCIAIA, CAPALBIO SCALO, WWW.ILCAMPEGGIODICAPALBIO.IT, T 0564 890101/345 4977133 (HANDY), GEÖFFNET: OSTERN-LETZTES SEPT.-WOCHENENDE, PREIS: 8-14 € P. P., AUTO 5 €, ZELTPLATZ 14 €

PENSIONE WEEKEND Die wenigen Hotels auf der Halbinsel Monte Argentario sind oft sehr teuer. Eine Ausnahme ist Pensione Weekend, eine kleine, einfache und bezahlbare Pension mitten in Porto Santo Stefano, 100 Meter vom Hafen entfernt. Die Zimmer sind klein und einfach, jedoch sauber und mit eigenem Bad. An der Rezeption ist eine Parkkarte erhältlich, mit der man in der Nähe der Pension gratis parken kann.

VIA MARTIRI D'UNGHERIA 3, MONTE ARGENTARIO, WWW.PENSIONEWEEKEND.IT, T 0564 812580, PREIS: 60-90 €

HOTEL CASTELLO MONTICELLO An der Straße von Giglio Porto nach Giglio Castello steht ein hübsches Schloss: Hotel Castello Monticello. Dieses kleine Hotel bietet atemberaubende Aussichten auf die Isola del Giglio. Es ist ein ausgezeichneter Ausgangspunkt, um die Insel zu erkunden. Das Hotel organisiert auch verschiedene Ausflüge wie beispielsweise zu einem Weinproduzenten oder einen Tag Angeln auf einem Fischerboot. Castello Monticello hat auch einen eigenen Tennisplatz und organisiert einen kostenlosen Shuttleservice zu den Stränden.

VIA PROVINCIALE 58, ISOLA DEL GIGLIO, WWW.HOTELCASTELLOMONTICELLO.COM, T 0564 809252, GEÖFFNET: OSTERN-HEILIGE DREI KÖNIGE, PREIS: 90-170 €

ORTSNAMENREGISTER

THEMENREGISTER

100% CITYGUIDES

GUIDE+
APP

100% TRAVELGUIDES

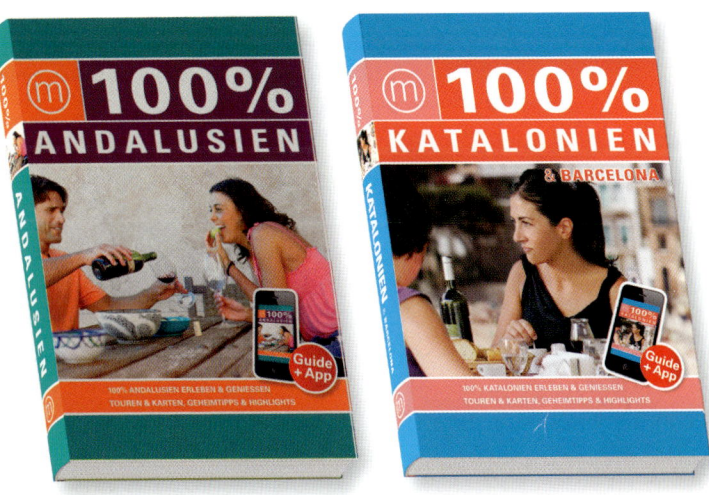

Ausführliche Informationen zum 100% Programm finden Sie auch auf unserer Homepage unter **www.100travel.de**

IMPRESSUM

Dieser 100% Guide wurde mit größter Sorgfalt zusammengestellt. Mo Media GmbH ist nicht verantwortlich für eventuelle
inhaltliche Fehler. Anmerkungen und/oder Kommentare
können unter *www.100travel.de* mitgeteilt oder an die unten
stehende Adresse gerichtet werden.

MO MEDIA GMBH, BETR. 100% TOSKANA, STEINSTRASSE 15, 10119 BERLIN
E-MAIL INFO@MOMEDIA.COM
WWW.100TRAVEL.DE

AUTOREN	evelyn dol, paul schilperoord (überarbeitung), annemarie hofstra, erik leenaars, sandra timan
FOTOGRAFIE	ilse ouwens
LAYOUT	oranje vormgevers
ÜBERSETZUNG	tom seidel, sonja von kocemba, steffi ullrich (für bookwerk köln/münchen)
LEKTORAT	ulrike grafberger (für bookwerk)
ENDREDAKTION	caroline kazianka (für bookwerk)
SATZ	paul post (für bookwerk)
KARTOGRAFIE	anyway productions
LITHOGRAFIE	mastercolors mediafactory
100% TOSKANA	isbn 978-3-943502-61-9 © mo media gmbh, berlin, märz 2014